U0139078

商事法實例解析

林洲富／著

LAW

五南圖書出版公司 印行

十四版序

　　自上次增訂13版1刷出版迄今近1年，增加最高法院有關商事法之重要見解外，亦承蒙法界先進之厚愛，對拙著多所指正錯誤與惠賜寶貴意見，故筆者茲就內文再度進行修正與勘誤，務必使本書增訂14版，俾於減免繆誤至最少。倘有未周詳處，敬請各界賢達不吝指教。

林洲富

謹識於文化大學法學院

2024年4月1日

自序

　　一般而言，商事法應包括公司法、票據法、海商法及保險法，其為處理商事法之基本大法，於商事法體系占有極重要之地位，係法學院與商學院之學生，應研習之重要課程，亦為深入研究財經法或商學課程之基礎，因商事法之規範體系與內容繁雜龐大，如何掌握法律規範重心，將商事法之理論學說應用於實際之商事事件，實為研習商事法之目的所在。筆者從事民事審判多年，本諸教學與實務之經驗，秉持深入淺出之撰寫原則，以例題之方式，對商事法進行全面系統化之整理，簡明介紹公司法、票據法、海商法及保險法之重要內容，期能提升學子研習商事法之效果。因筆者學識不足，論述容有疏誤之處，敬祈賢達法碩，不吝指正與賜教，復蒙五南圖書出版股份有限公司之協助出版，特申謝意。

林洲富　謹識

2005年10月6日

謹於臺灣臺中地方法院民事庭

目 錄

第一編　公司法

第一章　總　則

案例1

> 甲欲從事進口食品業務，其欲組成公司組織。試問：（一）甲欲組成公司組織，依據公司法規定之公司類型有幾種？公司股東之責任為何？（二）甲是否得獨資成立公司？（三）甲為擴展業務需要，得否設置分公司？倘因分公司業務涉訟時，分公司有無當事人能力？

壹、公司之定義

所謂公司者，係指以營利為目的，依照公司法（company law）組織、登記、成立之社團法人（公司法第1條第1項）。公司經營業務，應遵守法令及商業倫理規範，得採行增進公共利益之行為，以善盡其社會責任（第2項）。準此，我國公司之成立應具備如後之要件：

一、公司為法人

公司為法人（legal entity），其與自然人同為權利義務之主體，有權利能力與行為能力。公司之行為，不外為自然人之現實行為，此等自然人為公司之機關。是公司合法成立後，即享有獨立之人格，公司之人格與股東人格各別[1]。

---

[1]　最高法院71年度台上字第5299號民事判決。

二、公司為社團法人

公司為依公司法組織、成立之社團法人（corporation），係由股東訂立章程而成立，以股東之結合為基礎，有獨立享受權利及負擔義務之能力，不同於財團係以財產之結合為基礎[2]。

三、公司係以營利為目的之社團法人

所謂以營利為目的（business corporation），係指以其出資經營某事業所獲得之利益，分配與股東為最終目的者而言[3]。公司非在中央主管機關登記（register）後，不得成立（公司法第6條）。準此，設立登記為公司成立之要件[4]。

貳、公司之種類

一、法律之分類

（一）無限公司

無限公司（unlimited company），係指二人以上股東所組織，全體股東對公司債務負連帶無限清償責任之公司（公司法第2條第1項第1款）。

（二）有限公司

有限公司（limited company），係由一人以上股東所組織，股東就其出資額為限，對公司負其責任之公司（公司法第2條第1項第2款）。準此，可成立形式意義之一人公司（one man company）[5]。

（三）兩合公司

兩合公司（mixed company），係指一人以上無限責任股東，而與一人以

---

[2]　最高法院54年度台上字第518號民事判決。

[3]　賴源河，實用商事法精義，五南圖書出版股份有限公司，2015年9月，12版1刷，頁4。

[4]　最高法院67年台上字第760號、110年度台上字第1418號民事判決。

[5]　最高法院93年度台抗字第477號民事裁定。

上有限責任股東所組織，其無限責任股東對公司債務負連帶無限清償責任；有限責任股東就其出資額爲限，對公司負其責任之公司（公司法第2條第1項第3款）。

（四）股份有限公司

股份有限公司（company limited by shares），係指二人以上股東或政府、法人股東一人所組織，全部資本分爲股份；股東就其所認股份，對公司負其責任之公司（公司法第2條第1項第4款）。準此，自然人不得設立一人股份有限公司。

二、信用基礎之分類

（一）人合公司

著重於股東之個人條件，公司信用之基礎在於股東之資力與信用，無限公司爲典型之人合公司（公司法第2條第1項第1款）。

（二）資合公司

著重公司財產數額，公司信用基礎在於公司資本，股份有限公司爲典型之資合公司（公司法第2條第1項第4款）。

（三）人合兼資合公司

公司之信用基礎，併存於股東個人信用與公司資本，兩合公司與有限公司均屬之（公司法第2條第1項第2款、第3款）。

三、組織系統之分類

（一）本公司

公司法所稱本公司即總公司（head office），爲公司依法首先設立，以管轄全部組織之總機構，原則上僅有一家（公司法第3條第2項前段）。

（二）分公司

公司法所稱分公司（branch of company），爲受本公司管轄之分支機

構,其並無家數之限制(公司法第3條第2項後段)。公司雖得於不同地域設立分公司,惟其最高之意思機關僅有一個,分公司資產係本公司資產之一部,故關於分公司之訴訟,原應以本公司為當事人。而為因適應事實上之需要,分公司得就其營業內所生之事件,以自己名義起訴或應訴[6]。

四、股本構成之分類

(一)公營公司

公營公司(public company)依據公司法組織成立,公司資本全部由政府出資經營,或者政府與人民合資經營,政府之股本逾50%(公營事業移轉民營條例第3條)。例如,中華郵政股份有限公司。

(二)民營公司

民營公司(private company)依據公司法組織成立,公司資本全部由人民出資經營,或者政府與人民合資經營,人民之股本逾50%。

五、國籍之分類

(一)本國公司

所謂本國公司(domestic company),係指以營利為目的,在我國依據法律組織與登記而成立之公司(公司法第1條)。

(二)外國公司

所謂外國公司(foreign company),係指以營利為目的,依照外國法律組織登記(公司法第4條第1項)。外國公司於法令限制內,其與中華民國公司有同一之權利能力(第2項)。外國公司非經辦理分公司登記,不得以外國公司名義在中華民國境內經營業務(公司法第371條第1項)。外國公司在中華民國境內設立分公司者,其名稱,應譯成中文,並標明其種類及國籍(公司法第370條)。

---

[6] 最高法院86年度台上字第1931號民事判決。

參、公司名稱

一、原 則

（一）標明可資區別之文字

公司名稱，應標明公司之種類（公司法第2條第2項）。例如，統一有限公司、金車股份有限公司。公司名稱，不得與他公司名稱相同。二公司名稱中標明不同業務種類或可資區別之文字者，視為不相同（公司法第18條第1項）[7]。例如，僅由「電信」與「電訊科技」尚無法判斷其所指業務種類是否相同，則「中○電信」與「中○電訊科技」二公司名稱之特取部分，並不足資區別不同業務，而視為不相同之名稱[8]。再者，公司不得使用易於使人誤認其與政府機關、公益團體有關，或妨害公共秩序或善良風俗之名稱（第4項）。例如，國立○○股份有限公司。

（二）未登記而營業之限制

未經設立登記，不得以公司名義經營業務或為其他法律行為（公司法第19條第1項）。違反前項規定者，行為人處1年以下有期徒刑、拘役或科或併科新臺幣15萬元以下罰金，並自負民事責任；行為人有二人以上者，連帶負民事責任，並由主管機關禁止其使用公司名稱（第2項）。

二、外國公司

外國公司在中華民國境內設立分公司者，其名稱應譯成中文，除標明其種類外，並應標明其國籍（公司法第370條）。例如，美商安麗股份有限公司。

肆、公司住所

公司與自然人相同，在法律上必有一定之住所（domicile）。而公司係以

---

[7] 最高法院101年度台上字第1868號民事判決：公司名稱之法律意義及功能在於識別企業之主體性，得以與其他企業主體區別。

[8] 最高行政法院86年度判字第2408號行政判決。

本公司所在地為住所，其成為處理公司法律關係之中心地（公司法第3條第1項）。

伍、案例解析——公司成立要件及分公司當事人能力

一、公司種類及成立

　　甲欲成立公司，其公司之種類有無限公司、有限公司、兩合公司及股份有限公司，其有人數之限制，公司名稱後應標明公司之種類，倘其僅一人，得以個人名義成立有限公司，就其出資額為限對公司負責。有限公司應依據公司法組織，非在中央主管機關登記後，不得成立。未經設立登記，未取得法人之人格，自不得以公司名義經營業務或為其他法律行為，係採登記生效主義。

二、成立一人公司

　　有限公司係由一人以上股東所組織，股東就其出資額為限，對公司負其責任之公司。是甲可獨資成立有限公司，不須有其他股東加入即可，而由甲擔任執行業務並代表公司（公司法第108條第2項）。再者，除有限公司可由一人組織外，股份有限公司亦得由法人股東一人組織之。

三、分公司於訴訟上有當事人能力

　　公司為社團法人具有人格，因人格具有不可分割之性質。故分公司為受本公司管轄之分支機構，雖無獨立之財產，然為謀訴訟上便利，司法實務見解認為分公司就其業務範圍內之事項涉訟，有當事人能力。分公司為本公司之分支機構，本公司得就關於分公司業務範圍內之事項，以本公司名義起訴或應訴[9]。準此，甲所成立之分公司，得於其業務範圍之事項，為原告起訴或被告應訴。

---

[9]　最高法院89年度台上字第1300號民事判決。

第二節　公司之能力

案例2

　　甲電子股份有限公司為公開發行股票之公司，欲從事下列行為。試問其法律效果為何？（一）甲公司欲從事轉投資，公司法有何規範？（二）甲公司章程所訂之營業項目，為電子器材進出口及買賣，其是否得從事章程所訂營業項目以外之業務？（三）甲公司提供其所有不動產，擔保乙向丙商業銀行貸款，並設定不動產抵押權，該設定抵押行為是否有效？

壹、公司之權利能力

　　公司為法人，自應享有權利能力（capacity of right），得為權利義務之主體。而公司與自然人（natural person）不同，故其權利能力有性質上與法令上之限制。

一、性質上之限制

　　凡以人之自然性質為前提之權利義務者，公司均無從享受或負擔。例如，親屬法上之權利義務、生命權、健康權或身體權等事項，僅有自然人能享受或負擔之。

二、法令上之限制

（一）轉投資之限制

1. 不得為他公司無限責任股東或合夥人

　　公司不得為他公司無限責任（unlimited liability）股東或合夥事業之合夥人（partnership），以避免公司因他公司或合夥事業之財務困難，導致公司發生經營風險（公司法第13條第1項）。

2. 股東同意或股東會決議

公開發行股票之公司為他公司有限責任股東時，其所有投資總額，除以投資為專業或公司章程另有規定或經代表已發行股份總數三分之二以上股東出席，以出席股東表決權過半數同意之股東會決議者外，不得超過本公司實收股本40%（公司法第13條第2項）。出席股東之股份總數不足前項定額者，得以有代表已發行股份總數「過半數」股東之出席，出席股東表決權「三分之二」以上之同意行之（第3項）。前二項出席股東股份總數及表決權數，章程有較高之規定者，從其規定（第4項）。公司因接受被投資公司以盈餘或公積增資配股所得之股份，不計入第2項投資總額（第5項）。公司負責人違反第1項或第2項規定時，應賠償公司因此所受之損害（第6項）。

3. 違反之效力

公司負責人違反規定時，應賠償公司因此所受之損害。其違法為他公司無限責任股東或合夥事業之合夥人，其性質上為民法第71條強行規定，對公司應屬無效[10]。至於轉投資逾本公司實收股本40%，基於契約自由及交易安全，該限制規定非屬效力規定，該等轉投資亦屬有效[11]。

（二）保證之限制（90律師）

1. 人保與物保

公司除依其他法律或公司章程規定得為保證者外，不得為任何保證人（公司法第16條第1項）[12]。其立法意旨在於穩定公司財務、保護股東及公司債權人之權益，故禁止公司負責人以公司名義為他人作保而生流弊。所謂不得為任何保證人，係指公司本身與他人訂立保證契約為保證人，包含承受他人之保證契約，而為保證人之情形[13]。而公司提供財產為他人設定擔保物權，就公司財務之影響而言，其與為他人保證人之情形相同，自屬禁止之範

---

[10] 最高法院86年度台上字第546號、93年度台上字第2078號民事判決。

[11] 曾淑瑜，公司法實例研習，三民書局股份有限公司，2004年1月，初版2刷，頁24。

[12] 最高法院97年度台上字第10號民事判決：除民法上之保證外，亦包括票據法上之保證，是公司不得為匯票或本票之保證人。最高法院112年度台上字第1137號民事判決。

[13] 最高法院97年度台簡上字第10號民事判決。

圍[14]。公司負責人違反規定時，既非公司之行為，其應自負保證責任，如公司受有損害時，應負賠償責任（公司法第16條第2項）。

2. 票據背書

票據之背書為票據轉讓行為之一種，支票之背書人應照支票文義負票據法規定之責任，其與民法所稱保證契約之保證人，係於主債務人不履行債務時，由其代負履行責任情形有間。準此，以公司名義背書支票，不牽涉保證問題，並不違反禁止保證之規定。

貳、公司之意思能力與行為能力

一、法人擬制說

法人係法律所擬制成立，否認公司實體存在，是公司並無意思能力與行為能力，法人依據代理之法理（corporate agency）享受權利與負擔義務。

二、法人實在說

法人有實體存在（corporate entity），並非法律所擬制，故公司有意思能力與行為能力，公司之董事為公司機關，董事（director）行為即為公司行為。我國法制採法人實在說，公司意思之決定與實施，係表現於機關之活動，由公司負責人代表[15]。

參、公司之責任能力

一、責任能力之定義

所謂責任能力者（capacity for responsibility），係指行為人對於行為之結果，應負責之資格或地位，在民法上稱侵權行為能力（capacity for infringement）。

---

[14] 最高法院74年度台上字第703號民事判決。
[15] 最高法院111年度台上字第1080號民事判決。

二、公司之侵權行為能力

（一）成立要件（107律師）

公司負責人依據委任關係，應忠實執行業務並盡善良管理人之注意義務，如有違反致公司受有損害者，負損害賠償責任（公司法第23條第1項）[16]。公司負責人對於公司業務之執行，如有違反法令致他人受有損害時，對他人應與公司負連帶賠償之責（第2項）。係以違反法令致他人私權受有損害，為公司負責人之責任發生要件，倘公權受有損害，不得以此為請求賠償之依據[17]。

（二）負責人範圍

公司法所稱公司負責人如後：1.無限公司、兩合公司為執行業務或代表公司之股東；2.有限公司、股份有限公司為董事；3.公司之經理人或清算人，股份有限公司之發起人、監察人、檢查人、重整人或重整監督人，在執行職務範圍，亦為公司負責人；4.公開發行股票之公司之非董事，而實質上執行董事業務或實質控制公司之人事、財務或業務經營而實質指揮董事執行業務者，其與本法之董事同負民事、刑事及行政罰責任（公司法第8條）[18]。例如，會計師甲經法院依公司法第245條規定[19]，被選派為乙公司之檢查人，執行檢查乙公司業務帳目及財產情形之職務，會計師甲為執行其檢查職務，依法為乙公司負責人身分，甲得以乙公司為原告，對保管該業務帳冊等資料之董事或其他公司職員起訴，請求交付業務帳冊等資料[20]。

---

[16] 最高法院111年度台上字第1441號民事判決。

[17] 最高法院103年度台上字第586號民事判決。

[18] 最高法院101年度台上字第2037號民事判決。

[19] 公司法第245條第1項規定：繼續6個月以上，持有已發行股份總數1%以上之股東，得檢附理由、事證及說明其必要性，聲請法院選派檢查人，於必要範圍內，檢查公司業務帳目、財產情形、特定事項、特定交易文件及紀錄。

[20] 最高法院102年度台上字第1087號民事判決。

肆、案例解析——公司之權利能力

一、轉投資之限制

以投資爲專業或公司章程有規定，公司得無限制投資他公司爲有限責任股東。否則其所有投資總額，不得逾本公司實收股本40%。倘欲轉投資逾本公司實收股本40%，公開發行股票之股份有限公司經特別決議同意。準此，甲爲公開發行股票之股份有限公司，欲從事轉投資，應遵守公司法第13條第2項至第4項規定。

二、經營登記範圍以外之業務（91高考）

甲公司經營登記範圍以外之業務行爲，基於交易安全，對甲公司而言應屬有效。公司法第18條第2項雖規定，公司所營事業除許可業務應載明於章程外，其餘不受限制。然爲保護股東之權益，繼續1年以上持有股份之股東，有制止請求權，得請求董事會停止經營登記範圍以外之業務行爲（公司法第194條）。

三、保證行爲之限制

公司除依其他法律或公司章程規定得爲保證者外，不得爲任何保證人。其立法意旨在於穩定公司財務、保護股東及公司債權人之權益，防杜公司負責人以公司名義爲他人作保而生流弊。同理，甲公司提供財產爲他人設定擔保物權，就公司財務之影響而言，亦屬禁止之範圍，除非甲公司依據法律或章程得爲保證。例如，依據銀行法規定，銀行與信託投資公司得辦理國內外保證業務（銀行法第3條第13款、第20條第1項第3款）。

第三節　公司資金之運用

案例3

　　甲電子公司為經營業務之必要，欲貸款予如後對象。試問：（一）甲電子公司為使下游之協力廠商或衛星工廠能正常經營，防止其因現金周轉問題導致倒閉，貸款與協力廠商或衛星工廠，有無限制？（二）甲電子公司員工向公司借支薪資，有無限制？

壹、公司資金運用之原則（94司法官）

　　公司為營利事業，其資金之運用是否適宜，對於公司之發展及存續，具有重大之影響。是公司法為健全公司經營與充實公司資本，公司資金之運用，應受公司法之規範及限制。

貳、公司資金運用限制之規定

一、限制範圍

　　公司之資金原則，不得貸款（provide a loan）與股東或任何他人，其目的在於使公司資金用於所經營之業務，並貫徹「資本維持原則」，以保護公司股東及債權人[21]。而公司貸款之限制情形如後：（一）有業務往來者：公司間或與行號間有業務往來者（公司法第15條第1項第1款）；（二）有短期融通資金之必要者：公司間或與行號間有短期融通資金之必要者，融資金額不得逾貸與企業淨值之40%（公司法第15條第1項第2款）。準此，公司之資金調度，除符合公司法第15條第1項各款規定外，固禁止貸款予股東或其他人，然股東或他人貸款與公司，並非法之所禁止[22]。

---

[21]　股東包含自然人與法人股東；任何他人包含自然人與法人在內。

[22]　最高法院105年度台抗字第2430號民事裁定。

二、違反效果

公司負責人違反貸款之規定時，該借款行為應為無效，公司得向借款人（loaner）請求償還，公司負責人應與借用人（loanee）連帶負返還責任；倘公司受有損害者，應由公司負責人負損害賠償責任（公司法第15條第2項）。

參、案例解析──貸款之限制

一、有業務往來

甲電子公司與下游之協力廠商或衛星工廠有業務往來，為使業務正常經營，防止因現金周轉發生倒閉問題，影響甲公司之營運，自得貸款與協力廠商或衛星工廠。

二、員工借支薪資非屬貸款行為

甲電子公司員工向公司借支薪資，約定於公司任職存續期間，就薪津及獎金等薪資扣還，其性質屬預支薪津而非屬貸款關係，並未違反公司貸款之限制[23]。

第四節　公司之設立

案例4

> 甲、乙及丙三人各出資新臺幣100萬元，擬成立A電子股份有限公司，並聘用丁經理。丁以A電子公司籌備處之名義，向戊購買辦公室，因遲未給付買賣價金，公司嗣後未成立。試問：（一）戊有何救濟途徑？（二）應由何人負責？

---

[23] 經濟部1979年11月17日商字第39514號函、1986年12月26日商字第56951號函。

壹、公司設立之定義及要件

所謂公司設立者，係指組成公司，並登記取得法人人格，而依據法定程序所為之法律行為[24]。公司之設立有人、物及行為三要件，茲分述如後：

一、發起人

公司之設立須由發起人（promoter）發動，此為人之要件。例如，股份有限公司應有二人以上為發起人（公司法第128條第1項）。無行為能力人、限制行為能力人或受輔助宣告尚未撤銷之人，不得為發起人（第2項）。政府或法人雖得為發起人。然法人為發起人者，以下列情形為限（第3項）：（一）公司或有限合夥；（二）以其自行研發之專門技術或智慧財產權作價投資之法人；（三）經目的事業主管機關認屬與其創設目的相關而予核准之法人。再者，政府或法人股東得一人組織之股份有限公司，而該公司之股東會職權由董事會行使，不適用本法有關股東會之規定（公司法第128條之1第1項）。第1項公司之董事、監察人，由政府或法人股東指派（第4項）。

二、資　本

公司之資本（capital）係由股東募集而成，此為物之要件。而股東之出資，除無限責任股東得以信用或勞務出資外，其餘均應以現金或財產出資。

三、章　程

公司之設立，應由發起人全體同意而訂立章程（articles）。章程之訂立，屬法律行為之性質，應具備法律行為之要件，係規範公司內部之根本大法。

---

[24] 王通顯、阮祺祥、吳錦墀、游鉦添，實用商事法，華立圖書股份有限公司，2004年9月，頁14。

貳、公司之設立方式

一、發起設立

所謂發起設立者,係指發起人認足公司成立之資本總額,不再對外募集資本,各種公司均得適用此種方式設立。

二、募集設立

所謂募集設立者,係指發起人認足公司部分之資本,而將不足之數額向外公開招募之設立方法,僅股份有限公司得適用此種方式設立。

參、設立行為之性質

一、合夥契約說

公司之章程為設立人間之契約,而認為公司之設立行為屬合夥契約(partnership contract)之性質。

二、單獨行為說

此說認為公司之設立,係指股東以組織公司為目的所為之個別單獨行為(unilateral act)。

三、共同行為說

公司之設立,係設立人基於同一目的所為之共同行為(joint act),此說為目前之通說。

肆、公司設立之主義

一、放任主義

公司之成立,法律不加以干涉,發起人無須履行任何程序,其亦稱自由主義。

二、特許主義

公司之設立，由國家制定特許條例作爲准否之依據，經國家特許後，始可成立。

三、核准主義

公司之成立，除應符合法律所規定之要件外，並須經過行政機關之核准，始可成立。

四、準則主義

法律規定公司設立所需要件，符合法定要件者，即可成立公司。參照我國公司法之規範，係採取準則主義。

伍、案例解析——設立中公司之法律關係

一、設立中公司之性質——同一體說

所謂設立中之公司，係指訂立章程起，至設立登記完成前，尚未取得法人人格之公司，公司未依法成立前，應以籌備處名義對外爲法律行爲。設立中公司爲公司成立之前身，如同自然人之胎兒，實際上屬於同一體，應由設立後之公司，承受其權利義務[25]。

二、公司未成立之法律效果——合夥關係

經理丁以A電子公司籌備處之名義向戊購買辦公室，因遲未給付買賣價金，嗣後公司未成立，債權人戊得依據合夥關係，請求給付價金，倘財產不足清償時，請求甲、乙及丙等全體股東負連帶清償責任。倘經理丁以公司名義爲買賣行爲時，應自負民事責任，戊得依據買賣關係請求丁給付買賣價金（公司法第19條第2項）。

---

[25]　最高法院97年度台上字第2240號、第2432號民事判決。

第五節　公司之登記

案例5

> 住所設於臺北市中山區之高島體育用品股份有限公司，發現位於臺中市南區之高島有限公司，經營體育用品之販賣。試問臺北市之高島公司得否請求主管機關，撤銷臺中市之高島公司名稱？

壹、登記之目的及種類

一、登記之目的

所謂公司登記，係指將公司法規定應記載事項，登載於主管機關所備置之登記簿冊，以確定公司內部與外部關係，並供公眾閱覽、抄錄，具有公示作用，以保護交易安全與公司權益。

二、登記之種類

（一）設立登記

公司非在中央主管機關登記後，不得成立（公司法第6條）。公司業務，依法律或基於法律授權所定之命令，須經政府許可者，其於領得許可文件後，始得申請公司登記（公司法第17條第1項）。例如，保險或銀行業務。

（二）外國公司分公司登記

外國公司非經辦理分公司登記，不得以外國公司名義在中華民國境內經營業務（公司法第371條第1項）。外國公司於法令限制內，其與中華民國公司相同（公司法第4條第2項）。

（三）變更登記

申請本法各項登記之期限、應檢附之文件與書表及其他相關事項之辦法，由中央主管機關定之（公司法第387條第1項）。例如，公司章程修改、

董監事改選、解散登記。

貳、登記機關

　　本法所稱主管機關：在中央為經濟部；在直轄市為直轄市政府。中央主管機關得委任所屬機關、委託或委辦其他機關辦理本法所規定之事項（公司法第5條）。公司申請設立登記之資本額，應經會計師查核簽證；公司應於申請設立登記時或設立登記後30日內，檢送經會計師查核簽證之文件（公司法第7條第1項）。公司申請變更登記之資本額，應先經會計師查核簽證（第2項）。會計師查核簽證之辦法，由中央主管機關定之（第3項）。

參、登記之立法主義

一、登記生效主義

　　未經設立登記，未取得法人之人格，自不得以公司名義經營業務或為其他法律行為。準此，設立登記採登記生效主義，以登記作為發生法律效力之要件（公司法第6條）。

二、登記對抗主義

　　公司設立登記後，有應登記之事項而不登記，或已登記之事項有變更而不為變更之登記者，不得以其事項對抗第三人（公司法第12條）。不論善意或惡意與否，係採登記對抗主義，登記行為僅為對抗第三人之要件。例如，變更董事、監察人，屬應登記對抗主義[26]。

肆、設立登記之效力

一、取得法人人格

　　公司經核准登記，可取得獨立之人格，其所負債務，應由公司負擔償還責任（公司法第6條）。

---

[26]　最高法院89年度台上字第2577號民事判決；最高行政法院106年度判字第638號行政判決。

二、取得名稱專用權

公司名稱應使用我國文字，且不得與他公司或有限合夥名稱相同，故公司名稱具有排他效力。二公司或公司與有限合夥名稱中標明不同業務種類或可資區別之文字者，視為不相同（公司法第18條第1項）。

三、取得公司營業權

未經設立登記，不得以公司名義經營業務或為其他法律行為（公司法第19條第1項）。違反前項規定者，自負民事責任（civil legal obligation）；行為人有二人以上者，連帶負民事責任，並由主管機關禁止其使用公司名稱（第2項）。

四、股份有限公司之特別效力

股份有限公司之股票發行（公司法第161條第1項）及股份轉讓（公司法第163條），均須於設立登記後，始得為之。

伍、案例解析——公司名稱遭受侵害之行政救濟

公司名稱具有排他效力，經營相同業務之公司不得相同，是主管機關對於各項登記之申請，認為有違反本法或不合法定程式者，應令其改正，非俟改正合法後，不予登記（公司法第388條）。準此，公司發現名稱專用權被侵害，得請求主管機關飭知登記在後之公司更名。因主管機關依據公司法第18條第1項規定，不得核准經營相同業務之公司，具有相同之公司名稱，倘有違反，其屬違法之行政處分（administrative sanction），行政機關對於違法之行政處分，自應職權撤銷之，利害關係人亦得申請主管機關撤銷[27]。

---

[27] 曾淑瑜，公司法實例研習，三民書局股份有限公司，2004年1月，初版2刷，頁53。

第六節　公司之監督

案例6

　　甲食品公司經營豬肉食品加工業務，因受豬隻口蹄疫之影響，生意一落千丈，其為避免虧損擴大，其未向主管機關辦理停業登記，逕行停業1年。試問主管機關得否命令甲公司解散？理由為何？

壹、監督機關

　　公司之監督由其主管機關（government authority）為之，其在中央為經濟部（The Ministry of Economic Affairs），在直轄市為直轄市政府（公司法第5條第1項）。中央主管機關得委任所屬機關、委託或委辦其他機關辦理本法所規定之事項（第2項）。

貳、監督事項

　　公司監督分為事前監督與事後監督：（一）所謂事前監督，係指公司於設立登記前所為之監督；（二）所謂事後監督，係指對已設立登記之公司所為之監督。

一、事前監督

（一）依法登記

　　公司非在中央主管機關登記後，不得成立（公司法第6條）。設立登記後，始取得法人人格。

（二）實質審查

　　主管機關對於公司各項登記之申請，認為有違反本法或不合法定程式者，應令其改正，非俟改正合法後，不予登記（公司法第388條）。

（三）公司名稱之禁止使用

　　未經設立登記，未取得法人人格，自不得以公司名義經營業務或爲其他法律行爲（公司法第19條第1項）。違反前開規定者，行爲人處1年以下有期徒刑、拘役或科或併科新臺幣15萬元以下罰金，並自負民事責任；行爲人有二人以上者，連帶負民事責任，並由主管機關禁止其使用公司名稱（第2項）。

二、事後監督

（一）法院判決撤銷登記

　　公司應收之股款，股東並未實際繳納，而以申請文件表明收足，或股東雖已繳納而於登記後將股款發還股東，或任由股東收回者，此等公司應收之股款有虛僞不實情事，公司負責人各處5年以下有期徒刑、拘役或科或併科新臺幣50萬元以上250萬元以下罰金（公司法第9條第1項）。有前項情事時，公司負責人應與各該股東連帶賠償公司或第三人因此所受之損害（第2項）。第1項經法院判決有罪確定後，由中央主管機關撤銷或廢止其登記。但裁判確定前，已爲補正或經主管機關限期補正已補正者，不在此限（第3項）。公司之負責人、代理人、受僱人或其他從業人員，以犯刑法僞造文書印文罪章之罪辦理設立或其他登記，經法院判決有罪確定後，由中央主管機關依職權或依利害關係人之申請撤銷或廢止其登記（第4項）。

（二）主管機關命令解散

1.全部業務

　　所謂命令解散，係指主管機關之命令導致公司法人人格消滅之法律事實。公司有下列情事之一者，主管機關得依職權或利害關係人之申請，命令解散之（公司法第10條）：(1)公司設立登記後6個月尚未開始營業者。但已辦妥延展登記者，不在此限；(2)開始營業後自行停止營業6個月以上者。但已辦妥停業登記者，不在此限；(3)公司名稱經法院判決確定不得使用，公司於判決確定後6個月內尚未辦妥名稱變更登記，並經主管機關令其限期辦理，仍未辦妥；(4)未於第7條第1項所定期限內，檢送經會計師查核簽證之文件

者。但於主管機關命令解散前已檢送者，不在此限。

2.部分業務

公司僅未經營部分業務，不適用公司法第10條規定之命令解散事由。因分公司係受本公司管轄之分支機構，其不具有獨立之法人人格，倘有未營業之事實，無類推適用公司法第10條之命令解散。

（三）決算表冊之查核

1. 年終查核

公司每屆會計年度終了，應將營業報告書、財務報表及盈餘分派或虧損撥補之議案，提請股東同意或股東常會承認（公司法第20條第1項）。公司資本額達中央主管機關所定一定數額以上者或未達一定數額而達一定規模者，其財務報表，應先經會計師（accountant）查核簽證；其一定數額、規模及簽證之規則，由中央主管機關定之。但公開發行股票之公司，證券主管機關另有規定者，不適用之（第2項）。

2. 帳表查核方法

主管機關查核各項書表，或檢查公司業務及財務狀況時，得令公司提出證明文件、單據、表冊及有關資料，除法律另有規定外，應保守秘密，並於收受後15日內，查閱發還（公司法第22條第1項）。公司負責人違反前項規定，拒絕提出時，各處新臺幣（下同）2萬元以上10萬元以下罰鍰。連續拒絕者，並按次連續各處4萬元以上20萬元以下罰鍰（第2項）。

（四）平時業務之檢查

主管機關得會同目的事業主管機關，隨時派員檢查公司業務及財務狀況，公司負責人不得妨礙、拒絕或規避（公司法第21條第1項）。公司負責人妨礙、拒絕或規避前項檢查者，各處新臺幣（下同）2萬元以上10萬元以下罰鍰。連續妨礙、拒絕或規避者，並按次連續各處4萬元以上20萬元以下罰鍰（第2項）。主管機關依第1項規定派員檢查時，得視需要選任會計師或律師或其他專業人員協助辦理（第3項）。

（五）公司之透明化

公司應每年定期將董事、監察人、經理人及持有已發行股份總數或資本總額超過10%股東之姓名或名稱、國籍、出生年月日或設立登記之年月日、身分證明文件號碼、持股數或出資額及其他中央主管機關指定之事項，以電子方式申報至中央主管機關建置或指定之資訊平臺；其有變動者，並應於變動後15日內為之。但符合一定條件之公司，不適用之（公司法第22條之1第1項）。前項資料，中央主管機關應定期查核（第2項）。

參、案例解析——主管機關命令解散

甲食品公司經營豬肉食品加工業務，其未向主管機關辦理停業登記，逕行停業1年，符合開始營業後自行停止營業6個月以上者，而未辦妥停業登記者之命令解散事由（公司法第10條第2款）[28]。主管機關得依職權或利害關係人之申請，命令甲食品公司解散。公司經主管機關解散者，無須再經股東會決議解散，得逕行依法清算（liquidate）。

第七節　公司之解散

案例7

A電子有限公司因受經濟不景氣影響，經全體股東甲、乙及丙決議解散公司，並向主管機關為解散之登記。試問A電子有限公司之債權人，向解散中之公司請求清償債務，而遭公司拒絕之，債權人應如何救濟？

壹、公司解散之定義

所謂公司解散者（dissolve），係指公司法人人格消滅原因所表現之法律事實。公司解散後，必須經過清算程序，其法人人格始歸於消滅。

---

[28] 最高法院102年度台上字第724號民事判決。

貳、公司解散之原因

一、任意解散

公司基於意思而解散。例如,公司章程所定解散事由(公司法第71條第1項第1款)或股東三分之二以上同意(第3款)。

二、法定解散

公司基於法律規定之解散事由發生而消滅。例如,公司所營事業已成就或不能成就(公司法第71條第1項第2款)、股東經變動而不足本法所定之最低人數(第4款)、與他公司合併(第5款)或破產(第6款)。

三、命令解散

(一)主管機關

主管機關得依職權或利害關係人之申請,命令公司解散(公司法第10條、第71條第1項第7款)。

(二)檢察機關

經法院裁判確定後,由檢察機關通知中央主管機關撤銷或廢止其登記(公司法第9條、第71條第1項第7款)。

四、法院裁定

公司之經營,有顯著困難或重大損害時,法院得據股東之聲請,經徵詢主管機關及目的事業中央主管機關意見,並通知公司提出答辯後,裁定解散(公司法第11條第1項)[29]。前開聲請,在股份有限公司,應有繼續6個月以上持有已發行股份總數10%以上股份之股東提出之(第2項)。

---

[29] 最高法院94年度台抗字第1027號民事裁定。

參、公司解散之效果

一、應行清算

解散之公司除因合併、分割或破產而解散外，應行清算（公司法第24條）。解散之公司，於清算完結前，其法人人格於清算範圍內，視爲尚未解散（公司法第25條）[30]。解散之公司，在清算時期中，得爲了結現務及便利清算之目的，暫時經營業務（公司法第26條）。

二、更易公司負責人

公司解散後，其代表及執行機關均失其權限，而由清算人代之。例如，無限公司之清算，原則上以全體股東爲清算人。例外情形，係本法或章程另有規定或經股東決議，另選清算人者，不在此限（公司法第79條）。股份有限公司之清算，原則以董事爲清算人。例外情形，係本法或章程另有規定或股東會另選清算人時，不在此限（公司法第322條第1項）。不能依前開規定決定清算人時，法院得因利害關係人之聲請，選派清算人（第2項）[31]。

三、清算人之就任

清算人與公司之關係，除公司法規定外，依民法關於委任關係之規定。所謂委任者，係指當事人約定，一方委託他方處理事務，他方允爲處理之契約（公司法第97條；民法第528條）。清算人基於法律規定而產生者，固無須就任之承諾，當然發生委任契約之效力。惟經由法院選派之清算人，該受選派人並不因法院之選派，而當然有爲就任承諾之義務，自須經其爲就任之承諾，始與公司發生委任之關係，此與清算人經選派後，有法定應解任之事由而爲解任者，係屬兩事[32]。

---

[30] 最高法院104年度台抗字第561號、第923號民事裁定。
[31] 最高法院104年度台抗字第351號民事裁定：清算人與公司間之法律關係爲委任。
[32] 最高法院104年度台上字第779號民事判決。

四、解散登記及公告

　　公司之解散，除破產、命令解散或裁定解散外，應申請主管機關為解散之登記。公司解散之公告應登載於新聞紙或新聞電子報（公司法第28條第1項）。前項情形，中央主管機關得建置或指定網站供公司公告（第2項）。前二項規定，公開發行股票之公司，證券主管機關另有規定者，從其規定（第3項）。倘公司之解散，不向主管機關申請解散登記者，主管機關得依職權或據利害關係人申請，廢止其登記（公司法第397條第1項）。主管機關對於前開之廢止，除命令解散或裁定解散外，應定30日之期間，催告公司負責人聲明異議；逾期不為聲明或聲明理由不充分者，即廢止其登記（第2項）。

五、法院監督

　　公司之一般監督由主管機關為之，而公司解散之清算監督，則由法院任之。例如，清算人應於就任後15日內，將其姓名、住所或居所及就任日期，向法院聲報（公司法第83條第1項）。清算人之解任，應由股東於15日內，向法院聲報（第2項）。清算人由法院選派時，應公告之；解任時亦同（第3項）。清算人就任後，應即檢查公司財產情形，造具財務報表及財產目錄，送經監察人審查，提請股東會承認後，並即報法院（公司法第326條第1項）。清算之實行發生顯著障礙時，法院依債權人或清算人或股東之聲請或依職權，得命令公司開始特別清算；公司負債超過資產有不實之嫌疑者亦同（公司法第335條第1項）。

肆、防止公司解散之方法

一、申請延展

　　公司設立登記後6個月，尚未開始營業者，或開始營業後，自行停止營業6個月以上者，主管機關固得命令公司解散。惟已辦妥延展登記者，不在此限（公司法第10條）。

二、同意繼續經營

公司有章程所定解散事由或公司所營事業已成就或不能成就，得經全體或一部股東之同意繼續經營，其不同意者視爲退股（公司法第71條第2項）。公司繼續經營時，應變更章程（第4項）。

三、加入新股東

股東經變動而不足本法所定之最低人數，得加入新股東繼續經營，並應變更章程（公司法第71條第3項、第4項）。

伍、案例解析——解散公司之負責人

A電子有限公司得經全體股東甲、乙及丙決議解散公司，並向主管機關爲解散登記，倘章程未規定或經股東決議，另選清算人，應由全體股東爲清算人（公司法第113條準用第79條）。公司於清算完成前，其法人人格尙未消滅，是清算人應於清算期間，處理公司之債權、債務及其財產，以了結公司與第三人之法律關係。準此，A電子有限公司之債權人向解散中之公司請求清償債務，而遭公司拒絕之，債權人得以A電子有限公司爲被告起訴，並以全體股東甲、乙及丙爲法定代表人（legal representative）。

第八節　公司之合併

案例8

　　甲有限公司與乙股份有限公司欲合併成立丙股份有限公司，乙爲末公開發行股票之公司，其章程亦未規定出席及表決之股份數。試問應如何辦理合併程序？依據爲何？

壹、公司合併之概念

一、定　義

所謂公司合併者（merge），係指二個以上之公司，其於不辦理清算程序下訂立契約（contract），依據法定程序，結合或併入而形成一公司之法律行為。

二、目　的

公司合併之目的，在於提升企業之經營規模，達成經濟之經營成本，避免無謂之競爭，其對於公司及國家社會均有助益。

三、方　式

合併方式有二：（一）吸收合併或存續合併，係指合併之公司有一方消滅，而另一方繼續存在；（二）創設合併或新設合併，係指合併之公司全部消滅，另行設立一新公司。

貳、公司合併之程序

一、合併契約之作成

公司合併為公司間之契約行為，故應作成合併契約，並記載法定事項。例如，股份有限公司之合併契約，應以書面為之，並記載下列事項（公司法第317條之1第1項）：（一）合併之公司名稱，合併後存續公司之名稱或新設公司之名稱；（二）存續公司或新設公司因合併發行股份之總數、種類及數量；（三）存續公司或新設公司，因合併對於消滅公司股東配發新股之總數、種類及數量與配發之方法及其他有關事項；（四）對於合併後消滅之公司，其股東配發之股份不滿一股應支付現金者，其有關規定；（五）存續公司之章程須變更者或新設公司，依第129條應訂立之章程。

二、合併之決議

（一）全體股東同意

無限公司全體股東、有限公司應經股東表決權三分之二以上、兩合公司全體股東同意，而與他公司合併（公司法第72條、第113條、第115條）。

（二）特別決議

股份有限公司經特別決議或章程規定，可與他公司合併：1.未公開發行股票之股份有限公司於公司合併之決議，應有代表已發行股份總數三分之二以上股東之出席，以出席股東表決權過半數之同意行之（公司法第316條第1項）；2.公開發行股票之公司，出席股東之股份總數不足前項定額者，得以有代表已發行股份總數過半數股東之出席，出席股東表決權三分之二以上之同意行之（第2項）；3.出席股東股份總數及表決權數，章程有較高規定者，從其規定（第3項）。

三、召集股東會或發起人會議及修改或訂立章程

公司合併後，存續公司之董事會，或新設公司之發起人，而於完成催告債權人程序後，其因合併而有股份合併者，應於股份合併生效後；其不適於合併者，應於該股份為處分後，分別循下列程序行之：（一）存續公司應即召集合併後之股東會，為合併事項之報告，其有變更章程必要者，並為變更章程，章程不得違反合併契約規定；（二）新設公司應即召開發起人會議，訂立章程，章程不得違反合併契約規定（公司法第318條）。

四、辦理合併登記

公司合併時，應於實行後，分別依據合併方式，為變更登記、解散登記或設立登記。

參、公司合併之效果

一、公司之消滅

合併必然使一個以上之公司消滅,而消滅之公司僅爲解散登記即可,無須經清算程序。

二、公司之變更或設立

吸收合併之場合,該存續之公司,應辦理變更登記。而創設合併之場合,合併設立之新公司,應爲設立登記。

三、權利義務之概括承受

因合併而消滅之公司,其權利義務,應由合併後存續或另立之公司承受之(公司法第75條)[33]。準此,承受債權或承擔債務,均無須通知債權人或債務人,即當然發生效力[34]。

肆、案例解析──公司合併之程序

一、合併契約之作成

甲有限公司與乙股份有限公司合併爲丙股份有限公司之行爲,其性質屬契約之法律關係,應作成合併契約。而合併契約係以股東全體同意或股東特別決議之成立,作爲契約之停止條件,故未經甲公司股東全體同意及乙公司股東特別決議所爲之合併處分行爲,即不生效力(民法第99條第1項)。

二、股東同意及特別決議

因甲、乙公司之章程,對於出席股東股份總數及表決權數,均未有特別規定,故甲有限公司得以全體股東之同意,得與乙公司合併(公司法第72

---

[33] 最高法院106年度台上字第759號民事判決。

[34] 最高法院71年度台上字第3907號民事判決。

條、第113條）。而乙股份有限公司於公司合併之決議，應有代表已發行股份總數三分之二以上股東之出席，以出席股東表決權過半數之同意行之（公司法第316條第1項）。

三、編造簿冊及合併通知

公司決議合併時，應即編造資產負債表及財產目錄（公司法第73條第1項）。公司為合併之決議後，應即向各債權人分別通知及公告，並指定30日以上期限，聲明債權人得於期限內提出異議（第2項）。公司不為前開之通知及公告，或對於在指定期限內提出異議之債權人不為清償，或不提供相當擔保者，不得以其合併對抗債權人不影響合併契約之效力（公司法第74條）。

四、召集發起人會議及訂立章程

新設之丙股份有限公司，應召開發起人會議，並訂立章程，其章程不得違反合併契約之規定。

五、辦理合併登記

甲公司與乙公司合併時，應於實行後，辦理解散登記，而丙公司應辦理設立登記，設立登記適用登記生效主義。

第九節　公司之變更組織

案例9

A電子有限公司股東，僅有甲、乙二人，為擴大其經營規模。試問得否經全體股東之同意，將A電子有限公司組織，變更為股份有限公司？依據為何？

壹、變更組織之定義

所謂公司變更組織者，係指公司不中斷法人之資格，將其組織型態變更為他種型態之行為，其不經解散清算之程序，僅形式辦理變更登記。原變更組織前公司之權利及義務，由變更組織後之公司繼續享有及負擔。

貳、變更組織之要件

一、全體股東同意及踐行保護債權人之程序

（一）無限公司變更為兩合公司

無限公司得經全體股東之同意，以一部股東改為有限責任或另加入有限責任股東，變更其組織為兩合公司（公司法第76條第1項）。公司應編造資產負債表及財產目錄，並踐行保護債權人之程序，即通知、公告、清償或提供擔保等程序（公司法第77條）。

（二）變更為有限公司或股份有限公司

公司得經股東三分之二以上之同意變更章程，將其組織變更為有限公司或股份有限公司（公司法第76條之1第1項）。前項情形，不同意之股東得以書面向公司聲明退股（第2項）。

（三）兩合公司變更為無限公司

兩合公司有限責任股東全體退股時，無限責任股東在二人以上者，得以一致之同意變更其組織為無限公司（公司法第126條第2項）。無限責任股東與有限責任股東，以全體之同意，變更其組織為無限公司（第3項）。公司得經股東三分之二以上之同意變更章程，將其組織變更為有限公司或股份有限公司（第4項）。前項情形，不同意之股東得以書面向公司聲明退股（第5項）。公司應編造資產負債表及財產目錄，並踐行保護債權人之程序，即通知、公告、清償或提供擔保等程序（公司法第77條）。

（四）有限公司變更為股份有限公司

公司得經全體股東同意，變更其組織為股份有限公司（公司法第106條第

4項）。公司爲變更組織之決議後，應即向各債權人分別通知及公告。變更組織後之公司，應承擔變更組織前公司之債務（公司法第107條）。

（五）股份有限公司變更其他種類公司

股份有限公司原則上不得變更其他種類公司，僅有於公司重整程序中，經關係人會議表決通過，並經法院裁定認可，可變更任何種類之公司（公司法第304條）。

二、變更章程及辦理變更登記

公司之名稱，係公司章程之絕對必要記載事項（公司法第41條第1項、第101條第1項、第116條、第129條）。依法應標明公司組織之種類，以茲區別（公司法第2條第2項）。公司已變更組織，應變更章程。因章程及公司組織已變更，亦須向主管機關爲變更登記。

參、案例解析——有限公司變更成股份有限公司

股份有限公司，得由二人以上之自然人股東組織（公司法第2條第1項第4款）。準此，A電子有限公司股東有甲、乙二人，得經全體股東之同意，將A電子有限公司組織變更爲A電子股份有限公司，並將決議分別向債權人通知及公告之。A電子有限公司亦應變更章程及辦理變更登記。變更組織後之A電子股份有限公司，應承擔變更組織前A電子有限公司之債務（公司法第107條第2項）。

第十節　公司之負責人

案例10

甲為A食品股份有限公司之董事長，違反勞工保險條例，未替職員辦理勞工保險手續，導致職員乙受有損害。試問乙起訴請求甲與A公司應負連帶清償責任，有無理由？

壹、公司負責人之定義及種類（101律師；101、102、103司法官）

所謂公司負責人，係指代表公司之自然人而言。公司法所稱公司負責人有當然負責人、職務負責人及實際負責人（公司法第8條）。茲說明如後：

一、當然負責人

在無限公司、兩合公司為執行業務或代表公司之股東；在有限公司、股份有限公司為董事（公司法第8條第1項）。

二、職務負責人

公司之經理人、清算人或臨時管理人，股份有限公司之發起人、監察人、檢查人、重整人或重整監督人，在執行職務範圍內，亦為公司負責人（公司法第8條第2項）。

三、實際負責人

（一）公開發行股票之公司

公開發行股票之公司之非董事，而實質上執行董事業務或實質控制公司之人事、財務或業務經營而實質指揮董事執行業務者，其與公司法董事同負民事、刑事及行政罰之責任。例外情形，係政府為發展經濟、促進社會安定或其他增進公共利益等情形，對政府指派之董事所為之指揮，則不適用（公司法第8條第3項）。

（二）其他公司

法人對於其董事或其他有代表權之人因執行職務所加於他人之損害，應與該行為人負連帶賠償之責任。此係就法人侵權行為責任，所作之特別規定（民法第28條）。所稱法人董事或其他有代表權之人，包括未經登記為董事，而實際為法人之負責人，是有權代表法人之實質董事為負責人[35]。

---

[35] 最高法院101年度台抗字第861號民事裁定。

貳、公司負責人之責任（99、101、102律師；100、102、106司法官）

公司負責人應忠實執行業務並盡善良管理人之注意義務，如有違反致公司受有損害者，負損害賠償責任（公司法第23條第1項）。公司負責人對於公司業務之執行，倘有違反法令致他人受有損害時，對他人應與公司負連帶賠償之責（jointly and severally liable），此為公司侵權行為之賠償責任（tort liability for compensation）成立要件（第2項）。反之，公司負責人之行為與執行職務無關，該行為對於他人所受之損害，應由公司負責人單獨負責。公司負責人對於違反第1項規定，為自己或他人為該行為時，股東會得以決議，將該行為之所得視為公司之所得。但自所得產生後逾1年者，不在此限（第3項）。

參、案例解析——公司侵權行為之成立

一、公司負責人執行職務之行為

甲為A食品股份有限公司董事長，其為公司負責人（公司法第8條第1項）。而公司之職員乙，符合勞工保險條例規定之投保條件，公司應為職員乙辦理加入勞工保險手續，是A公司董事長應為職員乙投保之行為，應屬執行公司職務之行為。

二、具備一般侵權行為要件

因侵權行為所負之連帶賠償責任，係專以保護私權為目的。換言之，權利為侵權行為之客體者，為一切之私權。例如，政府向人民徵稅，係本於行政權之作用，屬於公權範圍，公司負責人縱有違反稅法，逃漏公司應納稅款致政府受有損害，自亦不成立民法上之侵權行為[36]。依案例10所示，職員乙因A公司未替其加入勞工保險，使其無法依據勞工保險條例規定，請求相關之勞保給付，導致乙之私權受損害，故負責人與A公司應對職員乙負連帶負賠償責任（公司法第23條第2項）。

---

[36]　最高法院103年度台上字第586號民事判決。

第十一節　公司經理人

案例11

　　A建設股份有限公司經理甲以公司名義與乙訂立土地買賣契約，事後A公司拒絕給付買賣價金。試問乙得否依據買賣契約，請求A建設股份有限公司履行買受人之義務？

壹、經理人之定義

　　所謂經理人（manager），係指為公司管理事務及有權為公司簽名之人（民法第553條）。經理人雖屬公司之任意業務執行機關，惟其設置必須依據章程規定，倘章程有規定者，其屬公司常設之業務執行機關。經理之人數，法律並不設限，應按章程規定之。

貳、經理人之資格

　　公司得依章程規定置經理人，其委任、解任及報酬，依公司法第29條第1項各款規定為之。但公司章程有較高規定者，從其規定（公司法第29條第1項）[37]。

一、當然解任事由

　　有下列情事之一者，不得充任經理人，其已充任者，當然解任（公司法第30條）：（一）曾犯組織犯罪防制條例規定之罪，經有罪判決確定，尚未執行、尚未執行完畢，或執行完畢、緩刑期滿或赦免後未逾5年；（二）曾犯詐欺（crime of fraud）、背信（breach of trust）、侵占罪（crime of embezzlement），經受有期徒刑1年以上之刑確定，尚未執行、尚未執行完畢，或執行完畢、緩刑期滿或赦免後未逾2年；（三）曾犯貪污治罪條例

---

[37]　最高法院97年度台上字第1510號民事判決。

之罪，經判決有罪確定，尚未執行、尚未執行完畢，或執行完畢、緩刑期滿或赦免後未逾2年；（四）受破產之宣告或經法院裁定開始清算程序，尚未復權；（五）使用票據經拒絕往來尚未期滿者；（六）無行爲能力（person with no civil capacity）或限制行爲能力者（person with qualified civil capacity）；（七）受輔助宣告尚未撤銷。

二、兼任之禁止

監察人不得兼任公司董事、經理人或其他職員，期能以超然立場行使職權，並減免經營之流弊（公司法第222條）。違反者，其後行爲應爲無效[38]。

參、經理人之任免

公司得依章程規定置經理人，其委任、解任及報酬，依下列規定爲之。但公司章程有較高規定者，從其規定（公司法第29條第1項）：

一、股東同意

無限公司、兩合公司、有限公司經股東同意如後：（一）無限公司、兩合公司，須有全體無限責任股東過半數同意（公司法第29條第1項第1款）；（二）有限公司須有全體股東表決權過半數同意（第2款）。

二、董事決議

股份有限公司應由董事會以董事過半數之出席，暨出席董事過半數同意之決議行之（公司法第29條第1項第3款）。

肆、經理人之職權

一、政府專案核定之紓困方案

公司設立後，爲改善財務結構或回復正常營運，而參與政府專案核定之

---

[38] 最高法院107年度台上字第1620號民事判決。

紓困方案時，得發行新股讓與政府，作為接受政府財務上協助之對價；其發行程序不受本法有關發行新股規定之限制，其相關辦法由中央主管機關定之。前開紓困方案達新臺幣10億元以上者，應由專案核定之主管機關會同受紓困之公司，向立法院報告其自救計畫。並得限制其發給經理人報酬或為其他必要之處置或限制，其辦法由中央主管機關定之（公司法第29條第2項、第156條之4）。

二、管理事務及簽名之權

經理人就其管理之公司事務，有為管理上一切必要行為之權（民法第554條第1項）。經理人就所任之事務，視為有代理公司為原告或被告或其他一切訴訟上行為之權（民法第555條）。經理人之職權，除章程規定外，並得依契約之訂定。經理人在公司章程或契約規定授權範圍內，有為公司管理事務及簽名之權（公司法第31條）。例如，公司經理人有為公司為營業上所必要之一切行為之權限，其為公司為營業上所必要之和解，除其內容法律上設有特別限制外，並無經公司特別授權之必要，此為經理權與一般受任人權限之不同處[39]。

伍、經理人之義務

一、不競業之義務

原則上，經理人不得兼任其他營利事業之經理人，並不得自營或為他人經營同類之業務。除非經依第29條第1項規定之方式同意者，不在此限（公司法第32條）[40]。公司經理人違反競業禁止規定者，其所為之競業行為雖屬有效，惟公司得依民法第563條第1項規定，請求經理人將因其競業行為所得之利益，作為損害賠償[41]。此為公司之歸入權之行使，該請求權，自公司知有

---

[39] 最高法院67年台上字第2732號民事判決。

[40] 最高法院97年度台上字第2351號民事判決：公司設置協理，係受公司之任命，以輔佐總經理或經理。協理輔佐總經理或經理，其執行職務自應受總經理或經理之指揮監督，為公司處理一定事務之人，非僅為公司服勞務之人，故公司與協理間為委任關係，並非僱傭關係。

[41] 最高法院81年台上字第1453號民事判決。

違反行為時起，經過2個月或自行為時起，經過1年不行使而消滅（第2項）。

二、遵守決議之義務

經理人不得變更董事或執行業務股東之決定，或股東會或董事會之決議，或逾越其規定之權限，否則應負損害賠償責任（公司法第33條）。

陸、經理人之責任

一、對公司之責任

經理人因違反法令、章程或公司法第33條規定，致公司受損害時，其對於公司負賠償之責（公司法第34條）。由公司授權為其管理事務及簽名之人，即為公司之經理人，不論其職稱為何？是否登記？均無不同[42]。

二、對第三人之責任

經理人於執行職務範圍內，為公司負責人（公司法第8條第2項）。其應忠實執行業務並盡善良管理人之注意義務，如有違反致公司受有損害者，負損害賠償責任（公司法第23條第1項）。經理人對於公司業務之執行，倘有違反法令致他人受有損害時，對他人應與公司負連帶賠償之責（第2項）。

柒、案例解析——經理人之權限

一、書面授權

經理人除有書面之授權外，對於不動產不得買賣或設定負擔（民法第554條第2項）。倘經理人甲經書面授權買賣不動產，其與乙訂立土地買賣契約屬職權範圍內之行為，乙得依據買賣契約，請求A建設股份有限公司履行買受人之義務（民法第553條）。反之，未經書面授權者，乙不得依據買賣契約，請求A公司履行買受人之義務。

---

[42] 最高法院91年度台上字第1886號民事判決。

二、章程規定

　　A建設股份有限公司章程規定經理人甲有買賣不動產之職權，是甲有為A公司訂立土地買賣契約之權限（公司法第31條）。乙得依據買賣契約，請求A公司履行買受人之義務。準此，A公司不得以其所加於經理人甲職權之限制，對抗善意之乙。例如，限制經理人買賣金額之權限，不得對抗善意第三人。

三、經理人逾越權限所為行為之效力

　　A建設股份有限公司未書面授權或章程、契約亦未規定，除非A公司事後追認，否則此逾越經理人權限之行為，對公司不生效力，乙自不得依據買賣契約，請求A公司履行買受人之義務。

習題

一、何謂公司？社團法人是否必為公司組織？
　　提示：公司法第1條。

二、我國公司法規定之公司種類有幾？
　　提示：公司法第2條。

三、甲為A股份有限公司之董事長，該公司章程未規定公司得為他人保證，股東會亦未決議公司得為保證人，甲以A公司之名義擔任乙之保證人，保證乙對丙之借款債務清償，試問其效力為何？
　　提示：公司法第16條。

四、命令解散公司與裁定解散公司，兩者有何區別？
　　提示：公司法第9至10條。

五、試問公司合併之方式為何？應否經清算程序？
　　提示：公司法第75條。

六、甲為A有限公司之經理人，A公司經營食品出口業務，甲另與乙合夥經營同類之業務。試問A公司得向甲主張何種權利？
　　提示：公司法第32條；民法第563條第1項。

第二章　無限公司

案例1

　　甲、乙二人欲成立A無限公司，甲之住所在美國，乙之住所在臺灣，並未限定該無限公司將從事何種行業。試問其章程應如何記載，該章程始得有效成立？

壹、無限公司之定義

　　所謂無限公司者（unlimited company），係指二人以上股東所組織成立，股東對於公司債務負連帶無限清償責任之公司（公司法第2條第1項第1款）。無限公司之信用基礎在於股東之個人信用，其為典型之人合公司。

貳、無限公司之設立

　　無限公司之股東，應有二人以上，其中半數，應在國內有住所（公司法第40條第1項）。股東應以全體之同意，訂立章程，簽名或蓋章，置於本公司，並每人各執一份（第2項）。

一、章程之訂定

（一）絕對必要記載事項

　　絕對必要記載事項，倘有欠缺時，其章程無效，茲分述如後（公司法第41條第1項）：1.公司名稱；2.所營事業；3.股東姓名、住所或居所；4.資本總額及各股東出資額；5.盈餘及虧損分派比例或標準；6.本公司所在地；7.訂立

章程之年、月、日。

（二）相對必要記載事項

相對必要記載事項，有該事項存在時，應記載於章程中，否則不生效力，然縱使未記載，亦不影響章程之效力，茲分述如後（公司法第41條第1項）：1.各股東有以現金以外財產為出資者，其種類、數量、價格或估價之標準；2.設有分公司者，其所在地；3.定有代表公司之股東者，其姓名；4.定有執行業務之股東者，其姓名；5.定有解散事由者，其事由。

（三）任意記載事項

全體股東為公司內部決定意思之最高機關，故可經股東全體同意，其於不違反法律強制規定或不違背公序良俗者，均得約定為任意記載事項。

二、設立之登記

無限公司非在中央主管機關登記後，不得成立（公司法第6條）。設立登記為公司成立之要件，亦屬公示制度，使與公司交易之第三人知悉公司之狀況。

參、案例解析──章程無效

一、章程絕對必要記載事項

甲與乙符合無限公司股東之法定人數限制，其中乙在國內有住所。經全體之同意，訂立章程，簽名或蓋章，置於本公司，並每人各執一份。章程有絕對必要記載事項，如有欠缺時，其章程無效（公司法第41條第1項）：（一）公司名稱；（二）所營事業；（三）股東姓名、住所或居所；（四）資本總額及各股東出資額；（五）盈餘及虧損分派比例或標準；（六）本公司所在地；（七）訂立章程之日期。

二、未記載所營事業

因案例1所示，章程未記載所營事業，故該章程無效，甲、乙不得成立無

限公司。倘欲使章程有效，必須記載所營事業，並持之向主管機關辦理設立登記，始得有效成立無限公司。

第二節　無限公司之內部關係

案例2

　　甲、乙及丙三人於2023年1月1日合資成立A食品無限公司，各出資新臺幣（下同）100萬元，甲被推舉為執行業務股東，其主要業務為肉類食品之製造、批發及零售。甲於公司成立後，自行開業經營肉類食品零售，至2024年2月1日止，共賺取100萬元。試問A公司得否請求甲將上開經營所得利益歸公司所有，或者主張損害賠償請求權？

壹、內部關係之定義

　　所謂內部關係（internal relationship），係指公司與股東及股東與股東相互之法律關係。我國無限公司內部關係應適用之法規，係以公司法為主，章程為輔。除法律有規定者外，得以章程定之（公司法第42條）。

貳、內部關係之法定事項

一、出資義務

　　所謂出資義務者，係指基於公司營利之目的，股東基於股東身分，應對公司為一定給付之義務。股東得以勞務或其他權利為出資，並依照第41條第1項第5款規定辦理（公司法第43條）。職是，各股東有以現金以外財產為出資者，應明定種類、數量、價格或估價之標準。

二、業務之執行與監督

（一）業務執行之機關

　　各股東雖均有執行業務之權利，而負其義務。然章程中訂定由股東中之一人或數人執行業務者，從其訂定（公司法第45條第1項）。前開執行業務之股東，須半數以上在國內有住所（第2項）。

（二）業務執行之方法

　　業務執行之方法，先依據法律與章程規定。倘無規定者，股東之數人或全體執行業務時，關於業務之執行，取決於過半數之同意（公司法第46條第1項）。執行業務之股東，關於通常事務，各得單獨執行。但其餘執行業務之股東，有一人提出異議時，應即停止執行（第2項）。

（三）執行業務股東與公司之關係

1. 權利關係（95律師）

　　執行業務股東對公司有如後權利：(1)報酬請求權：執行業務之股東與公司之關係，原則上屬無償委任（gratuitous mandate），非有特約，不得向公司請求報酬（公司法第49條）；(2)償還墊款請求權：股東因執行業務所代墊之款項，得向公司請求償還，並支付墊款之利息（公司法第50條第1項前段）。倘利率未約定者，應按年息5%計算（民法第203條）；(3)債務擔保請求權：股東因執行業務而負擔債務者，倘其債務尚未到期者，得請求提供相當之擔保（guarantee）（公司法第50條第1項後段）；(4)損害賠償請求權：股東因執行業務，受有損害，而自己無過失者（innocent），得向公司請求賠償其損害（公司法第50條第2項）。

2. 義務關係

　　執行業務股東對公司有如後義務：(1)遵守法令規章之義務：股東執行業務，應依照法令、章程及股東之決定（公司法第52條第1項）。違反前開規定，致公司受有損害者，對於公司應負賠償之責（responsibility of compensation）（第2項）；(2)代收款項交還之義務：股東代收公司款項，不於相當期間照繳或挪用公司款項者，應加算利息，一併償還；如公司受有損

害，並應賠償（公司法第53條）；(3)業務報告及質詢答覆之義務：執行業務股東與公司間屬委任關係，其應向公司報告業務（民法第540條）。不執行業務之股東，得隨時向執行業務之股東質詢（address inquires），執行業務之股東有說明之義務（公司法第48條）；(4)不得任意辭職之義務：公司章程訂明專由股東中之一人或數人執行業務時，該股東不得無故辭職，他股東亦不得無故使其退職，以維持公司業務正常運作（公司法第51條）；(5)不競業之義務：執行業務之股東，不得為自己或他人為與公司同類營業之行為（公司法第54條第2項）。執行業務之股東違反前開規定時，其他股東得以過半數之決議，將其為自己或他人所為行為之所得，作為公司之所得。但自所得產生後逾1年者，不在此限（第3項）。

（四）業務之監督

不執行業務之股東負責公司業務之監督（supervise），其得隨時向執行業務之股東質詢公司營業情形，查閱財產文件、帳簿、表冊（公司法第48條）。

三、股東投資之限制

股東非經其他股東全體之同意，不得為他公司之無限責任股東或合夥事業之合夥人（公司法第54條第1項）。股東違反前開規定，得經其他股東全體之同意議決除名。但非通知後不得對抗該股東（公司法第67條第2款）。

四、盈餘分配與債務抵銷

盈餘及虧損分派比例或標準，係章程之絕對必要記載事項（公司法第41條第1項第6款）。公司非彌補虧損後，不得分派盈餘（公司法第63條第1項）。公司負責人違反前開規定時，各處1年以下有期徒刑、拘役或科或併科新臺幣6萬元以下罰金（第2項）。因公司與其股東之人格各別，是公司之債務人，不得以其債務與其對於股東之債權抵銷（公司法第64條）。

五、出資轉讓

無限公司為人合公司，基於股東間相互信賴而成立。準此，股東非經其他股東全體之同意，不得以自己出資之全部或一部，轉讓於他人（公司法第55條）。股東轉讓其出資（transfer property）應向主管機關申請登記，對於登記前公司之債務，其於登記後2年內，仍負連帶無限責任（公司法第70條第2項）。

六、變更章程

無限公司變更章程，應得全體股東之同意，此與訂立章程時相同（公司法第40條第2項、第47條）。

參、案例解析——競業禁止及公司歸入權

一、競業禁止之義務

甲為A無限公司執行業務之股東，不得為自己或他人為與公司同類營業之行為（公司法第54條第2項）。A公司之主要業務為肉類食品之製造、批發及零售，甲經營肉類食品零售，兩者營業種類屬於同類，並且具有營利行為（for-profit）性質，準此，甲之營業行為已違反競業禁止義務。

二、公司行使歸入權

執行業務之股東甲違反競業禁止之義務，其他股東乙、丙得以過半數之決議，將甲為自己行為之所得，作為A公司之所得。但自所得產生後逾1年者，不在此限（公司法第54條第3項）。損害賠償請求權與歸入權發生請求權競合時，公司固得一併行使之。惟A公司已選擇行使歸入權而獲得滿足，則不得再行使損害賠償請求權[1]。

---

[1] 潘秀菊、劉承愚、蔡淑娟、陳龍昇，商事法——公司法、票據法，元照出版有限公司，2004年10月，初版2刷，頁1-59。

第三節　無限公司之外部關係

案例3

　　A食品無限公司之股東有甲、乙及丙，A公司積欠債權人丁新臺幣100萬元貨款未清償，A公司相應不理。試問丁請求全體股東負連帶清償責任，是否有理由？

壹、外部關係之定義

　　所謂無限公司之外部關係（external relationship），係指公司與第三人及股東與第三人之關係而言。

一、公司之代表

（一）代表資格

　　公司得以章程特定代表公司之股東；其未經特定者，各股東均得代表公司（公司法第56條第1項）。第45條第2項規定，其於代表（representative）公司之股東準用之（第2項）。執行業務之股東，須半數以上在國內有住所（domicile），以利執行公司業務。

（二）代表權限

　　代表公司之股東，關於公司營業上一切事務，有辦理之權（公司法第57條）。為保護交易安全，公司對於股東代表權所加之限制，不得對抗善意第三人（公司法第58條）。為防止代表公司股東僅圖自己利益或第三人利益之虞，故代表公司之股東，倘為自己或他人與公司為買賣、借貸或其他法律行為時，不得同時為公司之代表（bilateral representative）。例外情形，向公司清償債務時（pay off debts），不在此限（公司法第59條）[2]。因單純之債務履

---

[2] 最高法院111年度台上字第2200號民事判決。

行，實無偏頗之虞，無禁止之必要性。準此，違反此項禁止規定，其法律行為應屬無效[3]。

二、股東責任

（一）一般責任

公司資產不足清償債務時，由股東負連帶清償之責（公司法第60條）。是股東對公司債務居於保證人（security）地位。而股東所負之連帶責任係股東間之連帶責任（joint and several liability），並非股東與公司間之連帶責任。

（二）特殊責任

股東之特殊責任有：1.新股東責任：加入公司為股東者，對於未加入前公司已發生之債務，亦應負責（公司法第61條）；2.類似股東責任：非股東而有可以令人信其為股東之行為者，對於善意第三人（bona fide third party），應負與股東同一之責任（公司法第62條）；3.退股股東責任：退股股東應向主管機關申請登記，對於登記前公司之債務，而於登記後2年內，仍負連帶無限責任。股東轉讓其出資者，亦同（公司法第70條）；4.解散後股東責任：股東之連帶無限責任，自解散登記後，滿5年而消滅（公司法第96條）；5.變更組織後股東責任：股東依第76條第1項或第76條之1第1項規定，改為有限責任時，其在公司變更組織前，公司之債務，其於公司變更登記後2年內，仍負連帶無限責任（公司法第78條）。

三、資本充實

公司非彌補虧損後，不得分派盈餘。公司負責人違反前開規定時，各處1年以下有期徒刑、拘役或科或併科新臺幣6萬元以下罰金（公司法第63條）。公司之債務人，不得以其債務與其對於股東之債權抵銷（公司法第64條）。

---

[3] 最高法院80年度台上字第180號民事判決。

貳、案例解析──股東對無限公司債務居於保證人地位

公司資產不足清償債務時，始由股東負連帶清償之責（公司法第60條）。A食品公司積欠債權人丁貨款未清償，丁必須就公司現實請求，依據強制執行程序，無法獲得全部清償時，因股東對公司債務居於保證人，A公司之股東有甲、乙及丙始應負連帶清償責任之義務。

第四節　無限公司之入股及退股

案例4

> A服飾無限公司之股東有甲、乙及丙，甲於2020年終退股，乙、丙邀丁入股。2年後A公司經營不善，對外負債新臺幣（下同）100萬元，公司股東全體議決解散，解散時之資產僅有50萬元。試問公司債權人應如何主張權利？依據為何？

壹、入　股

所謂入股者，係指公司成立後，原始取得股東資格之行為，係契約關係，其必須變更章程，故應得全體無限公司股東同意，並依法變更章程之登記（公司法第12條）。

貳、退　股

一、定　義

所謂退股者，係指公司存續中，基於股東之意思或法定原因，使股東喪失資格，可分聲明退股及法定退股兩類型。

二、聲明退股

（一）年終退股

章程未定公司存續期限者，除關於退股另有訂定外，股東得於每會計年度終了退股。但應於6個月前，以書面向公司聲明（公司法第65條第1項）。

（二）隨時退股

股東有非可歸責於自己之重大事由時，不問公司是否定有存續期限，均得隨時退股（公司法第65條第2項）。

三、法定退股

（一）原　因

法定退股原因有六（公司法第66條第1項）：1.章程所定退股事由；2.死亡；3.破產；4.受監護或輔助宣告（interdict）之宣告；5.除名；6.股東之出資，經法院強制執行者（enforcement procedure），執行法院應於2個月前通知公司及其他股東（第2項）。

（二）除名事由

股東有下列各款事由，得經其他股東全體之同意議決除名：1.應出之資本不能照繳或屢催不繳者；2.違反第54條第1項規定者[4]；3.有不正當行為妨害公司之利益者；4.對於公司不盡重要之義務者。股東有上開各款事由，得經其他股東全體之同意議決除名。但非通知後不得對抗該股東（公司法第67條本文）。

四、退股效果

（一）姓名使用之停止

公司名稱中列有股東之姓或姓名者，該股東退股時，得請求公司停止使用（公司法第68條）。

---

[4]　股東非經其他股東全體之同意，不得為他公司之無限責任股東或合夥事業之合夥人。

（二）股本之退還

退股之股東與公司之結算（settle），應以退股時公司財產之狀況爲準（公司法第69條第1項）。退股股東之出資，不問其種類，均得以現金抵還（第2項）。股東退股時，公司事務有未了結者，而於了結後計算其損益，分派其盈虧（第3項）。

（三）退股股東責任

退股股東應向主管機關申請登記，對於登記前公司之債務，其於登記後2年內，仍負連帶無限責任（公司法第70條第1項）。股東轉讓其出資者，準用前項規定（第2項）。

參、案例解析——入股及退股之股東責任

甲於2020年終退股，其應向主管機關申請登記，對於登記前之公司債務，其於登記後2年內，雖負連帶無限責任（公司法第70條第1項）。惟登記後之公司債務，甲不須負責。丁加入A服飾無限公司爲股東者，對於未加入前公司已發生之債務，亦應負責（公司法第61條）。準此，乙、丙及丁對公司債務，應負連帶無限清償責任。

第五節　無限公司之解散、合併、變更組織及清算

案例5

A五金無限公司之股東有甲、乙及丙，經全體股東同意決議解散公司，A五金公司於2021年1月1日向經濟部辦理解散登記。試問股東之責任於何時消滅？依據爲何？

壹、無限公司之解散事由

無限公司解散之事由如後（公司法第71條第1項）：（一）章程所定解散事由（第1款）；（二）公司所營事業已成就或不能成就（第2款）；（三）股東全體之同意（第3款）；（四）股東經變動而不足本法所定之最低人數（第4款）；（五）與他公司合併（第5款）；（六）破產（第6款）；（七）解散之命令或裁判（第7款、第9條至第11條）。

貳、無限公司之合併程序

一、合併草約之訂立

公司進行合併，通常由公司代表先作成草約（draft），再提經全體股東同意。

二、合併之決議

公司合併須經全體股東之決議同意，始得與他公司合併（公司法第72條）。

三、表冊之編造

公司決議合併時，應即編造資產負債表（balance sheet）及財產目錄（list of property），以供債權人閱覽，俾於知悉公司之財產情況（公司法第73條第1項）。

四、對債權人之通知及公告

公司為合併之決議後，應即向各債權人分別通知及公告，並指定30日以上期限，聲明債權人得於期限內提出異議（objection）（公司法第73條第2項）。

五、合併登記之辦理

公司為合併時，應於實行後，依據合併情況，分別向主管機關為變更登記、解散登記或設立登記。

六、權利義務之概括承受

因合併而消滅之公司，其權利義務，應由合併後存續或另立之公司承受。倘合併契約約定合併後之公司，不承受消滅公司之債務，即屬無效。

參、無限公司之變更組織

一、要　件

公司得經全體股東之同意，以一部股東改為有限責任或另加入有限責任股東，變更其組織為兩合公司（公司法第76條第1項）。倘有部分股東拒絕同意，其組織無從變更。

二、程　序

公司變更組織時，準用第73條至第75條規定（公司法第77條）。詳言之，應經股東全體決議、編造表冊、向債權人為通知與公告及辦理變更登記等程序。

三、效　果

無限公司變更為兩合公司，其法人人格並未中斷，無限公司之原有債務，仍應由變更後之兩合公司繼續負責。而無限責任股東改為有限責任股東時，其在公司變更組織前，公司之債務，應於公司變更登記後2年內，負連帶無限責任（公司法第78條）。

肆、無限公司之清算

一、清算之定義

　　所謂清算者（liquidate），係指已解散之公司，為處分現有財產，以了結公司與第三人及公司與股東間之債權債務關係（debtor-creditor relationship），而消滅公司人格之程序。

二、清算人之選任

（一）法定清算人

　　公司之清算，原則上以全體股東為清算人（liquidator）。例外情形，係本法或章程另有規定或經股東決議，另選清算人者，不在此限（公司法第79條）。清算人由全體股東擔任者，因係法定職務而當然就任，雖無須就任之承諾即發生委任契約之效力（公司法第97條）。然以章程規定、股東決議或法院裁定等方式另定清算人者，因公司清算人非該受選任或選派人之法定職務，不因此當然就任或有就任承諾之義務，尚需由受選任或選派人就任之承諾意思表示，始與公司成立清算人之委任契約[5]。

（二）選任清算人

　　無限公司經由章程規定或經股東決議，得選任清算人者，處理清算事務（公司法第79條）。依公司法第85條第1項規定，清算人有數人時，得推定一人或數人代表公司，並無明定須經全體清算人之同意推定，自以取決於全體清算人[6]。

（三）選派清算人

　　無法定及選任清算人時，法院得因利害關係人之聲請，選派清算人（公司法第81條）。

---

[5]　最高法院105年度台上字第1608號民事判決。

[6]　臺灣高等法院87年度抗字第1104號民事裁定。

三、清算人解任

（一）法院解任

　　法院因利害關係人之聲請，認為必要時，得將清算人解任之（remove from post）。不論是法定、選任或選派清算人，均可解任（公司法第82條本文）。

（二）股東解任

　　股東選任之清算人，亦得由股東過半數之同意，將其解任（公司法第82條但書）。

四、清算人之聲報及公告

　　清算人應於就任後15日內，將其姓名、住所或居所及就任日期，向法院聲報（公司法第83條第1項）。清算人之解任，應由股東於15日內，向法院聲報（第2項）。違反聲報期限規定者，各處新臺幣（下同）3千元以上1萬5千元以下罰鍰（第4項）。清算人由法院選派或解任時，均應公告之（第3項）。

五、清算人之職務

　　清算人執行清算職務，有代表公司為訴訟上或訴訟外一切行為之權。但將公司營業包括資產負債轉讓於他人時，應得全體股東之同意（公司法第84條第2項）。清算人之職務有：了結現務、收取債權與清償債務、分派盈餘或虧損、分派賸餘財產。

（一）了結現務

　　所謂了結現務者，係指了結公司於解散開始時，尚未終了之事務而言（公司法第84條第1項第1款）。

（二）收取債權與清償債務

　　清算人應於6個月內完結清算；不能於6個月內完結清算時，清算人得申

敘理由，向法院聲請展期（公司法第84條第1項第2款、第87條第3項）。

（三）分派盈餘或虧損

　　清算人收取債權與清償債務後，倘有盈餘則應分配與股東，如有虧損者，則由股東分擔（公司法第84條第1項第3款）。

（四）分派賸餘財產

　　清算人於清償公司債務後，如有賸餘財產，始得將公司財產分派於各股東（公司法第84條第1項第4款、第90條第1項）。清算人違反規定者，分派公司財產時，各處1年以下有期徒刑、拘役或科或併科新臺幣6萬元以下罰金（第90條第2項）。賸餘財產之分派，除章程另有訂定外，依各股東分派盈餘或虧損後淨餘出資之比例定之（公司法第91條）。

六、聲請宣告破產

　　公司財產不足清償其債務時，清算人應即聲請宣告破產（公司法第89條第1項）。清算人移交其事務於破產管理人時，職務即為終了（第2項）。清算人違反前開規定，不即聲請宣告破產者，各處新臺幣2萬元以上10萬元以下罰鍰（第3項）。

七、清算之執行

（一）代表權之行使及限制

　　清算人有數人時，得推定一人或數人代表公司，如未推定時，各有對於第三人代表公司之權。關於清算事務之執行，取決於過半數之同意（公司法第85條第1項）。對於清算人代表權所加之限制，不得對抗善意第三人（公司法第86條）。

（二）編造簿冊

　　清算人就任後，應即檢查公司財產情形，造具資產負債表及財產目錄，送交各股東查閱（公司法第87條第1項）。對前開所為檢查有妨礙、拒絕或規避行為者，各處新臺幣2萬元以上10萬元以下罰鍰（第2項）。

（三）催告報明債權

清算人就任後，應以公告方法，催告債權人報明債權，對於明知之債權人，並應分別通知（公司法第88條）。

（四）損害賠償責任

清算人應以善良管理人之注意處理職務，倘有怠忽而致公司發生損害時，應對公司負連帶賠償之責任；其有故意（intent）或重大過失（gross negligence）時，並應對第三人負連帶賠償責任（公司法第95條）。

八、清算之完結

（一）清算期限

清算人應於6個月內完結清算；不能於6個月內完結清算時，清算人得申敘理由，向法院聲請展期（公司法第87條第3項）。清算人不於前開規定期限內，清算完結者，各處新臺幣1萬元以上5萬元以下罰鍰（第4項）。

（二）清算承認

清算人應於清算完結後15日內，造具結算表冊，送交各股東，請求其承認，倘股東不於1個月內提出異議，即視為承認。例外情形，係清算人有不法行為時，不在此限（公司法第92條）。

（三）清算完結聲報

清算人應於清算完結，經送請股東承認後15日內，向法院聲報。清算人違反前開聲報期限規定時，各處新臺幣3千元以上1萬5千元以下罰鍰（公司法第93條）。

（四）簿冊保存

公司之帳簿、表冊及關於營業與清算事務之文件，應自清算完結向法院聲報之日起，保存10年，其保存人，以股東過半數之同意定之（公司法第94條）。

（五）股東責任

股東之連帶無限責任，自向主管機關辦理解散登記後，滿5年而消滅（公司法第96條）。

伍、案例解析——清算完結後之股東責任

A五金無限公司之股東有甲、乙及丙，經全體股東同意決議解散公司，A公司於2021年1月1日向經濟部辦理解散登記，原則上應以全體股東擔任清算人，進行清算程序，全體股東之連帶無限責任，須自解散登記滿5年後消滅，即2026年1月1日始消滅之。

習題

一、甲、乙及丙為A無限公司股東，試問甲是否得拒絕執行公司之業務？乙是否得代表A公司向銀行借款？

提示：公司法第45條第1項、第56條。

二、丁積欠B無限公司新臺幣（下同）10萬元之貨款，因B公司之股東戊積欠丁10萬元之借款，試問丁是否得以對B公司之債務與對戊之債權互相抵銷？

提示：公司法第64條。

三、C無限公司以開採金瓜石金礦為業務，因金瓜石已無金礦可開採，試問C公司股東得否解散公司？

提示：公司法第71條第1項第1款。

第三章 有限公司

第一節 有限公司之定義及設立

案例1

> 甲、乙及丙欲成立家具有限公司，約定甲以公司所需之辦公室出資、乙以勞務出資，而丙出資新臺幣100萬元，分5期給付之，其不足之資金擬對外募集。試問其等出資是否合法？理由為何？

壹、有限公司之定義

有限公司由一人以上股東所組成，各股東對於公司之責任，原則以其出資額為限，對公司債權人負間接責任（公司法第98條第1項、第99條第1項）。例外情形，股東濫用公司之法人地位，致公司負擔特定債務且清償顯有困難，其情節重大而有必要者，該股東應負清償之責（第2項）。有限公司股東之出資額，係得轉讓之財產權（property right）。

貳、有限公司之性質

有限公司具有人合公司與資合公司雙重性格，在股東彼此間之關係，偏重於人合公司之色彩，在公司資本方面，偏重於資合公司之色彩。職是，股份有限公司之資本三原則：資本確定原則、維持原則及不變原則，有限公司亦適用之。

參、有限公司之設立

一、訂立章程

股東應以全體之同意訂立章程，簽名或蓋章，置於本公司，每人各執一份（公司法第98條第2項）。其章程應記載下列事項：（一）公司名稱；（二）所營事業；（三）股東姓名或名稱、住所或居所；（四）資本總額及各股東出資額；（五）盈餘及虧損分派比例或標準；（六）本公司所在地；設有分公司者，其所在地；（七）董事人數；（八）定有解散事由者，其事由；（九）訂立章程之年、月、日（公司法第101條第1項）。代表公司之董事不備置前項章程於本公司者，處新臺幣1萬元以上5萬元以下罰鍰。再次拒不備置者，並按次處新臺幣2萬元以上10萬元以下罰鍰（第2項）。

二、繳足股款

有限公司資本總額，應由各股東全部繳足，不得分期繳款（installment payment）或向外招募，應以發起設立為限（公司法第100條）。經濟部曾依據修正前公司法第100條第2項及第156條第3項，訂定有限公司最低資本額為新臺幣50萬元；訂定股份有限公司最低資本額為新臺幣100萬元[1]。因為使臺灣之投資環境符合世界潮流，改善國內經營型態，並避免閒置資金之問題，立法院嗣於2009年4月14日三讀通過修正公司法第100條與第156條，取消公司設立最低資本額之限制。

三、設立登記

有限公司應於章程訂立後，向主管機關申請設立登記，始得合法取得法人之人格（corporate personality）。

肆、案例解析──有限公司之股東出資

有限公司資本總額，應由各股東全部繳足，不得分期繳款或向外招募，

---

[1]　經濟部2001年12月5日(90)經商字第09002253490號函。

即以發起設立爲限（公司法第100條）。準此，甲、乙及丙欲成立有限公司，渠等約定甲以公司所需之辦公室出資，雖得以現金以外之財產抵繳股款。惟乙不得以勞務出資，丙出資新臺幣100萬元，亦不得分期給付，應全部繳足。有限公司不足之資金不得對外募集，僅得以發起設立爲限。

第二節　有限公司之內部關係

案例2

甲、乙與丙等三人為A文具有限公司之股東，甲被推選為董事，乙因個人因素積欠債權人丁債務，經丁起訴取得勝訴之確定給付判決。試問：（一）甲或丙得否將其出資額轉讓與他人？（二）丁得否向法院聲請對乙之出資額強制執行？

壹、股東之出資

一、出資之方式

有限公司資本總額，應由各股東全部繳足，不得分期繳款或向外招募（公司法第100條）。股東之出資除現金外，得以對公司所有之貨幣債權、公司事業所需之財產或技術抵充之（公司法第99條之1）。

二、增資及減資

有限公司增資，應經股東過半數之同意。但股東雖同意增資，仍無按原出資數比例出資之義務（公司法第106條第1項）。前開不同意增資之股東，對章程因增資修正部分，視爲同意（第2項）。公司得經全體股東同意減資（第4項）。

三、股東名簿之備置

有限公司應在本公司備置股東名簿，並記載下列事項（公司法第103條第1項）：（一）各股東出資額及股單號數；（二）各股東姓名或名稱、住所或居所；（三）繳納股款之年、月、日。代表公司之董事，不備置前項股東名簿於本公司者，處新臺幣（下同）1萬元以上5萬元以下罰鍰。連續拒不備置者，並按次連續處2萬元以上10萬元以下罰鍰（第2項）。

貳、內部組織

一、業務執行機關——董事單軌制（95律師）

有限公司應至少置董事一人執行業務並代表公司，最多置董事三人，應經股東表決權三分之二以上之同意，就有行為能力（civil capacity）之股東中選任之（公司法第108條第1項前段）[2]。董事有數人時，得以章程置董事長一人，對外代表公司；董事長應經董事過半數之同意互選之（第1項後段）。董事請假或因故不能行使職權時，指定股東一人代理之；未指定代理人者，由股東間互推一人代理之（第2項）。再者，董事之數人或全體執行業務時，關於業務之執行，取決於過半數同意。執行業務之董事，關於通常事務，各得單獨執行。但其餘執行業務之董事，有一人提出異議時，應即停止執行（公司法第108條第4項、第46條）。

二、意思機關——全體股東

有限公司之意思機關在於全體股東，每一股東不問出資多寡，均有一表決權。但得以章程訂定按出資多寡比例分配表決權（公司法第102條第1項）。因有限公司採董事單軌制，並無股東會之設置。

三、監察機關——不執行業務之股東（112司律）

無限公司不執行業務之股東，得隨時向執行業務之股東質詢公司營業情

---

[2] 最高法院104年度台抗字第599號民事裁定。

形，查閱財產文件、帳簿、表冊（公司法第48條）。不執行業務之有限公司股東，均得行使監察權（supervisory power）。其監察權之行使，準用第48條規定（公司法第109條第1項）[3]。不執行業務之股東辦理前項事務，得代表公司委託律師、會計師審核之（第2項）。規避、妨礙或拒絕不執行業務股東行使監察權者，代表公司之董事各處新臺幣2萬元以上10萬元以下罰鍰（第3項）。職是，有限公司行使監察權之主體，為不執行業務股東，行使之對象得為執行業務之股東，監察權行使之內容，包含質詢公司營業情形及查閱財產文件、帳簿、表冊[4]。

參、章程變更

原則上公司變更章程準用無限公司有關規定，應得全體股東之同意（公司法第113條、第47條）。例外情形，係有限公司增資時，應經股東表決權過半數之同意（公司法第106條第1項本文）。公司得經股東表決權過半數之同意減資或變更其組織為股份有限公司（第3項）。不同意增資、減資、新股東加入及變更組織為股份有限公司之股東，對章程因增資修正部分，視為同意（第4項）。

肆、股東之退股及除名

公司法未規定有限公司股東之退股及除名，因有限公司兼具資合與人合公司之性質，倘准許股東退股及除名，勢必發生出資返還之問題，故解釋上不得退股與除名[5]。

伍、案例解析——有限公司股東出資額之轉讓

一、轉讓要件

有限公司之股東非得其他全體股東表決權過半數之同意，不得以其出資

---

[3]　最高法院102年度台抗字第378號民事裁定；最高法院107年度台上字第1608號民事判決。

[4]　最高法院105年度台抗字第241號民事裁定。

[5]　賴源河，實用商事法精義，五南圖書出版股份有限公司，2015年9月，12版1刷，頁81。

之全部或一部，轉讓於他人（公司法第111條第1項）。董事非得其他全體股東表決權三分之二以上之同意，不得以其出資之全部或一部，轉讓於他人（第2項）。前二項轉讓，不同意之股東有優先受讓權；如不承受，視為同意轉讓，並同意修改章程有關股東及其出資額事項（第3項）。法院依強制執行程序，將股東之出資轉讓於他人時，應通知公司及其他全體股東，而於20日內，依第1項或第3項之方式，指定受讓人；逾期未指定或指定之受讓人不依同一條件受讓時，視為同意轉讓，並同意修改章程有關股東及其出資額事項（第4項）。職是，甲、乙及丙為A文具有限公司之股東，甲為董事，其非得其他全體股東同意，不得以其出資額轉讓於他人。而股東丙將其出資額轉讓與他人，非得其他全體股東過半數之同意，不得以其出資額轉讓他人。倘甲或丙其出資轉讓，未經全體股東過半數之同意或全部之同意，其轉讓之約定無效[6]。

二、強制執行

　　股東乙因個人因素積欠債權人丁債務，經丁起訴取得確定民事給付判決，丁得持該執行名義，向法院聲請執行乙在A文具有限公司之出資（公司法第111條第4項）[7]。

第三節　有限公司之外部關係

案例3

　　A有限公司董事長甲將本人座落臺北市大安區之不動產，擬出售給董事長甲所屬之A有限公司作為辦公室。試問A有限公司之代表人應為何人？依據為何？

---

[6]　最高法院85年度台上字第321號、86年度台上字第1176號民事判決。

[7]　林洲富，實用強制執行法精義，五南圖書出版股份有限公司，2023年2月，17版，頁392。

壹、公司之代表

一、代表之資格──董事單軌制

（一）董　　事

公司應至少置董事（director）一人執行業務並代表公司，最多置董事三人，應經三分之二以上股東之同意，就有行爲能力之股東中選任之（公司法第108條第1項前段）[8]。

（二）董事長

董事有數人時，得以章程置董事長（president）一人，對外代表公司；董事長應經董事過半數之同意互選之（公司法第108條第1項後段）[9]。

（三）股　　東

董事請假或因故不能行使職權時，指定股東（shareholder）一人代理之；未指定代理人者，由股東間互推一人代理之（公司法第108條第2項）。

二、代表之權限

（一）公司營業之一切事務

代表公司之董事或董事長，關於公司營業上一切事務，有辦理之權（公司法第108條第4項準用第57條）。公司對於董事或董事長代表權所加之限制，不得對抗善意第三人（第4項準用第58條）。

（二）禁止雙方代表

代表公司之董事或董事長，倘爲自己或他人與公司爲買賣、借貸或其他法律行爲時，雖不得同時爲公司之代表。然向公司清償債務時，不在此限（公司法第108條第4項準用第59條）。

---

[8]　最高法院104年度台抗字第599號民事裁定。

[9]　最高法院104年度台抗字第599號民事裁定。

貳、股東之責任

有限公司之股東，僅對公司負責，不對公司債權人負責。各股東對於公司之責任，以其出資額爲限（公司法第99條）。公司增資，應經股東過半數之同意。但股東雖同意增資，仍無按原出資數比例出資之義務（公司法第106條第1項）。

參、案例解析——禁止雙方代表之例外

代表公司之董事或董事長，倘爲自己或他人與公司爲買賣、借貸或其他法律行爲時，不得同時爲公司之代表。但向公司清償債務時，不在此限（公司法第108條第4項準用第59條）。因公司股東爲公司之所有人，倘經公司股東依法開會爲許可之決議，由董事長爲公司代表，參照民法第106條規定意旨，董事長自得代表公司與自己爲買賣行爲。準此，A有限公司董事長甲所有不動產，擬出售給董事長甲所屬之A公司，倘經公司股東同意，董事長甲得代表雙方爲買賣行爲。

第四節　有限公司之會計

案例4

甲爲A電機有限公司董事長，僞造財務報表分送予全體股東，各股東均未知悉此事而加以承認，嗣後造成A公司有所損害。試問甲應否負損害賠償責任？理由爲何？

壹、會計表冊之造具及承認

每屆會計年度終了，董事應依第228條規定，造具各項表冊，分送各股東，請其承認；其承認應經股東表決權過半數之同意（公司法第110條第1

項）[10]。前項表冊，至遲應於每會計年度終了後6個月內分送。分送後逾1個月未提出異議者，視為承認（第2項）。各項表冊經股東會決議承認後，視為公司已解除董事及監察人之責任。但董事或監察人有不法行為者，不在此限（第3項準用第231條）。

貳、公積之提存

一、公積之定義

所謂公積者（reserve），係指公司營業之盈餘，為特定目的由公司保留而不分派於各股東之數額。公積包括之範圍有現金、動產及不動產等。

二、公積提存之情形

（一）法定盈餘公積之提存

公司於彌補虧損完納一切稅捐後，分派盈餘時，原則應先提出「10%」為法定盈餘公積。例外情形，係法定盈餘公積已達資本總額時，則無須再提存（公司法第112條第1項）。

（二）特別公積之提存

除法定盈餘公積外，公司得以章程訂定，或股東表決權三分之二以上之同意，另提特別盈餘公積，自不受10%之限制（公司法第112條第2項）。

參、盈餘之分派

有限公司之盈餘分派，原則上係準用股份有限公司之規定（公司法第110條第3項）。準此，公司非彌補虧損及依本法規定提出法定盈餘公積後，不得分派股息及紅利（公司法第232條第1項）。公司無盈餘時，不得分派股息及紅利。但法定盈餘公積已超過實收資本額50%時，得以其超過部分派充股息

---

[10] 公司法第228條規定：每會計年度終了，董事會應編造下列表冊，於股東常會開會30日前交監察人查核：1.營業報告書；2.財務報表；3.盈餘分派或虧損撥補之議案。前開表冊，應依中央主管機關規定之規章編造。前開表冊，監察人得請求董事會提前交付查核。

及紅利（第2項）。公司違反前開規定，分派股息及紅利時，公司之債權人，得請求退還，並得請求賠償因此所受之損害（公司法第232條）。

肆、案例解析——偽造會計表冊之責任

每屆會計年度終了，董事應造具營業報告書、財務報表、盈餘分派或虧損撥補之議案等表冊，並分送各股東，請其承認；其承認應經股東表決權過半數之同意（公司法第110條第1項）。前項表冊，至遲應於每會計年度終了後6個月內分送。分送後逾1個月未提出異議者，視為承認（第2項）。各項表冊經股東會決議承認後，視為公司已解除董事及監察人之責任。但董事或監察人有不法行為者，不在此限（第3項準用第231條）。準此，甲為A電機有限公司董事長，偽造財務報表分送股東，股東未知悉此事加以承認，嗣後造成公司有所損害，甲之不法行為，不因股東承認而免除責任。

第五節　有限公司之合併、解散、變更組織及清算

案例5

　　A食品有限公司經全體股東甲、乙及丙同意，變更組織為A食品股份有限公司。試問變更後之股份有限公司，應否清償變更前有限公司所積欠之債務？依據為何？

壹、有限公司之合併、解散及清算

有限公司變更章程、合併及解散，應經股東表決權三分之二以上之同意（公司法第113條第1項）。除前項規定外，有限公司之變更章程、合併、解散及清算等程序及效力，均準用無限公司之規定（第2項）。準此，有限公司之清算，原則以全體股東為清算人。例外情形，係本法或章程另有規定或經股東決議，另選清算人者。而由股東全體清算時，股東中有死亡者，清算事

務由其繼承人行之；繼承人有數人時，應由繼承人互推一人行之。公司之清算人，在執行職務範圍內，爲公司負責人（公司法第79條、第80條、第8條第2項）。

貳、變更爲股份有限公司

一、變更之要件

（一）增加新股東

有限公司增資，應經股東過半數之同意。但股東雖同意增資，仍無按原出資數比例出資之義務（公司法第106條第1項）。不同意增資之股東，對章程因增資修正部分，視爲同意（第2項）。倘股東不願再出資時，得經全體股東同意，由新股東參加（第3項）。

（二）經全體股東同意

有限公司得經全體股東同意減資或變更其組織，成爲股份有限公司（公司法第106條第4項）。

（三）通知及公告債權人

有限公司爲變更組織之決議後，應即向各債權人分別通知及公告（公司法第107條第1項）。第73條之公司合併程序及第74條之通知與公告效力規定，其於減少資本準用之（第3項）。

（四）辦理變更登記

有限公司變更爲股份有限公司時，應辦理變更登記，否則不得以其事項對抗第三人（公司法第12條）。

二、變更組織後之效果

變更組織後之股份有限公司，應承擔變更組織前有限公司之債務（公司法第107條第2項）。所謂公司變更組織，係指公司不影響其人格之存續，而變更其組織爲他種公司之行爲。準此，組織變更前之公司與組織變更後之公

司，不失其法人之同一性，並非兩個不同之公司，組織變更前公司之權利義務，當然由組織變更後之公司概括承受[11]。

參、股東有限責任

有限公司基於股東有限責任之原則，公司之財產爲公司債權人之唯一擔保。準此，公司必須依法解散後，由清算人依法定程序進行清算，始能分派賸餘之財產，並應於清算完結後，經送請股東承認後15日內，向法院聲報[12]。

肆、案例解析——變更組織後之債務承擔

公司變更組織，係公司不影響其人格之存續，而變更其組織爲他種公司之行爲，組織變更前之公司與組織變更後之公司，不失其法人之同一性。故組織變更前公司之權利義務，當然由組織變更後之公司概括承受。準此，A有限公司經全體股東甲、乙及丙同意，變更組織爲A股份有限公司，變更後之公司，自應負責清償變更前公司所積欠之債務。

習題

一、有限公司之股東，應否對公司對外之債務負責？
　　提示：公司法第99條。

二、有限公司於當年度並無盈餘，是否得於次年度分配股息及股利？
　　提示：公司法第110條第3項、第232條。

---

[11] 最高法院92年度台上字第1348號、97年度台上字第2432號民事判決：公司之變更組織，僅是改變其組織型態，並非另行設立新公司，法人之人格存續，不受影響，原屬變更組織前公司之權利或義務，當然應由變更組織後之公司繼續享有或負擔。此與民法之債務承擔，係由第三人承受債務人之債務或加入債之關係而爲債務人之情形，並不相同。職是，公司法第107條第2項所謂變更組織後之公司，應承擔變更組織前公司之債務，其與民法債務承擔之情形並不相同，民法第304條第2項關於債務承擔後擔保權利消滅之規定，其於公司變更組織並不適用。

[12] 最高法院103年度台上字第2033號民事判決。

第四章　兩合公司

第一節　兩合公司之概念

案例1

> 　　A有限公司與乙自然人欲合組兩合公司，經營進口食品業務。試問：
> （一）應有何人擔任兩合公司無限責任股東？（二）A公司與自然人乙間應
> 如何出資？

壹、兩合公司之定義與性質

一、定　義

　　兩合公司以無限責任股東與有限責任股東組織之，而以無限責任股東為重心（公司法第114條第1項）。無限責任股東，對公司債務負連帶無限清償責任；有限責任股東，以出資額為限，對於公司負其責任（第2項）。

二、性　質

　　兩合公司係二元化之公司組織，具有人合公司與資合公司之性質，其於經濟上相似隱名合夥。兩合公司係無限公司之變型，除有限責任股東之部分外，均準用無限公司之規定（公司法第115條）。

貳、兩合公司之成立

　　兩合公司之章程，除記載本法第41條所列無限公司章程，應列之各款事項外，並應記明各股東之責任為無限或有限責任（公司法第116條）。而有限責任股東，不得以勞務為出資（公司法第117條）。

參、案例解析——兩合公司之成立要件

　　兩合公司以無限責任股東與有限責任股東組織之，無限責任股東僅限於自然人，因公司不得為他公司無限責任股東（公司法第13條第1項）。有限責任股東，不得以勞務為出資（公司法第117條）。準此，A有限公司與乙欲合組兩合公司，應由乙擔任無限責任股東，而A有限公司擔任有限責任股東，其不得以信用或勞務為出資。

第二節　兩合公司之法律關係

案例2

　　甲、乙及丙合組A電子兩合公司，甲擔任無限責任股東，其餘為有限責任股東。甲未經乙、丙同意擔任B電子有限公司之經理，其於2022年間自B公司取得酬勞新臺幣100萬元。試問乙、丙於2024年1月1日決議，請求甲將該報酬作為A公司之報酬，是否有理？

壹、內部關係

一、出資義務

　　無限股東得以現金、勞務（service）或其他權利、財產為出資（公司法第115條、第43條）。有限責任股東，不得以勞務為出資（公司法第115條）。

二、業務執行

（一）業務執行機關

　　各無限責任股東均有執行業務之權利，而負其義務。但章程中訂定由無限責任股東中之一人或數人執行業務者，從其訂定。前開執行業務之股東須

半數以上在國內有住所（公司法第115條、第45條）。準此，有限責任股東，不得執行公司業務及對外代表公司（公司法第122條）。

（二）業務執行方式

業務執行方式如後：1.業務事項：股東之數人或全體執行業務時，關於業務之執行，取決於過半數之同意，採多數決之原則（公司法第115條、第46條第1項）；2.通常事務：執行業務之股東，關於通常事務，各得單獨執行，雖採單獨執行制。然其餘執行業務之股東，有一人提出異議時，應即停止執行（公司法第115條、第46條第2項）。

（三）業務監督之機關

依據章程不執行業務之無限責任股東及有限責任股東，雖無執行兩合公司業務之權限，然對於業務執行之無限責任股東有監察權（supervisor power）。

三、章程變更

兩合公司變更章程，應得全體無限與有限股東之同意（公司法第115條、第47條）。章程變更後，應申請變更登記（公司法第12條）。

四、出資轉讓

（一）無限責任股東

無限責任股東非經其他股東全體之同意，不得以自己出資之全部或一部，轉讓於他人，該他人包括兩合公司之股東在內（公司法第115條、第55條）。

（二）有限責任股東

有限責任股東，經無限責任股東過半數之同意，得以其出資全部或一部，轉讓於他人（公司法第119條第1項）。前項轉讓，不同意之股東有優先受讓權；如不承受，視為同意轉讓，並同意修改章程有關股東及其出資額事項（公司法第119條第2項、第111條第2項）。法院依強制執行程序，將有限

責任股東之出資轉讓於他人時，應通知公司及其他全體股東，而於20日內，依第1項或第3項之方式，指定受讓人；逾期未指定或指定之受讓人不依同一條件受讓時，視為同意轉讓，並同意修改章程有關股東及其出資額事項（公司法第119條第2項、第111條第4項）。

五、競業之禁止及自由

（一）無限責任股東

1. 競業之禁止

無限責任股東非經其他股東全體之同意，不得為他公司之無限責任股東或合夥事業之合夥人（公司法第115條第1項、第54條第1項）。執行業務之股東，不得為自己或他人為與公司同類營業之行為（公司法第115條第1項、第54條第2項）。

2. 歸入權

執行業務之股東違反前項規定時，其他股東得以過半數之決議，將其為自己或他人所為行為之所得，作為公司之所得。但自所得產生後逾1年者，不在此限（公司法第115條第1項、第54條第3項）。

（二）有限責任股東

因兩合公司之有限責任股東，不得執行公司業務及對外代表公司（公司法第122條）。故有限責任股東無競業禁止之必要性，此與無限責任股東不同。

六、盈餘分配

盈餘分配之比例或標準，係章程必要記載事項（公司法第116條、第41條）。而公司非彌補虧損後，不得分派盈餘。公司負責人違反前項規定時，各處1年以下有期徒刑、拘役或科或併科新臺幣6萬元以下罰金（公司法第115條、第63條）。

七、入股與退股

（一）無限責任股東

兩合公司無限責任股東之退股規定，準用無限公司之規定（公司法第115條、第65條、第66條）。

（二）有限責任股東

有限責任股東之退股原因可分自願退股與法定退股兩種類型，準用無限公司之規定：1.自願退股係有限責任股東遇有非可歸責於自己之重大事由時，得經無限責任股東過半數之同意退股，或聲請法院准其退股（公司法第124條）；2.法定退股之原因有三：(1)除名；(2)章程所定事由；(3)破產。至於有限責任股東，不因受監護或輔助宣告而退股（公司法第123條第1項）。有限責任股東死亡時，其出資歸其繼承人所有（第2項）。

八、除名

有限責任股東有下列各款情事之一者，得經全體無限責任股東之同意，將其除名：（一）不履行出資義務者；（二）有不正當行為，妨害公司利益者（公司法第125條第1項）。兩合公司將有限責任股東除名時，非通知該股東後，不得對抗之，此為對抗要件，而非生效要件（第2項）。

貳、外部關係

一、公司之代表

無限公司得以章程特定代表公司之無限責任股東；其未經特定者，各無限責任股東均得代表公司（公司法第115條、第56條第1項）。

二、股東之責任

（一）無限責任股東

兩合公司資產不足清償債務時，由無限責任股東對債權人直接負連帶清

償之責（公司法第115條、第60條）。

（二）有限責任股東

原則上有限責任股東，以出資額為限，對於兩合公司負其責任（公司法第114條第2項後段）。例外情形，係有限責任股東，如有可以令人信其為無限責任股東之行為者，對於善意第三人，負無限責任股東之責任，此為表見無限責任股東之責任。

參、案例解析——歸入權之行使及其期限

無限責任股東非經其他股東全體之同意，不得為他公司之無限責任股東或合夥事業之合夥人。執行業務之股東，亦不得為自己或他人為與公司同類營業之行為。執行業務之股東違反前項規定時，其他股東得以過半數之決議，將其為自己或他人所為行為之所得，作為公司之所得。但自所得產生後逾1年者，不在此限。準此，甲、乙及丙合組A電子兩合公司，甲擔任無限責任股東，其為執行業務之股東，未經乙、丙同意，自不得擔任B電子有限公司之經理，其於2022年間自B公司取得酬勞新臺幣100萬元，乙、丙得決議請求甲將該報酬作為A公司之報酬。乙、丙遲至2024年1月1日始決議對甲行使歸入權（right to intervene），自所得產生後已逾1年，甲得拒絕之。

第三節　兩合公司之解散、合併、變更組織及清算

案例3

甲、乙及丙合組兩合公司，甲擔任無限責任股東，經全體股東決議解散，並由甲擔任清算人，甲於清算終結前死亡。試問應由何人續行清算程序？依據為何？

壹、兩合公司之解散

一、解散原因

　　兩合公司解散之原因有二：一般解散原因與特定解散原因。一般解散原因準用無限公司之規定，特定解散原因亦有二事由（公司法第126條第1項本文）：（一）無限責任股東全體退股時；（二）有限責任股東全體退股時。

二、防止之方法

（一）無限或有限責任股東全體退股

　　公司因無限責任股東或有限責任股東全體之退股而解散。但其餘股東得以一致之同意，加入無限責任股東或有限責任股東，繼續經營（公司法第126條第1項但書）。

（二）有限責任股東全體退股

　　有限責任股東全體退股時，無限責任股東在二人以上者，得以一致之同意，變更其組織成為無限公司（公司法第126條第2項）。

貳、兩合公司之合併與變更組織

一、兩合公司之合併

　　公司法就兩合公司之合併，並無特別規定，故其合併要件、程序及效果，均準用無限公司之規定（公司法第113條）。

二、兩合公司之變更組織

　　兩合公司得變更組織，其情形如後：（一）有限責任股東全體退股時，無限責任股東在二人以上者，得以一致之同意變更其組織為無限公司（公司法第126條第2項）；（二）無限責任股東與有限責任股東，以全體之同意，變更其組織為無限公司（第3項）；（三）公司得經股東三分之二以上之同意變更章程，將其組織變更為有限公司或股份有限公司（第4項）。

參、兩合公司之清算

一、清算人資格

原則上，清算由全體無限責任股東任之。惟無限責任股東得以過半數之同意另行選任清算人（liquidator）；其解任時亦同（公司法第127條）。準此，有限責任股東亦有被選任爲清算人之資格。

二、準用無限公司之規定

公司法就兩合公司之合併，倘無特別規定，清算程序及期間等，均準用無限公司之規定。

肆、案例解析——無限責任股東死亡之清算人

兩合公司決議解散後，無限責任股東雖死亡，仍應行清算，其清算事務由各無限責任股東之繼承人行之，各股東繼承人有數人者，應由其繼承人互推一人行之（公司法第127條、第115條、第80條）[1]。準此，甲、乙及丙合組兩合公司，甲擔任無限責任股東，經全體股東決議解散，並由甲擔任清算人，甲於清算終結前死亡，仍應行清算，其清算事務由甲之繼承人行之，繼承人有數人者，應由其繼承人互推一人行之。

習題

一、兩合公司之股東，得否以信用或勞務為出資？
　　提示：公司法第115條、第43條。

二、兩合公司之有限股東，拒絕履行出資義務時，公司得如何處理？
　　提示：公司法第125條第1項第1款。

---

[1] 經濟部1986年10月18日(75)經商字第46057號函。

第五章　股份有限公司

第一節　股份有限公司之概念

案例1

甲、乙與丙三人共同設立A食品股份有限公司，章程並約定公司存續期間，得自由將股份轉讓於第三人，甲於公司成立6個月後，將其部分股份轉讓與丙。試問該轉讓股份之法律行為是否有效？依據為何？

壹、股份有限公司之定義

所謂股份有限公司（company limited by shares），係指二人以上股東或政府、法人股東一人所組織，全部資本分為股份，其為典型之資合公司。股東就其所認股份，對公司負其責任之公司（公司法第2條第1項第4款）。

一、股東資格及人數

股份有限公司應有二個以上之自然人為發起人（公司法第128條第1項）。無行為能力人或限制行為能力人，不得為發起人（第2項）。政府或法人一人即可為發起人。而法人為發起人者，以公司為限（第3項）。

二、公司資本之單位

（一）票面金額股與無票面金額股

股份有限公司之資本，應分為股份（stock），擇一採行票面金額股或無票面金額股（公司法第156條第1項）。公司採行票面金額股者，每股金額應歸一律；採行無票面金額股者，其所得之股款應全數撥充資本（第2項）。每

股金額股份總數之積，成為股份有限公司之資本[1]。

（二）票面金額股全數轉換為無票面金額股

公司得經有代表已發行股份總數三分之二以上股東出席之股東會，以出席股東表決權過半數之同意，將已發行之票面金額股全數轉換為無票面金額股；其於轉換前依第241條第1項第1款提列之資本公積，應全數轉為資本（公司法第156條之1第1項）。前項出席股東股份總數及表決權數，章程有較高規定者，從其規定（第2項）。

三、股東責任

股東就其所認股份，有照所填認股書繳納股款之義務（公司法第139條）。股東對於公司之責任，除第2項規定外，以繳清其股份之金額為限（公司法第154條第1項）。股東濫用公司之法人地位，致公司負擔特定債務且清償顯有困難，其情節重大而有必要者，該股東應負清償之責（第2項）。易言之，股東就其所認股份，原則上對公司負有限之責任[2]。股份為數人共有者，其共有人應推定一人行使股東之權利（公司法第160條第1項）[3]。股份共有人，對於公司負連帶繳納股款之義務（第2項）。

貳、股份有限公司之特質

一、股份轉讓自由

公司股份之轉讓（transfer），除本法另有規定外，不得以章程禁止或限制之。但非於公司設立登記後，不得轉讓（公司法第163條）。

二、企業所有與經營分離

股份有限公司之資本基礎為股份，其所有者為股東，而公司之經營者未

---

[1]　最高法院98年度台上字第1259號民事判決。

[2]　最高法院107年度台上字第267號民事判決。

[3]　最高法院104年度台上字第2414號民事判決。

必爲股東，委諸企業經營及管理施展所長。準此，股份有限公司係採企業所有與經營分離制度（公司法第156條、第202條）。

參、案例解析——股份自由轉讓原則之限制

公司設立登記後，公司股份得自由轉讓，除本法另有規定外，不得以章程禁止或限制之。例外情形，係發起人之股份，非於公司設立登記後，不得轉讓[4]。違反此項禁止規定之股份轉讓，應屬無效。準此，甲、乙及丙共同設立A食品股份有限公司，並約定公司存續期間，不得將股份轉讓於第三人，甲於公司成立6個月後，將其部分股份轉讓與丙，該轉讓股份之法律行爲，應屬有效。

第二節　股份有限公司之資本三大原則

案例2

A百貨股份有限公司因資金過剩或經營不善，試問A公司如後行為是否合法：（一）因公司資金過剩，將多餘資金發還與股東。（二）公司經營不善而遭鉅額虧損，其辦理減資。

壹、資本確定原則

股份有限公司設立時，章程即應確定其資本，並認足或募足之，以確保公司於成立時，有穩固之財產基礎。我國公司法採折衷式之授權資本制，故章程所定之股份總數，得分次發行（公司法第156條第4項）。其餘股份授權董事會視實際需要，再行招募。

---

[4]　最高法院70年台上字第458號民事判決。

貳、資本維持原則

所謂資本維持原則，係指公司存續期間，應維持與資本總額相當之財產原則，以確保企業健全發展，並保護公司債權人及股東之權益。

一、股票發行價格

採行票面金額股之公司，其股票之發行價格，不得低於票面金額。但公開發行股票之公司，證券主管機關另有規定者，不在此限（公司法第140條第1項）。採行無票面金額股之公司，其股票之發行價格不受限制（第2項）。

二、創立會之裁減權

發起人所得受之報酬或特別利益及公司所負擔之設立費用有冒濫者，創立會均得裁減之，用以抵作股款之財產，如估價過高者，創立會得減少其所給股數或責令補足（公司法第147條）。

三、認股人延欠股款之效果

認股人延欠應繳之股款時，發起人應定1個月以上之期限，催告該認股人照繳，並聲明逾期不繳失其權利（公司法第142條第1項）。發起人已為前項之催告，認股人不照繳者，即失其權利，所認股份另行募集（第2項）。前開情形，如有損害者，仍得向認股人請求賠償（第3項）。

四、發起人之連帶認繳義務

未認足之第一次發行股份及已認而未繳股款者，均應由發起人連帶認繳；其已認而經撤回者亦同（公司法第148條）。

五、股份收回、收買或收為質物之限制

公司除依本法第158條、第167條之1、第186條、第235條之1及第317條規定外，不得自將股份收回、收買或收為質物。但於股東清算或受破產之宣告時，得按市價收回其股份，抵償其於清算或破產宣告前，積欠公司之債務

（公司法第167條第1項）。

六、股息之分派及提撥法定盈餘公積

公司非彌補虧損及依本法規定提出10%法定盈餘公積後，不得分派股息及紅利（公司法第232條第1項、第237條第1項）。公司負責人違反第237條第1項規定，不提法定盈餘公積時，各處新臺幣2萬元以上10萬元以下罰鍰（公司法第237條第3項）。

參、資本不變原則

一、增資限制

公司增加資本時，必須經股東會決議變更章程，始得為之（公司法第277條第1項）。

二、減資限制

公司決議減資時，應編造資產負債表及財產目錄。公司為減資之決議後，應向各債權人分別通知及公告，並指定30日以上期限，聲明債權人得於期限內提出異議（公司法第73條、第281條）。公司不為前開之通知及公告，或對於在指定期限內提出異議之債權人不為清償，或不提供相當擔保者，不得以其減資對抗債權人（公司法第74條、第281條）。

肆、案例解析——減資程序

一、實質減資

所謂實質減資，係指公司因資金過剩，將多餘資金發還股東，以發還每股減少金額或有償銷除股份之方式，使公司實際上之積極財產減少，此為實質之減資。

二、形式減資

所謂形式減資，係指公司經營發生虧損，以計算減少每股金額或無償銷除股份總數，使公司資本總額與現實積極財產趨於一致之方式。

三、減資程序

A百貨股份有限公司因資金過剩，擬將多餘資金發還與股東，或者公司經營不善而遭鉅額虧損，均得辦理減資程序。詳言之，公司應為決議減資，並編造資產負債表及財產目錄。公司為減資之決議後，應即向各債權人分別通知及公告，並指定30日以上期限，聲明債權人得於期限內提出異議。公司不為前開之通知及公告，或對於在指定期限內提出異議之債權人不為清償，或不提供相當擔保者，不得以其減資對抗債權人（公司法第281條）。

第三節　股份有限公司之設立及創立會

第一項　股份有限公司之設立

案例3

　　甲與乙計畫成立A食品股份有限公司，並採募集設立方式對外公開招募，認股人丙於認股後未遵期繳納股款，而認股人丁撤回其認股。試問A股份有限公司應如何處理？依據為何？

壹、設立之方式

一、發起設立

股份有限公司之設立，須先由發起人為發起行為。而設立之方式有二：

發起設立及募集設立兩種類型。所謂發起設立或同時設立，係指發起人自行認足第一次應發行之股份總數，而不對外募集認股人之方式（公司法第131條第1項）。

二、募集設立

所謂募集設立或漸次設立，係指由發起人認足第一次應發行之部分股份，而將其餘股份向公眾募足之方式。全體發起人所認股份，不得少於第一次發行股份四分之一（公司法第133條第2項）。

貳、設立之要件

一、發起人

（一）發起人之定義

所謂發起人者（promoter），係指為訂立章程而籌設公司之人，並於章程簽章之人。

（二）發起人之人數

原則上股份有限公司應有二人以上為發起人（公司法第128條第1項）。例外情形，政府或法人股東一人所組織之股份有限公司，不受前開限制（公司法第128條之1第1項前段）。

（三）發起人之資格

發起人為自然人時，須為有行為能力之人。故無行為能力人、限制行為能力人或受輔助宣告尚未撤銷之人，不得為發起人（公司法第128條第2項）。政府或法人雖均得為發起人，惟法人為發起人者，以公司為限（第3項）。

（四）發起人之權利

為獎勵發起人籌設公司之辛勞，公司法規定得依章程規定，發起人雖得受有報酬或特別利益（公司法第130條第1項第5款）。惟發起人所得受之報酬

或特別利益及公司所負擔之設立費用有冒濫，創立會均得裁減之（公司法第147條前段）。

（五）發起人之責任

1.公司成立時之責任

發起人於公司成立時之責任如後：(1)充實資本之責任：未認足之第一次發行股份及已認而未繳股款者，應由發起人連帶認繳；其已認而經撤回者亦同（公司法第148條）。此為發起人之連帶認繳義務，其具有充實資本之性質；(2)創立會之裁減權：發起人所得受之報酬或特別利益及公司所負擔之設立費用有冒濫者，創立會均得裁減之，用以抵作股款之財產，倘估價過高者，創立會得減少其所給股數或責令補足（公司法第147條）；(3)損害賠償責任：發起人對於公司設立事項，如有怠忽其任務致公司受損害時，應對公司負連帶賠償責任。發起人對於公司在設立登記前所負債務，在登記後亦負連帶責任（公司法第155條）。

2.公司不成立時之責任

公司不能成立時，發起人關於公司設立所為之行為及設立所需之費用，均應負連帶責任（joint and several liability），其因冒濫經裁減者亦同（公司法第150條）。

（六）發起人之法律地位

發起人之法律地位（juridical status），通說採法人同一體說。準此，發起人在設立過程中所取得之權利或所負擔之義務，在公司成立後，當然由公司承繼[5]。

二、訂立章程

（一）絕對必要記載事項

發起人應以全體之同意訂立章程（articles），載明下列各款事項，並簽

---

[5]　最高法院97年度台上字第2432號民事判決。

名或蓋章（公司法第129條）。倘未記載之，該章程無效：1.公司名稱；2.所營事業；3.採行票面金額股者，股份總數及每股金額；採行無票面金額股者，股份總數；4.本公司所在地；5.董事及監察人之人數及任期；6.訂立章程之年、月、日。

（二）相對必要記載事項

相對必要事項，係章程未記載，亦不生影響章程之效力。公司法規定下列各款事項，非經載明於章程者，不生效力（公司法第130條第1項）：1.分公司之設立；2.解散之事由；3.特別股之種類及其權利義務；4.發起人所得受之特別利益及受益者之姓名；發起人所得受之特別利益，股東會得修改或撤銷之。但不得侵及發起人既得之利益（第2項）。

（三）任意記載事項

除絕對及相對必要記載事項外，僅要不違反公序良俗或強行法規之一切事項，均得載明於章程，此等事項係任意事項之記載。例如，股票之過戶手續。

三、認足股份

股份有限公司之設立，必須認足股份總額或第一次應發行股份，其由發起人認足全部股份或向外募足。發起人認足者為發起設立，向外募足者為募集設立。

參、設立之程序

一、發起設立之程序

（一）訂立章程

發起人應以全體之同意而訂立章程，並簽名或蓋章，章程有絕對應載事項與相對應載事項之分別（公司法第129條、第130條）。

（二）認足股份

股份有限公司之資本，採行票面金額股，每股金額應歸一律；採行無票面金額股者，其所得之股款應全數撥充資本（公司法第156條第2項）[6]。公司股份之一部分得為特別股；其種類，由章程定之（第3項）。非發起設立者，前開股份總數，得分次發行（第4項）。認股行為之性質，通說認為係共同行為（joint acts）。

（三）繳足股款

發起人認足第一次應發行之股份時，應即按股繳足股款（公司法第131條第1項）。發起人之出資，除現金外，得以公司事業所需之財產、技術抵充之（第2項）。

（四）選任董事及監察人

發起人繳足股款後，即應按章程所訂董事及監察人之人數，選任董事及監察人（公司法第131條第1項）。其選任之方法，原則上採累積投票法（公司法第131條第2項、第198條）。

（五）設立登記

申請本法各項登記之期限、應檢附之文件與書表及其他相關事項之辦法，由中央主管機關定之（公司法第387條第1項）。前項登記之申請，得以電子方式為之；其實施辦法，由中央主管機關定之（第2項）。前二項之申請，得委任代理人，代理人以會計師、律師為限（第3項）。

二、募集設立之程序

（一）訂立章程

發起人應以全體之同意而訂立章程，並簽名或蓋章（公司法第129條、第130條）。

---

[6]　最高法院98年度台上字第1259號民事判決：股份有限公司之資本，須全部分為股份。

（二）發起人自行認股

發起人應自行認股，每人至少應認一股以上，全體發起人所認股份，不得少於第一次發行股份四分之一（公司法第133條第2項）。

（三）招募股份

1. 訂立招股章程

招股章程，應載明下列各款事項：(1)第129條及第130條所列各款事項；(2)各發起人所認之股數；(3)股票超過票面金額發行者，其金額；(4)招募股份總數募足之期限，而逾期未募足時，得由認股人撤回所認股份之聲明；(5)發行特別股者，其總額及第157條第1項各款規定（公司法第137條）。

2. 申請證券管理機關審核

發起人公開招募股份時，應先具備下列事項，申請證券管理機關審核：(1)營業計畫書；(2)發起人姓名、經歷、認股數目及出資種類；(3)招股章程；(4)代收股款之銀行或郵局名稱及地址；(5)有承銷或代銷機構者，其名稱及約定事項；(6)證券管理機關規定之其他事項（公司法第133條第1項）。

3. 公告招募

發起人應於證券管理機關通知到達之日起30日內，加記核准文號及年、月、日公告招募之。但有承銷或代銷機構者，其名稱及約定事項，得免予公告（公司法第133條第3項）。

（四）認股人認股

1. 認股及繳納股款

發起人應備認股書，載明第133條第1項各款事項，並加記證券管理機關核准文號及年、月、日，由認股人填寫所認股數、金額及其住所或居所，簽名或蓋章（公司法第138條第1項）。以超過票面金額發行股票者，認股人應於認股書註明認繳之金額（第2項）。發起人違反第1項規定，不備認股書者，由證券管理機關各處新臺幣1萬元以上5萬元以下罰鍰（第3項）。認股人有照所填認股書繳納股款之義務（公司法第139條）。

2. 撤回認股

發起人應於招股章程所載招募股份總額募足期限內募足發行之股份總數，倘逾期未募足時，認股人得撤回所認股份（公司法第137條第4款）。

（五）催繳股款

1. 認股人之責任

第一次發行股份總數募足時，發起人應即向各認股人催繳股款，以超過票面金額發行股票時，其溢額應與股款同時繳納（公司法第141條）。認股人延欠前條應繳之股款時，發起人應定1個月以上之期限催告該認股人照繳，並聲明逾期不繳失其權利（公司法第142條第1項）。發起人已為前項之催告，認股人不照繳者，即失其權利，所認股份另行募集（第2項）。倘有損害，仍得向認股人請求賠償（第3項）。

2. 發起人之連帶認繳責任

未認足之第一次發行股份，及已認而未繳股款者，應由發起人連帶認繳；其已認而經撤回者亦同（公司法第148條）。

（六）召開創立會

股款繳足後，發起人應於2個月內召開創立會（公司法第143條）。創立會之程序及決議，準用本法第172條第1項、第3項、第6項，第174條至第179條、第181條及第183條規定。但關於董事及監察人之選任，準用第198條規定（公司法第144條）。

（七）申請設立登記

創立會結束後，倘會議中未為公司不設立之決議，即應向主管機關申請為設立之登記。

肆、案例解析——發起人連帶認股之責任

一、認股人不遵期繳納股款之處理

認股人丙延欠應繳之股款時，發起人應定1個月以上之期限催告認股人丙

照繳，並聲明逾期不繳失其權利。發起人甲、乙已爲前開催告，認股人丙不照繳，應失其權利，所認股份另行募集。倘有損害者，得向認股人丙請求賠償。而丙已認而未繳股款者，應由發起人甲與乙連帶負責認繳。

二、認股人撤回認股之處理

（一）撤回認股之事由

認股人有下列情形下，得撤回其認股：1.募股設立之場合，逾招股章程所載之募股期限未募足（公司法第137條第4款）；2.第一次發行股份募足後，逾3個月而股款尚未繳足（公司法第152條前段）；3.第一次發行股份募足後，已繳納而發起人不於2個月內召集創立會者，認股人得撤回其所認之股（第152條後段）。

（二）發起人連帶認繳

認股人撤回其所認之股，應由發起人連帶認繳。準此，認股人丁有上揭撤回認股之事由存在時，依法撤回其認股，應由發起人甲與乙連帶認繳丁撤回之認股。

第二項　股份有限公司之創立會

案例4

甲、乙與丙發起籌組A食品股份有限公司，並採募集設立之方式，向公眾募足第一次發行之股份。發起人於第一次發行股份募足後2個月內召集創立會，經創立會為公司不成立之決議。而公司籌組期間，因資金周轉，曾向丁借款新臺幣100萬元。試問丁應向何人主張權利？依據為何？

壹、創立會之定義

所謂創立會，係指由發起人召集各認股人，使認股人參與關於公司設立事務之會議，其性質相當於公司成立後之股東會，爲設立中公司之意思決定

機關。

貳、創立會之召集

發起人應於第一次發行股份募足後2個月內召集創立會，倘逾期不予召集，認股人得撤回其所認之股（公司法第152條）。發起人應於20日前通知各認股人，此項通知應載明召集事由（公司法第144條、第172條第1項、第3項）。

參、創立會之決議

一、表決權之行使

創立會之表決權行使準用股東會之規定，原則上為一股一表決權。政府或法人為股東時，其代表人不限於一人。但其表決權之行使，仍以其所持有之股份綜合計算。倘代表人有二人以上時，其代表人行使表決權應共同為之（公司法第144條、第181條）。認股人對於會議之事項，有自身利害關係致有害於公司利益之虞時，不得加入表決，並不得代理其他認股人行使其表決權（公司法第144條、第178條）[7]。

二、決議方法

（一）普通決議

創立會之決議，除本法另有規定外，應有代表已發行股份總數過半數認股人之出席，以出席認股人表決權過半數之同意行之（公司法第144條、第174條）。

（二）假決議

出席認股人不足定額，而有代表已發行股份總數三分之一以上認股人出席時，得以出席認股人表決權過半數之同意為假決議，並將假決議通知各認股人，而於1個月內再行召集創立會。創立會對於假決議，倘仍有已發行股份

---

[7] 最高法院107年度台上字第649號民事判決。

總數三分之一以上認股人出席，並經認股人表決權過半數之同意，視同普通決議（公司法第144條、第175條）。

（三）修改章程

創立會之決議，應有代表已發行股份總數三分之二以上之認股人出席，以出席認股人表決權過半數之同意行之，可修改章程。公開發行股票之公司，出席認股人之股份總數不足前項定額者，得以有代表已發行股份總數過半數認股人之出席，出席認股人表決權三分之二以上之同意行之。前開出席認股人股份總數及表決權數，章程有較高規定者，從其規定（公司法第151條第2項、第277條第2項至第4項）。

（四）公司不成立

創立會對於公司不成立之決議，應有代表已發行股份總數三分之二以上認股人之出席，以出席認股人表決權過半數之同意行之。公開發行股票之公司，出席認股人之股份總數不足前項定額者，得以有代表已發行股份總數過半數認股人之出席，出席認股人表決權三分之二以上之同意行之。前開出席認股人股份總數及表決權數，章程有較高規定者，從其規定（公司法第151條第2項、第316條）。

肆、創立會之權限

一、聽取有關設立事項之報告

發起人應就下列各款事項報告於創立會：（一）公司章程；（二）股東名簿；（三）已發行之股份總數；（四）以現金以外之財產、技術抵繳股款者，其姓名及其財產、技術之種類、數量、價格或估價之標準及公司核給之股數；（五）應歸公司負擔之設立費用，及發起人得受報酬；（六）發行特別股者，其股份總數；（七）董事、監察人名單，並註明其住所或居所、國民身分證統一編號或其他經政府核發之身分證明文件字號（公司法第145條第1項）。

二、選任董事及監察人

　　創立會應選任董事、監察人（公司法第146條第1項前段）。其選任之方法，係採累積投票制，每一股份有與應選出董事或監察人之人數相同之選舉權，得集中選舉一人，或分配選舉數人，由所得選票代表選舉權較多者，當選為董事或監察人（公司法第144條但書、第198條）。

三、調查設立經過

　　董事、監察人經選任後，應即就發起人所報告之事項，為確實之調查並向創立會報告（公司法第146條第1項）。倘董事、監察人由發起人當選，且與自身有利害關係者，前開調查，創立會得另選檢查人（examiner）為之（第2項）。前開所定調查，倘有冒濫或虛偽者，由創立會裁減之（第3項）。發起人有妨礙調查之行為或董事、監察人、檢查人報告有虛偽者，各科新臺幣6萬元以下罰金（第4項）。前開調查報告，經董事、監察人或檢查人之請求延期提出時，創立會應準用第182條規定，即決議在5日內延期或續行集會，並不適用應於20日前，通知各認股人之一般召集程序規定（第5項）。

四、裁減利益

　　發起人所得受之報酬或特別利益及公司所負擔之設立費用有冒濫者，創立會均得裁減之，用以抵作股款之財產，倘估價過高者，創立會得減少其所給股數或責令補足（公司法第147條）。

五、請求發起人連帶認股或賠償損害

　　未認足之第一次發行股份、已認而未繳股款者或已認而經撤回者，創立會得請求發起人連帶認繳（公司法第148條）。因第147條及第148條情形，公司受有損害時，創立會得向發起人請求賠償（公司法第149條）。

六、修改章程

　　創立會得修改章程之決議（公司法第151條第1項）。修改章程之決議，應有代表已發行股份總數三分之二以上之認股人出席，以出席認股人表決權過半數之同意行之。公開發行股票之公司，出席認股人之股份總數不足前項定額者，得以有代表已發行股份總數過半數認股人之出席，出席認股人表決權三分之二以上之同意行之。出席認股人股份總數及表決權數，章程有較高之規定者，從其規定（公司法第151條第2項、第277條第2項至第4項）。

七、爲公司不設立之決議

　　創立會對於公司不成立之決議，應有代表已發行股份總數三分之二以上認股人之出席，以出席認股人表決權過半數之同意行之。公開發行股票之公司，出席認股人之股份總數不足前項定額者，得以有代表已發行股份總數過半數認股人之出席，出席認股人表決權三分之二以上之同意行之。前開出席認股人股份總數及表決權數，章程有較高之規定者，從其規定（公司法第151條第2項、第316條）。

伍、案例解析——公司不能成立時之發起人責任

　　公司不能成立時，發起人關於公司設立所爲之行爲及設立所需之費用，均應負連帶責任（公司法第150條）。準此，甲、乙與丙發起籌組A食品股份有限公司，並採募集設立之方式，發起人於第一次發行股份募足後召集創立會，經創立會爲公司不成立之決議。公司籌組期間因資金周轉，曾向丁借款新臺幣100萬元，應由發起人負連帶責任，是丁得請求甲、乙與丙負連帶清償責任。

第四節　股份有限公司之股份及股票

第一項　股份有限公司之股份

甲為A建築股份有限公司之發起人，嗣於A公司設立登記後6個月，其與B股份有限公司合併成C股份有限公司，甲仍擔任C公司之發起人。試問甲得否於1年內，將其持有之C公司股票轉讓與第三人？

壹、股份之定義（94、103律師；95司法官）

一、股份係資本之構成單位

股份有限公司之資本，應分為股份（stock），擇一採行票面金額股或無票面金額股（公司法第156條第1項）。公司採行票面金額股者，每股金額應歸一律（第1項前段）。股份係公司資本構成之最小單位，每一股份具有不可分性。股份為數人共有者，其共有人應推定一人行使股東之權利（公司法第160條第1項）。

二、股份係股東權之表示

股東因持有公司股份之所有權（ownership）而取得公司之股東權（right of stockholder），並於公司有享受權利及負擔義務之地位。

三、股份以股票作為價值之表彰

股份以股票作為價值之表彰，股票係有價證券（security）之一種，股份必須藉由股票之作成，始具有流通性。

貳、股份之性質

一、股份平等性

同次發行之股份，其發行條件相同者，價格應歸一律。但公開發行股票之公司，證券管理機關另有規定者，不在此限（公司法第156第9項）。公司各股東，除有第157條第3款規定無表決權（voting power）特別股及公司依本法自己持有之股份，無表決權之情形外，每股有一表決權（公司法第179條）。

二、不可分性

股份有限公司之資本應分為股份，其每股金額應歸一律，故每一股構成資本之最小單位，雖得數人共有一股，惟不得再行分割或細分之。

三、股份之轉讓性

股份有限公司股份之轉讓，其包括股東應有權利義務之全體而為轉讓，而與一般財產權之讓與有別，其與股東之個性與公司之存續並無重大關係，故除公司法之限制外，股東自可將其股份自由轉讓於他人[8]。職是，公司股份之轉讓，不得以章程禁止或限制之。但非於公司設立登記後，不得轉讓（公司法第163條）。

四、有限責任性

股份有限公司之股東僅就其所認股份，對公司負其責任（公司法第2條第1項第4款）。準此，股東僅負繳清其所認股份金額之義務，並無增資之責任。

---

[8]　最高法院94年度台上字第1795號民事判決。

參、股份之種類

一、普通股

　　所謂普通股，係指公司通常所發行而無特別權利之股份，其為公司資本構成之基本股份（公司法第156條第1項）[9]。一部分得為特別股，其種類由章程定之（第3項）。

二、特別股（103律師）

　　相較於普通股而言，特別股係處於有利或不利之待遇狀態之股份。例如，分派盈餘之優先股或無表決股。公司發行特別股時，應就左列各款於章程中定之：1.特別股分派股息及紅利之順序、定額或定率；2.特別股分派公司賸餘財產之順序、定額或定率；3.特別股之股東行使表決權之順序、限制或無表決權；4.複數表決權特別股或對於特定事項具否決權特別股；5.特別股股東被選舉為董事、監察人之禁止或限制，或當選一定名額董事之權利；6.特別股轉換成普通股之轉換股數、方法或轉換公式；7.特別股轉讓之限制；8.特別股權利、義務之其他事項（公司法第157條第1項）。

肆、股份之轉讓（92律師）

一、自由轉讓原則

　　公司股份之轉讓，除本法另有規定外，不得以章程禁止或限制之，但非於公司設立登記後，不得轉讓（公司法第163條）。準此，公司成立登記前所為之股份轉讓，違反禁止規定，應屬無效（民法第71條）[10]。所謂股份之轉讓，係指股東私人間之移轉股份行為而言。

---

[9]　最高法院98年度台上字第1259號民事判決。

[10]　最高法院75年度台上字第431號民事判決。

二、自由轉讓之例外

（一）董監事

董事、監事經選任後，應向主管機關申報，其選任當時所持有之公司股份數額；公開發行股票之公司董、監事在任期中轉讓超過選任當時所持有之公司股份數額二分之一時，其董、監事當然解任（公司法第197條、第227條）。

（二）記名股票之股東

記名股票之轉讓，其於股東常會開會前30日內，股東臨時會開會前15日內，或公司決定分派股息及紅利或其他利益之基準日前5日內，不得為之，此過戶手續（公司法第165條第2項）。公開發行股票之公司，辦理記名股票之股東名簿記載變更，其於股東常會開會前60日內，股東臨時會開會前30日內，不得為之（第3項）。前開期間，自開會日或基準日起算（第4項）。

（三）公　司

公司除依本法第158條之特別股收回、第167條之1之員工庫藏股、第186條之少數股東請求收買權、第235條之1之年度獲利依定額或比率分派員工酬勞、第317條之股份收買請求權規定外，不得自將股份收回、收買或收為質物。例外情形，係於股東清算或受破產之宣告時，得按市價收回其股份，抵償其於清算或破產宣告前結欠公司之債務（公司法第167條第1項）。

（四）公司員工

公司對員工依本法第267條第1項、第2項承購之股份，得限制在一定期間內不得轉讓。但其期間最長不得超過2年（公司法第267條第6項）。

伍、股份之收回、收買及設質（96司法官）

一、原則禁止

公司原則上不得自將股份收回、收買或收為質物（公司法第167條第1項

本文）。被持有已發行有表決權之股份總數或資本總額超過半數之從屬公司，不得將控制公司之股份收買或收為質物（第3項）。前項控制公司及其從屬公司直接或間接持有他公司已發行有表決權之股份總數或資本總額，合計超過半數者，他公司亦不得將控制公司及其從屬公司之股份收買或收為質物（第4項）。

二、例外准許

（一）特別股之收回

公司發行之特別股雖得收回，然不得損害特別股股東按照章程應有之權利（公司法第158條）。例如，公司無償取得自己之股份，並不會導致公司資產減少，無違反資本維持原則之要求，故經當事人協議，自得許公司無償取得自己之股份[11]。

（二）清算或破產股東股份之收回

股東清算或受破產之宣告時，公司得按市價收回其股份，抵償其於清算或破產宣告前結欠公司之債務（公司法第167條第1項但書）。

（三）轉讓庫藏股份於員工

公司除法律或章程另有規定者外，得經董事會以董事三分之二以上之出席及出席董事過半數同意之決議，於不超過該公司已發行股份總數「5%」範圍內，收買其股份；收買股份之總金額，不得逾保留盈餘加已實現之資本公積之金額（公司法第167條之1第1項）。前開公司收買之股份，應於3年內轉讓於員工，屆期未轉讓者，視為公司未發行股份，並為變更登記（第2項）。公司依前開規定收買之股份，不得享有股東權利（第3項）。章程得訂明第1項員工認股權憑證發給對象，包括符合一定條件之控制或從屬公司員工（第4項）。

---

[11] 最高法院81年度台上字第296號民事判決。

（四）少數股東之請求收買股份權

1. 有關公司重大行為之股東會特別決議

股東於股東會為有關公司重大行為之股東會特別決議前，已以書面通知公司反對該項行為之意思表示，並於股東會已為反對者，得請求公司以當時公平價格，收買其所有之股份（公司法第186條本文）。

2. 公司分割或合併

公司分割或與他公司合併時，董事會應就分割、合併有關事項，作成分割計畫、合併契約，提出於股東會；股東在集會前或集會中，以書面表示異議，或以口頭表示異議經紀錄者，得放棄表決權，而請求公司按當時公平價格，收買其持有之股份（公司法第317條第1項）。

3. 請求收買時期

少數股東之請求收買股份，應自股東會決議日起20日內，提出記載股份種類及數額之書面為之（公司法第317條第3項、第187條第1項）。

4. 收買之價格與支付

股東與公司間協議決定股份價格者，公司應自決議日起90日內支付價款，自股東會決議日起60日內未達協議者，股東應於此期間經過後30日內，聲請法院為價格之裁定。公司對法院裁定之價格，公司應自決議日時起算至90日之期間屆滿日起，應支付法定利息，股份價款之支付，應與股票之交付同時為之，股份之移轉於價款支付時生效（公司法第317條第3項、第187條第2項、第3項）。

三、違反之處罰

公司負責人違反本法第167條第1項至第4項規定，將股份收回、收買或收為質物，或抬高價格抵償債務或抑低價格出售時，應負賠償責任（公司法第167條第5項）。

陸、股份之銷除

一、股東會決議減少資本

公司得依股東會決議減少資本，而銷除其股份，使公司部分股份歸於消滅；減少資本，應依股東所持股份比例減少之。但本法或其他法律另有規定者，不在此限（公司法第168條第1項）。公司負責人違反前開規定銷除股份者，各處新臺幣2萬元以上10萬元以下罰鍰（第2項）。

二、因彌補虧損而減少資本

公司為彌補虧損，於會計年度終了前，有減少資本之必要者，董事會應將財務報表及虧損撥補之議案，並於股東會開會30日前，交付監察人查核後，提請股東會決議（公司法第168條之1第1項）。

柒、證券交易法為特別法

公司法雖有規範股份有限公司股份及股票，然就有價證券之募集、發行、買賣，其管理、監督，應優先依證券交易法規定，未規定者，始適用公司法及其他有關法律規定（證券交易法第2條）。

捌、案例解析——轉讓股票之限制

公司股份之轉讓，除本法另有規定外，不得以章程禁止或限制之。但非於公司設立登記後，不得轉讓（公司法第163條）。準此，甲雖原為A建築股份有限公司之發起人，然並無公司設立登記後，不得轉讓之限制。是A公司設立登記後6個月後，其與B股份有限公司合併成C股份有限公司，甲亦擔任C公司之發起人，甲得將其持有之C公司股票轉讓與第三人，不受限制。

第二項　股份有限公司之股票

案例6

　　甲將其所有記名之A營造股份有限公司股票，轉讓與同公司之乙股東。試問：（一）甲與乙間之股票轉讓有何程序？（二）A公司應將股息及紅利發放與何人？

壹、股票之定義

　　所謂股票者（stock），係指表彰股東權之一種有價證券，其性質屬證權證券。以股票所表彰股東權之種類，可區分一般股票及特別股票。前者係表彰普通股權之股票；後者係表彰特別股權之股票。

貳、股票發行

一、發行時期

（一）發行限制

　　公司非經設立登記或發行新股變更登記後，不得發行（issue）股票。但公開發行股票之公司，證券管理機關另有規定者，不在此限（公司法第161條第1項）。違反前開規定發行股票者，其股票無效。但持有人得向發行股票人請求損害賠償（第2項）。

（二）強制發行股票（91律師）

　　公開發行股票之公司，應於設立登記後或發行新股變更登記後，3個月內發行股票（公司法第161條之1第1項）。公司負責人違反前項規定，不發行股票者，除由證券主管機關令其限期發行外，各處新臺幣（下同）24萬元以上240萬元以下罰鍰；屆期仍未發行者，得繼續令其限期發行，並按次處罰至發行股票為止（第2項）。

二、股票發行之款式

（一）應記載事項

發行股票之公司印製股票者，股票應編號，載明下列事項，由代表公司之董事（director）簽名或蓋章，並經依法得擔任股票發行簽證人之銀行簽證後發行之：1.公司名稱；2.設立登記或發行新股變更登記之年、月、日；3.採行票面金額股者，股份總數及每股金額；採行無票面金額股者，股份總數；4.本次發行股數；5.發起人股票應標明發起人股票之字樣；6.特別股票應標明其特別種類之字樣；7.股票發行之年、月、日（公司法第162條第1項）。股票應用股東姓名，其為同一人所有者，應記載同一姓名；股票為政府或法人所有者，應記載政府或法人之名稱，不得另立戶名或僅載代表人姓名（第2項）。

（二）免印製股票

公開發行股票之公司，其發行之股份得免印製股票（公司法第162條之2第1項）。依前項規定未印製股票之公司，應洽證券集中保管事業機構登錄其發行之股份，並依該機構之規定辦理（第2項）。經證券集中保管事業機構登錄之股份，其轉讓及設質，應向公司辦理或以帳簿劃撥方式為之，不適用第164條及民法第908條規定（第3項）。前項情形，於公司已印製之股票未繳回者，不適用之（第4項）。

肆、股票轉讓（91律師）

股票由股票持有人以背書轉讓之，並應將受讓人之姓名或名稱記載於股票（公司法164條）[12]。公司自應依其股東名簿之記載，分派股息與紅利（公司法第165條）[13]。倘受讓人就其未能受讓股票所受之損害，得本於股票讓與之債權契約向出讓人主張權利，或依侵權行為規定向侵權行為人請求賠償[14]。

---

[12] 最高法院106年度台上字第1158號民事判決。

[13] 最高法院106年度台上字第283號民事判決。

[14] 最高法院105年度台上字第1223號民事判決。

伍、案例解析──股票轉讓之方式及效力

一、股票轉讓之方式

股票由股票持有人以背書轉讓之，並應將受讓人之姓名或名稱記載於股票。股份之轉讓，非將受讓人之姓名或名稱及住所或居所，記載於公司股東名簿，不得以其轉讓對抗公司。此採登記對抗主義。前開股東名簿記載之變更，於股東常會開會前30日內，股東臨時會開會前15日內，或公司決定分派股息及紅利或其他利益之基準日前5日內，不得為之。公開發行股票之公司辦理股東名簿記載之變更，其於股東常會開會前60日內，股東臨時會開會前30日內，不得為之。

二、股票轉讓之效力

所謂不得以其轉讓對抗公司，係指未過戶前，不得向公司主張因背書受讓而享受開會及分派股息或紅利（dividend）而言[15]。按股息及紅利屬股票之從屬權利，乙是否取得股息或紅利，應視是否於基準日交割而定。詳言之，在基準日前交割者，屬連息或連權買賣，A營造股份有限公司應將股息與紅利發放與乙。反之，在基準日後交割者，除甲、乙有連息或連權之特約，並經申報者外，應為除息或除權交易，A公司應將股息與紅利發放與甲。

第五節　股份有限公司之股東

案例7

甲將其所有A電腦股份有限公司之股票，經背書轉讓與乙。乙請求甲協同辦理A公司股票過戶，甲均置之不理。試問乙應如何辦理股票名簿記載之變更手續？依據為何？

---

[15] 最高法院103年度台上字第806號民事判決。

壹、股東之定義

所謂股東（stockholder），係指股份之所有權人，而公司之資本主，其資格自然人或法人均可。倘爲自然人股東不得少於二人，此爲股份有限公司之成立要件，亦爲存續要件。

貳、股東有限責任原則及平等原則

一、股東有限責任原則

股份有限公司之股東，僅就其所認之股份價額限度內，對於公司負有出資義務。股東有限責任原則，不得以章程或股東會之決議變更之（公司法第154條第1項）。例外情形，係股東濫用公司之法人地位，致公司負擔特定債務且清償顯有困難，其情節重大而有必要者，該股東應負清償責任（第2項）[16]。

二、股東平等原則

基於股東資格，其在公司中之相互法律關係上，均屬平等。換言之，利益之分派與表決權之行使，均應依照各股東持有股份之數額定之。

參、股東權利

一、共益權與自益權

股東權利以權利行使之目的爲標準，可分共益權與自益權：（一）所謂共益權，係指權利行使目的，係爲該股東自己之利益，同時亦兼爲公司之利益，如出席股東會之表決權（公司法第179條）[17]；（二）所謂自益權，係指權利行使目的，係專爲該股東自己之利益，如股息、紅利分派請求權（公司法第232條、第235條）。

---

[16] 最高法院108年度台上字第619號民事判決。

[17] 最高法院104年度台上字第2414號民事判決。

二、固有權與非固有權

股東權利以是否得以章程或股東會之決議予以剝奪或限制為標準，可分固有權與非固有權：（一）所謂固有權，係指非經該股東之同意，不得以章程或股東會之決議予以剝奪或限制，共益權多屬之；（二）所謂非固有權，係指得以章程或股東會決議予以剝奪或限制之，自益權多屬之。

三、單獨股東權與少數股東權

股東權利以其行使時，是否應達一定股份數額為標準，可分單獨股東權與少數股東權：（一）所謂單獨股東權，係指股東單獨一人即可行使之權利，如宣告股東會決議無效之請求權（公司法第191條）；（二）所謂少數股東權，係指必須有已發行股份總數達百分之若干以上股份之股東或持股達最低期間以上之股東，始得行使之權利。公司法之限制有二：1.持股期間之限制：對於持有股份之期間，課以最低期限之限制。例如，繼續3個月、6個月或1年以上持有者；2.持股比例之限制：對於請求人持有股份總數，加以最低之限制。例如，持有已發行股份總數1%、3%或10%以上者。

肆、股東義務

一、繳納股款義務

認股人有照所填認股書繳納股款之義務（公司法第139條）。股份為數人共有者，其共有人應推定一人行使股東之權利（公司法第160條第1項）。股份共有人，對於公司負連帶繳納股款之義務（第2項）[18]。股東之出資除現金外，得以對公司所有之貨幣債權、公司事業所需之財產或技術抵充之，其抵充之數額需經董事會決議（公司法第156條第5項）。

二、對公司債務之義務

股東對於公司之責任，以繳清其股份之金額為限（公司法第154條）。故

---

[18] 最高法院104年度台上字第2414號民事判決。

公司資產不足清償其債務時，股東毋庸負責。再者，股份有限公司之股東所持有股份，僅能轉讓之，而無退股之問題。

伍、股東名簿

一、股東名簿之定義

所謂股東名簿者，係指記載股東及其股份有關事項之帳簿。代表公司之董事，應將股東名簿備置於本公司或其指定之股務代理機構；代表公司之董事，違反規定，不備置股東名簿者，處新臺幣1萬元以上5萬元以下罰鍰。但公開發行股票之公司，由證券主管機關處代表公司之董事新臺幣24萬元以上240萬元以下罰鍰（公司法第210條第3項）。主管機關或證券主管機關並應令其限期改正；屆期未改正者，繼續令其限期改正，並按次處罰至改正為止（第5項）。

二、應記載事項

股東名簿應編號記載下列事項，採電腦作業或機器處理者，該資料得以附表補充之（公司法第169條第1項、第2項）：（一）各股東之姓名或名稱、住所或居所；（二）各股東之股數；發行股票者，其股票號數；（三）發給股票之年、月、日；（四）發行特別股者，並應註明特別種類字樣。

三、股東名簿之作用

（一）法定必備文件

公司申請設立時，應提出股東名簿，其為必備之文件。除證券主管機關另有規定外，董事會應將章程及歷屆股東會議事錄、財務報表備置於本公司，並將股東名簿及公司債存根簿備置於本公司或股務代理機構（公司法第210條第1項）[19]。前開章程及簿冊，股東及公司之債權人（creditor）得檢具利害關係證明文件，指定範圍，隨時請求查閱或抄錄（第2項）。董事會或其

---

[19] 最高法院106年度台上字第2428號民事判決。

他召集權人召集股東會者，得請求公司或股務代理機構提供股東名簿（公司法第210條之1第1項）。而記載於股東名簿者，可推定為股東。股份之轉讓，非將受讓人之姓名或名稱及住所或居所，記載於公司股東名簿，不得以其轉讓對抗公司（公司法第165條第1項）[20]。

（二）登記對抗主義

　　股份有限公司之投資人得否對公司主張股東權利，請求公司履行相關義務，取決於投資人是否完成認股行為，故認股人完成認股行為繳足股款時，而與公司間應發生股東關係，認股人即得請求公司將其姓名或名稱、住所或居所記載於股東名簿或請求公司履行相關義務。再者，股份有限公司應備置股東名簿，編號記載各股東之本名或名稱、住所或居所、股數及其股票號數等項，以為公司與股東間關於股東權利義務之準據（公司法第169條）。職是，股份有限公司股份之實際出資人，倘以其所指定之第三人為股份名義人，而指示公司將之登載於其股東名簿，經公司完成登記後，對公司而言，得行使股東權利之人為登記名義人，其與實際出資人無涉。至出資人與登記名義人間之內部關係為何，要非公司所得過問[21]。

陸、案例解析——股票名簿記載之變更手續

　　股份之轉讓，非將受讓人之姓名或名稱及住所或居所，記載於公司股東名簿，不得以其轉讓對抗公司。股東名簿記載之變更手續或過戶。股票在未過戶前，受讓人不得對公司主張股東權[22]。非公司法第165條第2項、第3項規定之閉鎖期間內，股票受讓人得隨時向公司請求辦理過戶。股份有限公司發行股票，其股份轉讓之成立要件，僅須當事人間具備要約與承諾之意思表示，並經背書轉讓即可。至於關於過戶之手續，除公司章程，曾經訂明應由讓與人及受讓人共同連署外，僅須受讓人一方請求，公司即應予辦理，無須由讓與人協同為之[23]。準此，甲將其所有A電腦股份有限公司之股票，經背書

---

[20] 最高法院105年度台上字第1223號民事判決。

[21] 最高法院104年度台上字第1252號民事判決。

[22] 最高法院103年度台上字第2127號民事判決。

[23] 最高法院85年度台上字第2318號民事判決。

轉讓與乙，乙不須請求甲協同辦理過戶，僅須甲單獨請求A公司辦理即可，亦不得訴請法院命受讓人乙協同辦理過戶。反之，倘A公司章程有明定辦理股票過戶手續，讓與人與受讓人應協同共同連署，甲得訴請法院命受讓人乙協同辦理過戶，嗣判決勝訴確定後，甲得單獨持該判決至A公司辦理股東名簿記載之變更（強制執行法第130條）[24]。

第六節　股份有限公司之機關

第一項　股東會

案例8

> 　　A為公開發行股票之股份有限公司，其於2022年10月1日召開股東常會決議公司章程變更，嗣後董事會於同年12月1日召開股東臨時會，變更章程內容，回復至該股東常會決議前之章程內容。試問本次股東臨時會之決議，是否合法有效？

壹、股東會之定義

　　股份有限公司之必要機關採取三權分立（separation of power）制度，將機關分為公司最高意思機關之股東會、業務執行機關之董事會或董事及監察機關之監察人。所謂股東會者，係指由全體股東所組成，而成為公司內部決定意思之最高機關。

---

[24] 林洲富，實用強制執行法精義，五南圖書出版股份有限公司，2023年2月，17版，頁424至425。

貳、股東會種類

一、股東常會

　　股東常會於每年至少召集一次，其應於每會計年度終了後6個月內召開。但有正當事由經報請主管機關核准者，不在此限（公司法第170條第1項第1款、第2項）。

二、股東臨時會

　　股東臨時會，其於必要或依法應召集時，召開之（公司法第170條第1項第2款）。

三、普通股東會

　　普通股東會由普通股股東及特別股股東出席組成之，股東常會與股東臨時會，均屬普通股東會。

四、特別股東會

　　特別股東會僅由特別股股東出席而構成者，其係於變更章程，而有損害特別股股東之權利時，召集之（公司法第159條）。

參、股東會之召集

一、召集權人（108司律）

　　股東會之召集人原則上為董事會，董事會由董事長召集，且董事長為董事會主席（公司法第171條、第203條第1項前段、第208條第3項）[25]。例外情形，監察人（公司法第220條）、少數股東（公司法第173條）或清算人（公司法第324條），均得為股東會之召集人。例如，股東會之召集程序，應由董事長先行召集董事會，繼而由董事會決議召集股東會。董事長未依上開程

---

[25]　最高法院107年度台上字第97號、108年度台上字第586號民事判決。

序先行召集董事會，決議召集股東會，而逕以董事長名義召集股東會，僅屬公司法第189條規定，股東會召集程序違反法令，得否訴請法院撤銷決議之問題，究與無召集權人召集股東會之情形有別[26]。再者，無召集權人召集之股東會所爲之決議，爲當然無效，係因股東會應由有召集權人召集，由無召集權人召集之股東會，非合法成立之股份有限公司之意思機關，自不能爲有效之決議[27]。

二、召集程序（97律師）

（一）股東常會

股東常會之召集，應於20日前通知各股東，應於30日前公告之（公司法第172條第1項）。公開發行股票之公司股東常會之召集，應於30日前通知各股東（第3項前段）。

（二）股東臨時會

股東臨時會之召集，應於10日前通知各股東（公司法第172條第2項）。公開發行股票之公司股東臨時會之召集，應於15日前通知各股東（第3項後段）。

（三）通知及公告之內容

通知及公告應載明召集事由；其通知經相對人同意者，得以電子方式爲之（公司法第172條第4項）。選任或解任董事、監察人、變更章程、減資、申請停止公開發行、董事競業許可、盈餘轉增資、公積轉增資、公司解散、合併、分割或第185條第1項各款之事項，應在召集事由中列舉並說明其主要內容，不得以臨時動議提出；其主要內容得置於證券主管機關或公司指定之網站，並應將其網址載明於通知（第5項）。

（四）代表公司之董事責任

代表公司之董事，違反第1項至第3項或前項規定者，處新臺幣1萬元以上

---

[26] 最高法院106年度台上字第1649號民事判決。

[27] 最高法院110年度台上字第1605號民事判決。

5萬元以下罰鍰。但公開發行股票之公司，由證券主管機關處代表公司之董事新臺幣24萬元以上240萬元以下罰鍰（公司法第172條第6項）。

三、召集處所與編製股東會議事手冊

公司法未規定召集處所，應依據章程定之，倘章程未定之，應於本公司所在地。而公開發行股票之公司召開股東會，應編製股東會議事手冊，並應於股東會開會前，將議事手冊及其他會議相關資料公告（公司法第177條之3第1項）。

肆、股東會之會議

一、股東會之出席（105高考三級法制）

（一）委託代理人出席

股東得於每次股東會，出具公司印發之委託書（proxy statement），載明授權範圍，委託代理人，出席股東會，但公開發行股票之公司，證券主管機關另有規定者，從其規定（公司法第177條第1項）。除信託事業或經證券主管機關核准之股務代理機構外，一人同時受二人以上股東委託時，其代理之表決權不得超過已發行股份總數表決權之3%，超過時其超過之表決權，不予計算（第2項）。一股東以出具一委託書，並以委託一人爲限，應於股東會開會5日前送達公司，委託書有重複時，以最先送達者爲準。但聲明撤銷前委託者，不在此限（第3項）[28]。

（二）視訊會議

公司章程得訂明股東會開會時，以視訊會議或其他經中央主管機關公告之方式爲之。但因天災、事變或其他不可抗力情事，中央主管機關得公告公司於一定期間內，得不經章程訂明，以視訊會議或其公告之方式開會（公司法第172條之2第1項）。股東會開會時，如以視訊會議爲之，其股東以視訊參與會議者，視爲親自出席（第2項）。前二項規定，於公開發行股票之公司應

---

[28] 最高法院106年度台上字第1203號民事判決。

符合之條件、作業程序及其他應遵行事項，證券主管機關另有規定者，從其規定（第3項）。

二、股東會之職權

公司法採行企業所有與企業經營分離之原則，是股東會之職權及得決議之事項，以法律或章程所規定為限，其餘部分由董事會決議之（公司法第202條）。因股東會由公司所有者組成，董事會得就其權限事項，決議交由股東會決定時，其將權限事項委由股東會以決議行之[29]。

（一）查核表冊

董事會應將其所造具之各項表冊，提出於股東常會請求承認，經股東常會承認後，董事會應將財務報表及盈餘分派或虧損撥補之決議，分發各股東（公司法第230條第1項）。監察人對於董事會編造提出股東會之各種表冊，應予查核，並報告意見於股東會（公司法第219條第1項）。股東會得查核董事會造具之表冊、監察人之報告（公司法第184條第1項）。

（二）聽取報告

1. 董事會報告

公司虧損達實收資本額二分之一時，董事會應於最近一次股東會報告（公司法第211條第1項）。公司經董事會決議後，得募集公司債。但須將募集公司債之原因及有關事項報告股東會（公司法第246條第1項）。

2. 監察人或檢查人報告

監察人對於董事會編造提出股東會之各種表冊，應予查核，並報告意見於股東會（公司法第219條第1項）。股東會得查核董事會造具之表冊、監察人之報告，並決議盈餘分派或虧損撥補（公司法第184條第1項）。執行前開查核時，股東會得選任檢查人（第2項）。清算完結時，清算人應於15日內，造具清算期內收支表、損益表、連同各項簿冊，送經監察人審查，並提請股東會承認（公司法第331條第1項）。股東會得另選檢查人，檢查前項簿冊是

---

[29]　最高法院103年度台上字第2719號民事判決。

否確當（第2項）。

（三）財務處理（111高考三級法制）

　　股東會依據董事會所提出之盈餘分派或虧損撥補之議案，進行決議（公司法第184條第1項）。股東會議決將應分派股息及紅利之全部或一部，以發行新股方式爲之（公司法第240條第1項）。股東會議決，另提特別盈餘公積（公司法第237條第2項）。股東常會已合法決議分派盈餘，股東對公司即有具體之盈餘分派給付請求權存在[30]。

（四）人事處理

　　董事、監察人及清算人之選任、解任及報酬之決定，均由股東會決議行之（公司法第192條第1項、第196條、第199條、第216條第1項、第227條、第322條第1項、第323條第1項）。

（五）重要議案之決定（103司法官）

　　董事爲自己或他人爲屬於公司營業範圍內之行爲，應對股東會說明其行爲之重要內容並取得其許可。股東會對於違反該競業禁止之行爲，得決議令公司行使歸入權（公司法第209條）。營業政策重大變更，應經股東會議決許可（公司法第185條）。股東會亦得決議章程變更、公司解散、分割及合併等事項（公司法第277條、第316條第1項）。

（六）提出股東常會議案（99律師）

　　持有已發行股份總數1%以上股份之股東，得以書面向公司提出股東常會議案（motion）。但以一項爲限，提案超過一項者，均不列入議案（公司法第172條之1第1項）。股東所提議案以300字爲限；提案股東應親自或委託他人出席股東常會，並參與該項議案討論（第3項）。

（七）提名董事與監察人候選人

　　持有已發行股份總數1%以上股份之股東，得以書面向公司提出董事候選人名單，提名人數不得超過董事應選名額（公司法第192條之1第3項、第226條

---

[30] 最高法院103年度台上字第2260號民事判決。

之1）。

（八）自行召集股東臨時會（108司津）

繼續3個月以上持有已發行股份總數過半數股份之股東，得自行召集股東臨時會（公司法第173條之1第1項）。前項股東持股期間及持股數之計算，以第165條第2項或第3項停止股票過戶時之持股為準（第2項）。

三、股東會之決議

（一）原　則（101津師）

公司各股東，除有本法第157條第3款規定外，每股有一表決權。出席之股東或其代理人行使表決權時，得採行以書面或電子方式行使表決權（公司法第177條之1第1項本文）[31]。股東以書面或電子方式行使表決權者，其意思表示應於股東會開會2日前送達公司，意思表示有重複時，以最先送達者為準。但聲明撤銷前意思表示者，不在此限（公司法第177條之2第1項）。股東以書面或電子方式行使表決權後，欲親自出席股東會者，應於股東會開會2日前，以與行使表決權相同之方式撤銷前項行使表決權之意思表示；逾期撤銷者，以書面或電子方式行使之表決權為準（第2項）。股東以書面或電子方式行使表決權，並以委託書委託代理人出席股東會者，以委託代理人出席行使之表決權為準（第3項）。

（二）例　外

1. 表決權行使之限制（99、100津師；95、98、101、102司法官）

表決權行使受限制之事由如後：(1)利害關係人：股東對於會議之事項，有自身利害關係致有害於公司利益之虞時，不得加入表決，並不得代理他股東行使其表決權（公司法第178條）；(2)公司：公司依法持有自己之股份，並無表決權（公司法第179條第2項第1款）；(3)關係企業：被持有已發行有表決權之股份總數或資本總額超過半數之從屬公司所持有控制公司之股份（第2款）。或者控制公司及其從屬公司直接或間接持有他公司已發行有表決

---

[31] 係指特別股之股東行使表決權之順序、限制或無表決權。

權之股份總數或資本總額合計超過半數之他公司，所持有控制公司及其從屬公司之股份（第3款）。

2. 表決權計算之限制（104司法官）

表決權計算受限制之事由如後：(1)信託事業或股務代理機構：除信託事業或經證券主管機關核准之股務代理機構外，一人同時受二人以上股東委託時，其代理之表決權，不得超過已發行股份總數表決權之3%，超過時其超過之表決權，不予計算（公司法第177條第2項）；(2)政府或法人：政府或法人爲股東時，其代表人不限於一人。但其表決權之行使，仍以其所持有之股份綜合計算（公司法第181條第1項）。前開之代表人有二人以上時，其代表人行使表決權應共同爲之（第2項）。公開發行公司之股東係爲他人持有股份時，股東得主張分別行使表決權（第3項）。前項分別行使表決權之資格條件、適用範圍、行使方式、作業程序及其他應遵行事項之辦法，由證券主管機關定之（第4項）；(3)公開發行股票之公司董事以股份設定質權，超過選任當時所持有之公司股份數額二分之一時，其超過之股份不得行使表決權，不算入已出席股東之表決權數（公司法第197條之1第2項）。

（三）股份數表決權之計算（105高考三級法制）

股東會之決議，對無表決權股東之股份數，不算入已發行股份之總數（公司法第180條第1項）。股東會之決議，對依本法第178條規定，有利害關係之股東不得行使表決權之股份數，不算入已出席股東之表決權數（第2項）。

（四）決議方法

1. 普通決議

股東會之決議，除本法另有規定外，應有代表已發行股份總數「過半數」股東之出席，以出席股東表決權過半數之同意行之（公司法第174條）。

2. 假決議

有代表已發行股份總數三分之一以上股東出席時，得以出席股東表決權過半數之同意，爲假決議，並將假決議通知各股東，嗣於1個月內再行召集股

東會（公司法第175條第1項）。前開股東會，對於假決議，如仍有已發行股份總數三分之一以上股東出席，並經出席股東表決權過半數之同意，視同普通決議（第2項）。

3.特別決議（97、103司法官）

應有代表已發行股份總數三分之二以上股東出席之股東會，以出席股東表決權過半數之同意行之。公開發行股票之公司，出席股東之股份總數不足前項定額者，得以有代表已發行股份總數「過半數」股東之出席，出席股東表決權三分之二以上之同意行之。前二項出席股東股份總數及表決權數，章程有較高之規定者，從其規定（公司法第159條）。其決議事項如後：(1)重大營業政策之變更（公司法第185條）；(2)董事競業行為之許可（公司法第209條）；(3)股息、紅利轉作投資之決議（公司法第240條）；(4)公積全部或一部撥充資本之決議（公司法第241條）；(5)變更章程之決議（公司法第277條）；(6)公司解散、分割或合併（公司法第316條）。再者，重大營業政策之變更事由如後：(1)締結、變更或終止關於出租全部營業，委託經營或與他人經常共同經營之契約；(2)讓與全部或主要部分之營業或財產；(3)受讓他人全部營業或財產，對公司營運有重大影響者（公司法第185條第1項）。

伍、股東會決議之紀錄

股東會之議決事項，應作成議事錄，由主席簽名或蓋章，並於會後20日內，將議事錄分發各股東（公司法第183條第1項）。前項議事錄之製作及分發，得以電子方式為之（第2項）。公開發行股票之公司，對於持有記名股票未滿1,000股之股東，前開議事錄之分發，得以公告方式為之（第3項）。議事錄應記載會議之年、月、日、場所、主席姓名、決議方法、議事經過之要領及其結果，在公司存續期間，應永久保存（第4項）。出席股東之簽名簿及代理出席之委託書，其保存期限至少為1年。但經股東依第189條提起訴訟者，應保存至訴訟終結為止（第5項）。

陸、股東會決議之瑕疵

一、決議之撤銷（97、100律師；104司法官；109司律）

股東會之召集程序或其決議方法，違反法令或章程時，股東得自決議之日起30日內，訴請法院撤銷其決議（公司法第189條）。法院對於撤銷決議之訴，認為其違反之事實非屬重大且於決議無影響者，得駁回其請求（公司法第189條之1）。

二、決議之無效（102律師）

股東會決議之內容，違反法令或章程者無效（公司法第191條）。決議內容違反法令之範圍，除違反股東平等原則、股東有限責任原則、股份轉讓自由原則或侵害股東固有權外，亦包括決議違反強行法規或公序良俗在內[32]。舉例說明之：1.違反公司法第232條規定，決議分派股息及紅利，或決議經營非法之業務[33]；2.公司法第174條明定，股份有限公司之股東會普通決議，應有代表已發行股份總數過半數股東之出席，以出席股東表決權過半數之同意行之。則股東會出席之股東，不足公司法第174條規定，應有代表已發行股份總數之過半數時，所為之決議因欠缺法律行為之成立要件，應不成立[34]。

柒、案例解析——股東會決議之效力

股東常會與股東臨時會之名稱雖各有不同，惟兩者之權限並無不同。倘A股份有限公司之股東臨時會之召集，已於15日前通知各股東，對於持有無記名股票者，應於30日前公告之。並將變更章程在召集事由中列舉，其召集程序應屬合法。職是，A為公開發行股票之股份有限公司董事會，其於召開股東臨時會，變更章程內容，回復至前股東常會決議前之章程內容，該股東

---

[32] 最高法院103年度台上字第620號民事判決。

[33] 最高法院98年度台上字第935號民事判決：董事之報酬，未經章程訂明者，應由股東會議定，公司法第196條定有明文。立法本旨在於避免董事利用其經營者之地位與權利，恣意索取高額報酬，為貫徹此立法意旨，公司股東會不得以決議將董事、監事報酬額之決定委諸董事會定之，否則決議無效。

[34] 最高法院103年度台上字第1516號民事判決。

臨時會之決議即爲合法有效。

第二項　董事及董事會

第一款　董　事

案例9

> 　　甲經A機械股份有限公司之股東會，選任成爲A公司之董事，董事甲當選時之持股爲100萬股，其於任期期間，轉讓其所有持股50萬股與乙。試問依甲之持股比例，是否得繼續擔任A公司之董事？

壹、董事之選任

一、選任人

（一）公司設立之初（101司法官）

1. 發起人互選

發起設立者，由發起人互選之（公司法第131條第1項）。倘爲募集設立者，則由創立會選任之（公司法第146條第1項）。政府或法人爲股東時，得當選爲董事或監察人，其須指定自然人代表行使職務（公司法第27條第1項）。政府或法人爲股東時，亦得由其代表人當選爲董事或監察人。代表人有數人時，雖得分別當選，然不得同時當選或擔任董事及監察人（第2項）。代表人得依其職務關係，隨時改派補足原任期（第3項）。對代表權所加之限制，不得對抗善意第三人（第4項）。

2. 政府或法人爲公司股東

政府或法人爲公司股東，當選爲董事或監察人，指定自然人代表行使職務者，該被指定人與政府或法人間之法律關係爲委任；受任人本於其代表之

資格，再由公司指派擔任子公司之董事、監察人，亦屬原委任事務範圍。受任人因代表政府或法人行使公司及子公司董事、監察人職務所得酬勞，係屬因處理委任事務之所得，除別有約定外，依民法第541條第1項規定，應交付於委任人[35]。

（二）公司成立後

公司存續期間，選任董事之權，專屬於股東會，由股東會就有行為能力之人選任之，其人數不得少於三人（公司法第192條第1項）。民法第85條規定，對於前開行為能力不適用之（第3項）[36]。公司與董事間之關係，除本法另有規定外，依民法關於委任（mandate）規定[37]。本法第30條規定，對董事準用之（第5項）。即董事之消極資格如後，有消極資格者，其已充任者，當然解任：1.曾犯組織犯罪防制條例規定之罪，經有罪判決確定，尚未執行、尚未執行完畢，或執行完畢、緩刑期滿或赦免後未逾5年；2.曾犯詐欺、背信、侵占罪經宣告有期徒刑1年以上之刑確定，尚未執行、尚未執行完畢，或執行完畢、緩刑期滿或赦免後未逾2年；3.曾犯貪污治罪條例之罪，經判決有罪確定，尚未執行、尚未執行完畢，或執行完畢、緩刑期滿或赦免後未逾2年；4.受破產之宣告或經法院裁定開始清算程序，尚未復權；5.使用票據經拒絕往來尚未期滿；6.無行為能力或限制行為能力；7.受輔助宣告尚未撤銷（第6項）。

二、選任方式

（一）一般原則

股東會選任董事時，除公司章程另有規定外，每一股份有與應選出董事人數相同之選舉權，得集中選舉一人，或分配選舉數人，由所得選票代表選

---

[35] 最高法院102年度台上字第1304號民事判決。

[36] 法定代理人允許限制行為能力人獨立營業者，限制行為能力人，關於其營業，有行為能力。限制行為能力人，就其營業有不勝任之情形時，法定代理人得將其允許撤銷或限制之。但不得對抗善意第三人。

[37] 最高法院102年度台上字第2457號民事判決。

舉權較多者，當選為董事，選舉採累積投票制[38]。本法第178條規定，對於董事選舉權，不適用之（公司法第198條）[39]。

（二）候選人提名制

公開發行股票之公司董事選舉，採候選人提名制度者，應載明於章程，股東應就董事候選人名單選任之（公司法第192條之1第1項）。持有已發行股份總數1%以上股東或董事會，均得提出董事候選人名單（第3項）。

三、董事之報酬（95律師；94司法官）

董事之報酬，未經章程訂明者，應由股東會議定，不得事後追認（公司法第196條第1項）。公司設立後，為改善財務結構或回復正常營運，而參與政府專案核定之紓困方案時，得發行新股轉讓於政府，作為接受政府財務上協助之對價；其發行程序不受本法有關發行新股規定之限制，其相關辦法由中央主管機關定之（公司法第29條第2項、第156條之4第1項、第196條第2項）。所謂董事之報酬，係指董事為公司服勞務應得之酬金而言。至於車馬費，則指董事前往公司或為公司與他人洽商業務所應支領之交通費用而言，自與董事之報酬有別[40]。

四、董事任期（101律師）

董事任期不得逾3年，但得連選連任（公司法第195條第1項）。董事任期屆滿而不及改選時，延長其執行職務至改選董事就任時為止。但主管機關得依職權限期令公司改選；屆期仍不改選者，自限期屆滿時，當然解任（第2項）。職是，公司之董事並非任期屆滿，即不得再執行職務，必俟改選之董事就任時，始喪失原任董事之資格[41]。

---

[38] 最高法院110年度台上字第1100號民事判決。

[39] 股東對於會議之事項，有自身利害關係致有害於公司利益之虞時，不得加入表決，並不得代理他股東行使其表決權。

[40] 最高法院69年度台上字第4049號民事判決。

[41] 最高法院94年度台抗字第685號、105年度台抗字第593號民事裁定。

貳、董事之職權

一、出席董事會參與表決

（一）親自出席為原則

董事會開會時，董事應親自出席。但公司章程訂定得由其他董事代理者，不在此限（公司法第205條第1項）。董事會開會時，如以視訊會議為之，其董事以視訊參與會議者，視為親自出席（第2項）[42]。

（二）非經常性代理出席

董事委託其他董事代理出席董事會時，應於每次出具委託書，並列舉召集事由之授權範圍（公司法第205條第3項）。前項代理人，以受一人之委託為限（第4項）。其目的在於限制董事為概括之委任，以杜絕少數董事操縱董事會之弊，故董事委託其他董事出席董事會時，課予每次出具委託書，並於該委託書列舉「召集事由之授權範圍」義務，違反此項規定而為委任者，不生委託出席之效力[43]。

（三）經常性代理出席

董事居住國外者，得以書面委託居住國內之其他股東，經常代理出席董事會。前項代理，應向主管機關申請登記，變更時，亦同（公司法第205條第5項）。該代理登記為生效要件，並非對抗要件[44]。

二、調查報告

由創立會選任董事，其經選任後，應即就本法第145條所列發起人之報告義務事項，為確實之調查，並向創立會報告（公司法第146條第1項）。董事、監察人如有由發起人當選，且與自身有利害關係者，前項調查，創立會

---

[42] 最高法院104年度台上字第823號民事判決：董事會為股份有限公司之權力中樞，為充分確認權力之合法、合理運作，而其決定之內容最符合所有董事及股東之權益，應嚴格要求董事會之召集程序、決議方法須符合公司法第203條至第207條規定，倘有違反，應認為當然無效。

[43] 最高法院70年台上字第3410號民事判決。

[44] 最高法院68年台上字第1749號民事判決。

得另選檢查人爲之（第2項）。

三、簽章於股票與公司債

股票或公司債之債券，均應編號載明法定記載事項，並由代表公司之董事簽名或蓋章，並經依法得擔任股票或債券發行簽證人之銀行簽證後發行之（公司法第162條第1項、第257條第1項）。

四、任免經理人

經理人與公司屬委任之法律關係，經理人之委任、解任及報酬，須有董事過半數之同意（公司法第29條第1項第3款）。

五、申請各種登記

申請本法各項登記之期限、應檢附之文件與書表及其他相關事項之辦法，由中央主管機關定之（公司法第387條第1項）。前項登記之申請，得以電子方式爲之；其實施辦法，由中央主管機關定之（第2項）。前二項之申請，得委任代理人，代理人以會計師、律師爲限（第3項）。

六、代表公司對監察人提起訴訟

股東會決議，對於監察人提起訴訟時，公司應自決議之日起30日內提起之（公司法第225條第1項）。倘股東會未另行選任，應由董事代表公司起訴（第2項）。

參、董事之義務

一、應盡善良管理人之注意義務

公司與董事間之關係，除本法另有規定外，依民法關於委任規定（公司法第192條第5項）。受任人處理委任事務，應依委任人之指示，並與處理自己事務爲同一之注意，其受有報酬者，應以善良管理人注意爲之（民法第535

條）[45]。

二、報告損害之義務

董事發現公司有受重大損害之虞時，應立即向監察人報告（公司法第218條之1）。

三、持股比例規定

公開發行股票之公司依股東會決議選任之董事，其全體董事合計持股比例，證券主管機關另有規定者，從其規定（公司法第192條第2項）。

四、不爲競業行爲之義務（94高考）

（一）競業禁止

董事爲自己或他人爲屬於公司營業範圍內之行爲，應對股東會說明其行爲之重要內容並取得其許可（公司法第209條第1項）。否則不得爲之，以防止與公司爭利。

（二）許可之決議

股東會爲董事競業許可之決議，應有代表已發行股份總數三分之二以上股東之出席，以出席股東表決權過半數之同意行之（公司法第209條第2項）。公開發行股票之公司，出席股東之股份總數，不足前項定額者，得以有代表已發行股份總數過半數股東之出席，出席股東表決權三分之二以上之同意行之（第3項）。前開出席股東股份總數及表決權數，章程有較高之規定者，從其規定（第4項）。

（三）公司歸入權（100司法官；107律師）

董事違反競業禁止規定，爲自己或他人爲該行爲時，股東會得以決議，將該行爲之所得視爲公司之所得。但自所得產生後逾1年者，不在此限（公司法第209條第5項）。再者，發行股票公司董事對公司之上市股票，其於取

---

[45] 最高法院102年度台上字第2457號民事判決。

得後6個月內再行賣出，或於賣出後6個月內再行買進，因而獲得利益者，公司應請求將其利益歸於公司（證券交易法第157條第1項）。發行股票公司董事會或監察人不爲公司行使前項請求權時，股東得以30日之限期，請求董事或監察人行使之；逾期不行使時，請求之股東得爲公司行使前項請求權（第2項）。董事或監察人不行使第1項之請求，導致公司受損害時，對公司負連帶賠償之責（第3項）。行使歸入權之請求權，自獲得利益之日起2年間不行使而消滅（第4項）。

五、不得爲雙方代理之義務（104律師）

董事爲自己或他人與公司爲買賣、借貸或其他法律行爲時，由監察人爲公司之代表（公司法第223條）。其目的在於禁止雙方代表，以保護公司利益，非爲保護公益而設，自非強行規定，如有違反，其法律行爲並非無效。倘公司事前許諾或事後承認，即對於公司發生效力（民法第106條、第170條第1項）[46]。

肆、董事之責任（99、100、102律師）

一、對公司責任

董事因處理公司事務有過失或因逾越權限之行爲，其所生之損害，對於公司應負賠償之責（民法第544條；公司法第8條第1項、第23條第1項）。董事會執行業務，應依照法令章程及股東會之決議（公司法第193條第1項）。董事會之決議，違反前開規定，致公司受損害時，參與決議之董事，對於公司負賠償之責；但經表示異議之董事，有紀錄或書面聲明可證者，免其責任（第2項）。

二、對股東責任

提起本法第214條第2項訴訟所依據之事實，顯屬實在，經終局判決確定時，被訴之董事，對於起訴之股東，因此訴訟所受之損害，負賠償責任（公

---

[46] 最高法院87年度台上字第1524號、101年度台上字第1092號民事判決。

司法第215條第2項）。

三、對第三人之責任

董事係公司負責人，其應忠實執行業務並盡善良管理人之注意義務，如有違反致公司受有損害者，負損害賠償責任（公司法第23條第1項）。董事對於公司業務之執行，倘有違反法令致他人受有損害時，對他人應與公司負連帶賠償責任（第2項）。

四、與監察人之連帶責任

監察人對公司或第三人負損害賠償責任，而董事亦負其責任時，該監察人及董事為連帶債務人（公司法第226條）。

伍、對董事之訴訟

一、公司對董事提起訴訟

股東會決議對於董事提起訴訟時，公司應自決議日起30日內提起之（公司法第212條）。公司與董事間訴訟，除法律另有規定外，由監察人代表公司，股東會亦得另選代表公司為訴訟之人（公司法第213條）[47]。

二、少數股東對董事提起訴訟（97、102司法官）

（一）起訴之要件

繼續6個月以上，持有已發行股份總數1%以上之股東，得以書面請求監察人為公司對董事提起訴訟（公司法第214條第1項）。監察人自有前開之請求日起，30日內不提起訴訟時，前項之股東，得為公司提起訴訟；股東提起訴訟時，法院因被告之申請，得命起訴之股東，提供相當之擔保（第2項）。

---

[47]　依據公司法第214條第1項規定，少數股東對董事提起訴訟。

（二）訴訟之效果（102司法官）

少數股東對董事提起訴訟之效果如後：1.對公司之損害賠償責任：倘少數股東敗訴，導致公司受有損害，起訴之股東，對於公司負賠償之責（公司法第214條第2項）；2.對被訴董事負賠償責任：提起本法第214條第2項訴訟所依據之事實，顯屬虛構，經終局判決確定時，提起此項訴訟之股東，對於被訴之董事，因此訴訟所受之損害，負賠償責任（公司法第215條第1項）；3.對少數股東負賠償責任：提起本法第214條第2項訴訟所依據之事實，顯屬實在，經終局判決確定時，被訴之董事，對於起訴之股東，因此訴訟所受之損害，負賠償責任（第2項）。

陸、董事之解任

董事與公司間屬委任關係，是董事得自行辭職。或者公司解散或董事有死亡、破產、喪失行為能力等情事，亦屬解任之原因。依公司法規定解任（remove from post）事由如後：

一、股東會決議（99司法官）

（一）特別決議

董事得由股東會之決議，隨時解任；如於任期中無正當理由將其解任時，董事得向公司請求賠償因此所受之損害（公司法第199條第1項）。股東會為前開解任之決議，應有代表已發行股份總數三分之二以上股東之出席，以出席股東表決權過半數之同意行之（第2項）。公開發行股票之公司，出席股東之股份總數不足前項定額者，得以有代表已發行股份總數過半數股東之出席，出席股東表決權三分之二以上之同意行之（第3項）。出席股東股份總數及表決權數，章程有較高之規定者，從其規定（第4項）。

（二）提前解任

股東會於董事任期未屆滿前，改選全體董事者，如未決議董事於任期屆滿始為解任，視為提前解任（公司法第199條之1第1項）。前項改選，應有代表已發行股份總數過半數股東之出席（第2項）。

二、股份轉讓

董事經選任後，應向主管機關申報，其選任當時所持有之公司股份數額；公開發行股票之公司董事在任期中，轉讓超過選任當時所持有之公司股份數額二分之一時，其董事當然解任，其不因事後再行買入補足而受影響（公司法第197條第1項）[48]。

三、任期屆滿

董事任期不得逾3年，但得連選連任（公司法第195條第1項）。董事任期屆滿而不及改選時，延長其執行職務至改選董事就任時為止。但主管機關得依職權限期令公司改選；屆期仍不改選者，自限期屆滿時，當然解任（第2項）。

四、法院裁判

董事執行業務，有重大損害公司之行為或違反法令或章程之重大事項，股東會未為決議將其解任時，得由持有已發行股份總數3%以上股份之股東，而於股東會後30日內，訴請法院裁判之（公司法第200條）[49]。

柒、案例解析——董事任期中持股轉讓之限制

董事經選任後，應向主管機關申報，其選任當時所持有之公司股份數額；公開發行股票之公司董事在任期中轉讓超過選任當時所持有之公司股份數額二分之一時，其董事當然解任（公司法第197條第1項）。董事在任期中其股份有增減時，應向主管機關申報並公告之（第2項）。準此，甲經A機械股份有限公司之股東會，選任成為A公司之董事，董事甲當選時之持股為100萬股，其於任期期間，轉讓其所有持股50萬股與乙，其未逾二分之一之持股，是甲仍得擔任A公司之董事。

---

[48] 最高法院82年度台上字第2416號民事判決。

[49] 最高法院106年度台上字第177號民事判決。

第二款　董事會

案例10

> 　　A化學股份有限公司之董事為甲、乙及丙三人，甲為董事長，A公司虧損達實收股本額二分之一時或公司資產顯有不足抵償其所負債務時。試問董事會應如何處理？董事會有何責任？

壹、董事會及常務董事會之組成

一、公司執行業務之機關（102津師）

（一）公司法

　　董事會（board of directors）為公司執行業務之法定集體機構，由董事三人以上所組織成立（公司法第192條第1項）。公司得依章程規定不設董事會，置董事一人或二人。置董事一人者，以其為董事長，董事會之職權並由該董事行使，不適用本法有關董事會之規定；置董事二人者，準用本法有關董事會規定（第2項）。

（二）證券交易法

　　依證券交易法發行股票之公司董事會，設置董事不得少於五人（證券交易法第26條之3第1項）。公司除經主管機關核准者外，董事間應有超過半數之席次，不得具有下列關係之一：1.配偶；2.二親等以內之親屬（第3項）。

二、常務董事會

　　是否設置常務董事，依據章程之規定為之。而常務董事於董事會休會時，依法令、章程、股東會決議及董事會決議，以集會方式經常執行董事會職權，由董事長隨時召集，以半數以上常務董事之出席，並經出席過半數之決議行之（公司法第208條第4項）。常務董事應由三分之二以上董事之出席，及出席董事過半數之同意，由董事互選之，其名額至少三人，最多不得

超過董事人數三分之一（第2項）。

貳、選任董事長及副董事長（99司法官）

一、未設常務董事

董事會未設常務董事者（managing director），應由三分之二以上董事之出席，並經出席董事過半數之同意，互選一人為董事長，其得依章程規定，以同一方式互選一人為副董事長（公司法第208條第1項）。

二、設有常務董事

董事會設有常務董事者，其常務董事由董事互選之，名額至少三人，最多不得超過董事人數三分之一。董事長或副董事長由常務董事互選之（公司法第208條第2項）。

三、董事長之地位

董事長（president）對內為股東會、董事會及常務董事會主席，對外代表公司。董事長請假或因故不能行使職權時，由副董事長代理之；無副董事長或副董事長亦請假或因故不能行使職權時，由董事長指定「常務董事」一人代理之；其未設常務董事者，指定董事一人代理之；董事長未指定代理人者，由常務董事或董事互推一人代理之（公司法第208條第3項）[50]。

參、董事會之召集

一、第一次董事會召集人

每屆第一次董事會，由所得選票代表選舉權最多之董事於改選後15日內召開。但董事係於上屆董事任滿前改選，並決議自任期屆滿時解任者，應於上屆董事任滿後15日內召開之（公司法第203條第1項）。董事係於上屆董事任期屆滿前改選，並經決議自任期屆滿時解任者，其董事長、副董事長、常

---

[50] 最高法院102年度台上字第2511號、106年度台上字第1649號民事判決。

務董事之改選得於任期屆滿前爲之,不受前項之限制(第2項)。第一次董事會之召開,出席之董事未達選舉常務董事或董事長之最低出席人數時,原召集人應於15日內繼續召集,並得適用第206條之決議方法選舉(第3項)。

二、董事長召集

董事會由董事長召集之(公司法第203條之1第1項)。過半數之董事得以書面記明提議事項及理由,請求董事長召集董事會(第2項)。前項請求提出後15日內,董事長不爲召開時,過半數之董事得自行召集(第3項)。

三、召集通知(99律師)

董事會之召集,應載明事由,原則於3日前通知各董事及監察人。但章程有較高之規定者,從其規定(公司法第204條第1項、第5項)。公開發行股票之公司董事會之召集,其通知各董事及監察人之期間,由證券主管機關定之,不適用前項規定(第2項)。例外情形,有緊急情事時,得隨時召集之(第3項)。前三項召集之通知,經相對人同意者,得以電子方式爲之(第4項)。監察人得列席董事會陳述意見(公司法第218條之2第1項)。職是,監察人爲公司業務之監督機關,須先明瞭公司之業務經營狀況,俾能妥善行使職權,是董事會之召集,應載明事由於7日前通知監察人,以資遵循。而董事會爲公司權力中樞,爲充分確認權力之合法運作,其決定之內容,能符合所有董事及股東之利益,自應嚴格要求董事會之召集程序及決議方式,符合上開規範及其他相關法律規定。參諸董事會係全體董事於會議時經互換意見,詳加討論後,決定公司業務執行之方針,依設立董事會制度之趣旨以觀,董事會或董事執行業務有違反法令、章程或股東會決議之行爲者,監察人應即通知董事會或董事停止其行爲。準此,董事會未通知監察人列席陳述意見,即逕爲決議,其決議應屬無效[51]。

---

[51]　最高法院100年度台上字第2014號、106年度台上字第57號、第133號民事判決。

四、董事會之召集程序有瑕疵

董事會之召集程序有瑕疵時，該董事會之效力如何，公司法雖未明文規定，惟董事會為公司之權力中樞，為充分確認權力之合法與合理運作，暨其決定之內容最符合所有董事及股東之權益，應嚴格要求董事會之召集程序、決議內容均須符合法律之規定，倘有違反，應認為當然無效[52]。

肆、董事會之決議

一、董事會出席

董事會開會時，董事應親自出席。但公司章程訂定得由其他董事代理者，不在此限（公司法第205條第1項）。董事會開會時，倘以視訊會議為之，其董事以視訊參與會議者，視為親自出席（第2項）。董事委託其他董事代理出席董事會時，應於每次出具委託書，並列舉召集事由之授權範圍（第3項）。前項代理人，以受一人之委託為限（第4項）。公司章程得訂明經全體董事同意，董事就當次董事會議案以書面方式行使其表決權，而不實際集會（第5項）。前項情形，視為已召開董事會；以書面方式行使表決權之董事，視為親自出席董事會（第6項）。前二項規定，公開發行股票之公司，不適用之（第7項）。

二、決議方法（99律師；95、101、102司法官；107行政執行官）

（一）表決權之限制

董事對於會議之事項，有自身利害關係致有害於公司利益之虞時，不得加入表決，並不得代理他股東行使其表決權（公司法第206條第2項、第178條）。董事對於會議之事項，有自身利害關係時，應於當次董事會說明其自身利害關係之重要內容（公司法第206條第2項）。董事之配偶、二親等內血親，或與董事具有控制從屬關係之公司，就前項會議之事項有利害關係者，視為董事就該事項有自身利害關係（第3項）。不得行使表決權之董事，不算

---

[52]　最高法院97年度台上字第925號民事判決。

入已出席董事之表決權人數，亦不得代理他股東行使其表決權（公司法第206條第4項、第178條、第180條第2項）。所謂自身利害關係者，係指董事本身權利義務就決議事項有具體、直接變動之利害關係，致有害公司利益之虞而言[53]。

（二）表決之方法

董事會表決之方法如後：1.普通決議：董事會之決議，除本法另有規定外，應有過半數董事之出席，出席董事過半數之同意行之（公司法第206條第1項）；2.特別決議：董事會之決議，應由三分之二以上董事之出席，出席董事過半數之同意行之。例如，公司債之募集（公司法第246條第1項）、新股之發行（公司法第266條第2項）。

（三）決議無效

1.原　則

股份有限公司設立董事會之目的，在於使全體董事經參與董事會會議，互換意見，詳加討論後，決定公司業務執行之方針。故公司法第203條、第204條、第205條第3項、第4項、第206條規定，董事會之召集程序及決議方式，俾利全體董事出席董事會，並議決公司業務執行之計策。職是，董事會召集程序及決議方式，違反法令或章程時，其所為決議，應屬無效[54]。

2.例　外

董事會為股份有限公司之權力中樞，為充分確認權力之合法、合理運作，暨其決定之內容最符合所有董事及股東之權益，原應嚴格要求董事會之召集程序與決議方法，須符合公司法第203條至第207條規定，倘有違反，雖應認為當然無效。而公司法第204條關於董事會之召集，應載明事由，並於7日前通知各董事及監察人，其目的在於董事會由董事所組成，董事會之召集通知，自應對各董事為之，俾確保各董事均得出席董事會，參與議決公司業務執行之事項。職是，董事會之召集違反上開規定，而全體董監事均已應召

---

[53]　最高法院106年度台上字第1177號民事判決。

[54]　最高法院99年度台上字第1650號民事判決。

集而出席或列席董事會，對召集程序之瑕疵，並無異議而參與決議，董事會之召集雖違反法令，然其決議為有效[55]。

三、議事錄作成

董事會之議事，應作成議事錄（公司法第207條第1項）。董事會議事錄準用本法第183條之股東會議事錄相關規定（第2項）。

四、董事會之瑕疵

（一）決議之瑕疵（99、100、102律師）

董事會執行業務，應依照法令章程及股東會之決議（公司法第193條第1項）。董事會之決議，違反前項規定，致公司受損害時，參與決議之董事，對於公司負賠償之責；但經表示異議之董事，有紀錄或書面聲明可證者，免其責任（第2項）。董事會決議，為違反法令或章程之行為時，繼續1年以上持有股份之股東，得請求董事會停止其行為（公司法第194條）。

（二）業務執行之瑕疵

董事會或董事執行業務有違反法令、章程或股東會決議之行為者，監察人應即通知董事會或董事停止其行為（公司法第218條之2第2項）。

伍、董事會之權限及義務

一、董事會之權限（99、100律師；107高考三級法制）

（一）業務執行

公司業務之執行，除本法或章程規定應由股東會決議之事項外，均應由董事會決議行之（公司法第202條）。公司法基於企業所有與企業經營分離之原則，故凡非經法律或於章程規定，屬股東會權限之公司業務執行事項，均應由董事會決議行之，不因公司法第193條第1項規定，董事會執行業務，應

---

[55] 最高法院104年度台上字第823號民事判決。

依照法令章程及股東會之決議，而有不同。因股東會係由公司所有者組成，董事會就其權限事項，決議交由股東會決定時，得將其權限事項，委由股東會以決議行之[56]。

（二）代表公司

董事長對外代表公司。代表公司之董事，關於公司營業上一切事務，有辦理之權。公司對於董事代表權所加之限制，不得對抗善意第三人（公司法第208條第5項、第57條、第58條）[57]。因股份有限公司之董事會係定期舉行，其內部如何授權董事長執行公司之業務、董事長對外所為之特定交易行為有無經董事會決議及其決議有無瑕疵等事項，均非交易相對人從外觀即可得知。而公司內部就董事會與董事長職權範圍之劃分，對於交易對象而言，其與公司對於董事長代表權之限制無異，為保障交易之安全，董事長代表公司所為之交易行為，其於交易相對人為善意時，公司不得僅因未經董事會決議或其決議有瑕疵，即否認其效力[58]。反之，公司法第208條第3項雖規定，董事長對外代表公司，然依同條第5項準用同法第57條規定，僅關於公司營業上之事務有辦理之權。倘其所代表者非公司營業上之事務，則不在代表權範圍內，此項無權限之行為，不問第三人是否善意，非經公司承認，不能對於公司發生效力[59]。

二、董事會義務

董事會之義務如後：（一）作成並保存議事錄之義務（公司法第207條、第183條）；（二）備置章程簿冊之義務（公司法第210條）；（三）編造會計表冊書類之義務（公司法第228條）；（四）分發及公告會計表冊之義務

---

[56]　最高法院103年度台上字第2719號民事判決。

[57]　最高法院108年度台上字第1640號民事判決：股份有限公司之董事長對外代表公司，關於公司營業上一切事務，有辦理之權，公司法第208條第3項、同條第5項準用第57條規定甚明。而公司所營事業除許可業務應載明於章程外，其餘不受限制，同法第18條第2項亦有明文。故凡與公司營業有關之一切事務，董事長均有代表公司辦理之權，不以公司章程所載之營業事項為限，以維護交易安全及保障善意之交易相對人。

[58]　最高法院102年度台上字第2511號民事判決。

[59]　最高法院104年度台抗字第2430號民事裁定。

（公司法第230條）；（五）報告資本虧損之義務（公司法第211條第1項）；（六）聲請宣告公司破產之義務（公司法第211條第2項）；（七）通知及公告公司解散之義務（公司法第316條第4項）。

陸、董事會不為或不能行使職權

董事會不為或不能行使職權，致公司有受損害之虞時，法院因利害關係人或檢察官之聲請，得選任一人以上之臨時管理人，代行董事長及董事會之職權。但不得為不利於公司之行為（公司法第208條之1第1項）。前開臨時管理人，法院應囑託主管機關為之登記（第2項）。臨時管理人解任時，法院應囑託主管機關註銷登記（第3項）。

柒、案例解析——董事會之義務

一、公司虧損

公司虧損達實收資本額二分之一時，董事會應於最近一次股東會報告（公司法第211條第1項）。公司資產顯有不足抵償其所負債務時，除得依本法第282條辦理者外，董事會應即聲請宣告破產（第2項）。代表公司之董事，違反前開規定者，處新臺幣（下同）2萬元以上10萬元以下罰鍰（第3項）。準此，A化學股份有限公司之董事為甲、乙及丙三人，甲為董事長，A公司虧損達實收股本額二分之一時，董事會應即召集股東會報告，公司資產顯有不足抵償其所負債務時，除得依本法辦理公司重整之聲請者外，董事會應即聲請宣告破產。董事長甲違反前開規定者，處2萬元以上10萬元以下罰鍰。

二、董事責任

法人之財產不能清償債務，其董事未即聲請宣告法人破產，致債權人受損害，債權人得對有過失之董事請求賠償損害者，其有二人以上者，應連帶負責（民法第35條）。所謂損害，係指法人之董事有向法院聲請破產時，債權人可得全部或部分之清償，因怠於聲請，致全未受償或較少受償而言。反之，倘公司宣告破產與否，對債權人之債權不能受償之結果，仍屬相同，未

聲請法院宣告破產，並不增加債權人之損失，法人之法定代理人自不負賠償責任。準此，倘A公司之董事甲、乙及丙三人有過失而未向法院聲請破產，導致債權人受有損害者，渠等應負連帶賠償責任[60]。

<h2 style="text-align:center">第三項　監察人</h2>

> 　　A五金股份有限公司之監察人甲，發現董事長乙曾有嚴重掏空A公司資產之情事。試問甲是否得以監察人之名義逕自召集股東會，解任董事長乙之職權？

壹、監察人之定義（110司律）

所謂監察人（supervisor），係指股份有限公司業務及財務狀況之必要常設監察機關，監察人為公司職務上之負責人（公司法第8條第2項），各得單獨行使監察權（公司法第221條）。

貳、監察人之選任及解任

一、監察人之資格

監察人至少一人，其人數並無上限之規定，即視公司之需要，以章程定之。公司監察人，由股東會就有行為能力之人選任之，監察人中至少須有一人在國內有住所。關於經理人及董事資格之限制規定，監察人準用之（公司法第216條）。監察人不得兼任公司董事、經理人或其他職員，確保以超然立場行使職權，並杜流弊，本條為效力規定，違反者應為無效（公司法第222條）[61]。

---

[60]　林洲富，民法─案例式，五南圖書出版股份有限公司，2020年9月，8版1刷，頁43。

[61]　最高法院107年度台上字第1620號民事判決。

二、選任程序

（一）一般原則

公開發行股票之公司，由股東會就有行為能力之人選任之，其應選任之監察人須有二人以上，其全體監察人合計持股比例，證券主管機關另有規定者，從其規定（公司法第216條第2項）。選任方法準用公司法第198條，關於董事選任方法之規定，採用累積投票制（公司法第227條）。

（二）候選人提名制

公開發行股票之公司監察人選舉，採候選人提名制度者，應載明於章程，股東應就監察人候選人名單中選任之。持有已發行股份總數1%以上股份之股東或董事會，均得提出監察人候選人名單（公司法第216條之1）。

三、個別及全體解任

監察人個別之解任，其情形與董事之解任相同。至於全體監察人均解任時，董事會應於30日內召開股東臨時會選任，而公開發行股票之公司董事會，應於60日內召開股東臨時會選任（公司法第227條）。

參、監察人之任期及報酬

一、監察人之任期

監察人任期不得逾3年。但得連選連任（公司法第217條第1項）。監察人任期屆滿而不及改選時，延長其執行職務至改選監察人就任時為止。但主管機關得依職權，限期令公司改選；屆期仍不改選者，自限期屆滿時，當然解任（第2項）。

二、監察人之報酬

公司與監察人間之關係，從民法關於委任規定（公司法第216條第3項）。其屬有償委任關係，其報酬依據章程規定，章程未規定者，由股東會決議之，不得事後追認（公司法第196條第1項）。公司設立後，為改善財務

結構或回復正常營運,而參與政府專案核定之紓困方案時,專案核定之主管機關應要求參與政府專案紓困方案之公司提具自救計畫,並得限制其發給監察人報酬或為其他必要之處置或限制;其辦法,由中央主管機關定之(公司法第29條第2項、第196條第2項、第227條)。

肆、監察人之職權

一、監察權

(一)查核發起人報告

監察人經選任後,應即就本法第145條所列發起人報告之事項,為確實之調查,並向創立會報告(公司法第146條第1項)。

(二)檢查業務 (102、107司法官;105高考三級法制)

1. 檢查業務權範圍

監察人應監督公司業務之執行,並得隨時調查公司業務及財務狀況,查核簿冊文件,並得請求董事會或經理人提出報告(公司法第218條第1項)。監察人辦理前開事務,得代表公司委託律師、會計師審核之,該受委託人僅得向公司請求報酬(第2項)。董事發現公司有受重大損害之虞時,應立即向監察人報告(公司法第218條之1)。此為股份有限公司監察人對公司行使查閱財產文件、帳簿、表冊之檢查業務權,為對公司之監督權行使之一環,其行使之對象係公司,並非公司董事長[62]。

2. 監察人列席董事會陳述意見

監察人得列席董事會陳述意見,在於藉由監察人所具有之客觀、公正第三人立場,提供董事會不同觀點之討論空間,而不在於監察人是否擁有表決權,且監察人為公司業務之監督機關,須先明瞭公司之業務經營狀況,俾能妥善行使職權。倘董事會或董事執行業務有違反法令、章程或股東會決議之行為者,監察人應即通知董事會或董事停止其行為(公司法第218條之2)。

---

[62] 最高法院104年度台上字第1116號民事判決。

董事會之召集應載明事由，並於3日前通知各董事及監察人（公司法第204條第1項本文）。董事會未通知監察人列席陳述意見，即逕為決議，其決議應屬無效。

（三）查核表冊

監察人對於董事會、清算人編造提出股東會之各種表冊，應予查核，並報告意見於股東會。監察人辦理前開事務，得委託會計師審核之（公司法第219條、第331條）。

二、董事會違法行為之制止權

監察人得列席董事會陳述意見（公司法第218條之2第1項）。董事會或董事執行業務有違反法令、章程或股東會決議之行為者，監察人應即通知董事會或董事停止其行為（第2項）。

三、股東會召集權 （105地方特考三等法制；106津師）

監察人除董事會不為召集或不能召集股東會外，得為公司利益，其於必要時，召集股東會（公司法第220條）。所謂必要時，係指應以不能召開董事會，或應召集而不為召集股東會，基於公司利害關係有召集股東會必要之情形，始為相當。倘並無不能召開董事會或應召集而不為召集股東會之情形，任由監察人憑一己之主觀意旨，隨時擅自行使此補充召集之權，勢將影響公司之正常營運，自失立法原意[63]。

四、公司代表權

（一）代表公司起訴

公司與董事間訴訟，除法律另有規定外，由監察人代表公司，股東會亦得另選代表公司為訴訟之人（公司法第213條）[64]。

---

[63] 最高法院77年台上字第2160號民事判決。

[64] 最高法院111年度台上字第22號民事判決。

（二）代表公司委託律師或會計師

監察人為辦理檢查業務及查核表冊事項，得代表公司委任律師、會計師（公司法第218條、第219條）。

（三）代表公司與董事交涉（104律師；101司法官；106高考三級法制；110司津）

董事為自己或他人與公司為買賣、借貸或其他法律行為時，不得同時作為公司之代表，以避免利害衝突，並防範董事長礙於同事情誼，而損及公司利益，由監察人為公司之代表（公司法第223條）。再者，監察人代表公司與董事為法律行為時，無須經公司董事會之決議核准[65]。

伍、監察人之責任

一、對公司之責任

監察人與公司間屬有償委任關係，監察人應忠實執行業務並盡善良管理人之注意義務。故監察人執行職務違反法令、章程或怠忽職務，致公司受有損害者，對公司負賠償責任（公司法第224條）。

二、對第三人之責任

監察人對於公司業務之執行，如有違反法令致他人受有損害時，對他人應與公司負連帶賠償之責（公司法第8條第2項、第23條第2項）。

三、對於股東之責任

由少數股東對監察人提起訴訟所依據之事實，顯屬實在，經終局判決確定時，被訴之監察人，對於起訴之股東，因此訴訟所受之損害，負賠償責任（公司法第227條、第215條第2項）。

---

[65] 最高法院100年度第3次民事庭會議。

四、與董事之連帶責任

監察人對公司或第三人負損害賠償責任，而董事亦負其責任時，該監察人及董事為連帶債務人（公司法第226條）。

陸、監察人之訴訟

一、股東會對監察人提起訴訟

股東會決議，對於監察人提起訴訟時，公司應自決議之日起30日內提起之（公司法第225條第1項）。前開起訴之代表，股東會得於董事外，另行選任（第2項）。

二、少數股東請求監察人提起訴訟

繼續6個月以上，持有已發行股份總數1%以上之股東，得以書面請求監察人為公司對董事提起訴訟。監察人自有前項之請求日起，30日內不提起訴訟時，該少數股東，得為公司提起訴訟；股東提起訴訟時，法院因被告之申請，得命起訴之股東，提供相當之擔保；如因敗訴，致公司受有損害，起訴之股東，對於公司負賠償之責（公司法第227條、第214條）[66]。因公司法就監察人對少數股東以書面請求對董事起訴，未明文規定應經監察人以多數決通過或由全體，始得提起，監察人自應各自本於忠實執行職務義務之考量，裁量斟酌是否起訴，並由同意起訴之監察人為公司法定代理人提起訴訟，以免因監察人間之立場不一致，而影響公司對董事訴訟之進行或使該訴訟程序陷於不能開始之窘境[67]。

柒、監察人之準用（94司法官；105地方特考三等法制）

第196條至第200條、第208條之1、第214條及第215條規定，監察人均準用之。但第214條對監察人之請求，應向董事會為之（公司法第227條）。

---

[66] 最高法院102年度台上字第3819號刑事判決。
[67] 最高法院104年度台抗字第581號民事裁定。

捌、案例解析──監察人於必要時得召開股東會

監察人欲以監察人之名義逕行召開股東會，其要件有二：（一）董事會不為召集或不能召集股東會；（二）得為公司利益，其於必要時，召集股東會。準此，A五金股份有限公司之監察人甲，發現董事長乙會有嚴重掏空A公司資產之情事，除非董事會不為召集或不能召集股東會之情事發生，否則縱使有必要性，仍不得以監察人之名義逕自召集股東會。

第七節　股份有限公司之會計

案例12

A光電股份有限公司為股票上市之公司，其董事會擬以發行新股分派股息及紅利於股東，該議案於股東會開會時以臨時動議提出，經股東會決議通過。試問該議案之效力如何？依據為何？

壹、股份有限公司之規定會計目的

為保護股份有限公司之股東及其債權人之權益，我國公司法就股份有限公司設有會計一節，對會計表冊之編造、承認、分發、公積、盈餘及建設股息之分派，均設有強行規定。

貳、會計表冊之編造

一、會計表冊之種類

股份有限公司於每會計年度（fiscal year）終了，董事會應編造下列表冊，而於股東常會開會30日前交監察人查核（公司法第228條第1項）：（一）營業報告書（business report）；（二）財務報表（financial statement）；（三）盈餘分派或虧損撥補之議案（motion）[68]。

二、會計表冊之編造方法

會計表冊，應依中央主管機關規定之規章編造（公司法第228條第2項）。第1項表冊，監察人得請求董事會提前交付查核（第3項）。

三、會計表冊之查核

（一）監察人之查核

監察人對於董事會編造提出股東會之各種表冊，應予查核，並報告意見於股東會（公司法第219條第1項）。監察人辦理前開事務，得委託會計師審核之（第2項）。因該委任行為係代表公司所為，故其委託應認係公司之委託行為，所需費用自應由公司負擔。至得委託會計師人數之多寡，法無明文限制，應視實際需要而定。

（二）股東之查閱

董事會所造具之各項表冊與監察人之報告書，應於股東常會開會10日前，備置於本公司，股東得隨時查閱，並得偕同其所委託之律師或會計師查閱（公司法第229條）。因其委託係股東之個人行為，故其費用應由股東個人負擔。

四、會計表冊之承認

董事會應將其所造具之各項表冊，提出於股東常會請求承認（公司法第230條第1項）。各項表冊經股東會決議承認後，視為公司已解除董事及監察人之責任。但董事或監察人有不法行為者，不在此限（公司法第231條）。所謂解除董事及監察人之責任，應限於董事會於每會計年度終了所編造，經監察人查核之會計表冊所揭露記載之事項或自此等表冊得以查知之事項，而非因不法行為所生已發生或未確定發生之各種責任。至於其他事項，不包括在內。因股份有限公司之股東會，並非常設機關，僅於每年召集1次或於必要時

---

[68]　最高法院106年度台上字第2428號民事判決。

召集之（公司法第170條）。上開會計表冊所未揭露而無法使股東得以知悉之事，既非股東會職權行使之能力所及，自不能因股東會決議之承認，而解除董事及監察人之責任，以保護公司及股東之權益，並符合企業所有與企業經營分離之精神[69]。

五、會計表冊之分發、抄錄及公示

（一）會計表冊之分發

董事會應將其所造具之各項表冊，提出於股東常會請求承認，經股東常會承認後，董事會應將財務報表及盈餘分派或虧損撥補之決議，分發各股東（公司法第230條第1項）。代表公司之董事，違反規定不為分發者，處新臺幣1萬元以上5萬元以下罰鍰（第4項）。

（二）會計表冊之公示及抄錄

公開發行股票之公司對於持有記名股票未滿1,000股之股東，關於財務報表及盈餘分派或虧損撥補決議之分發各股東，得以公告方式（announce）為之（公司法第230條第2項）。會計表冊及決議，公司債權人得要求給予、抄錄（transcribe）或複製（第3項）。

參、公　積

一、公積之定義及理由

所謂公積者，係指為穩固公司之財產基礎、健全其財務狀況，將其逾資本之純財產額不分派於股東，而積存於公司之金額，俾於充實公司之財產，增強其信用，藉以保護債權人。

二、公積之種類

（一）法定公積

公司於完納一切稅捐後，分派盈餘時，應先提出10%為法定盈餘公積

---

[69] 最高法院105年度台上字第2047號民事判決。

（legal earned surplus reserve）。但法定盈餘公積，已達資本總額時，不在此限（公司法第237條第1項）。

（二）特別公積

除前項法定盈餘公積外，公司得以章程訂定或股東會議決，另提特別或任意盈餘公積，其適用依據章程訂定或股東會議決（公司法第237條第2項）。

三、法定公積之使用（96、102津師；100、101、103司法官）

法定公積之使用之目的如後：（一）法定公積之使用，原則以填補公司虧損為原則（公司法第232條、第239條）；（二）公司無虧損者，得依股東會特別決議之方法，將法定盈餘公積及下列資本公積之全部或一部撥充資本，按股東原有股份之比例發給新股（公司法第241條第1項）：1.超過票面金額發行股票所得之溢額；2.受領贈與之所得。而以法定盈餘公積發給新股或現金者，以該項公積超過實收資本額25%部分為限（第3項）。

肆、股息與紅利之分派

一、有盈餘時之分配

（一）現金分派（96司法官）

股息及紅利之分派，除本法另有規定外，以各股東持有股份之比例為準（公司法第235條）。而股息之分派，原則上應以現金為之，因以現金分派，股東始得現實取得公司營利所得。

（二）股息分派──發行新股

1. 一般公司（111高考三級法制）

公司得由有代表已發行股份總數三分之二以上股東出席之股東會，以出席股東表決權過半數之決議，將應分派股息及紅利之全部或一部，以發行新股方式為之；不滿一股之金額，以現金分派之（公司法第240條第1項）。出

席股東股份總數及表決權數，章程有較高規定者，從其規定（第3項）。

2. 公開發行股票之公司（111高考三級法制）

公開發行股票以公司股息分派發行新股，應經如後決議：(1)股東會決議：公開發行股票之公司，出席股東之股份總數不足三分之二定額者，得以有代表已發行股份總數過半數股東之出席，出席股東表決權三分之二以上之同意行之（公司法第240條第2項）；(2)董事會決議：公開發行股票之公司，其股息及紅利之分派，章程訂明定額或比率並授權董事會決議辦理者，得以董事會三分之二以上董事之出席，並經出席董事過半數之決議，將應分派股息及紅利之全部或一部，以發行新股或發放現金之方式為之，並報告股東會（第5項）。

（三）違法分派之效果（96律師）

1. 刑事責任

公司負責人違反不提法定盈餘公積者，各科新臺幣6萬元以下罰金（公司法第237條第3項）。公司負責人違反本法第232條第1項或第2項規定，分派股息及紅利時，各處1年以下有期徒刑、拘役或科或併科新臺幣6萬元以下罰金（公司法第232條第3項）。

2. 民事責任

公司違反本法第232條規定，分派股息及紅利時，公司之債權人，得請求退還，並得請求賠償因此所受之損害（公司法第233條）。

二、無盈餘不得分派

公司非彌補虧損及依本法規定提出法定盈餘公積後，不得分派股息及紅利（公司法第232條第1項）。簡言之，公司無盈餘時，不得分派股息及紅利（第2項）[70]。

---

[70]　最高法院97年度台上字第626號民事判決。

三、未開業前之分派股息（98律師）

（一）分派股息要件

公司依其業務之性質，自設立登記後，如需2年以上之準備，始能開始營業者，經主管機關之許可，得依章程規定，其於開始營業前分派股息，此為建設股息之分派（公司法第234條第1項）。

（二）會計處理

分派股息之金額，應以預付股息列入資產負債表之股東權益項下，公司開始營業後，每屆分派股息及紅利超過實收資本額6%時，應以其超過之金額扣抵沖銷（公司法第234條第2項）。

四、獲利分派員工酬勞

公司應於章程訂明以當年度獲利狀況之定額或比率，分派員工酬勞。但公司尚有累積虧損時，應予彌補（公司法第235條之1第1項）。公營事業除經該公營事業之主管機關專案核定於章程訂明分派員工酬勞之定額或比率外，不適用前項之規定（第2項）。前二項員工酬勞以股票或現金為之，應由董事會以董事三分之二以上之出席及出席董事過半數同意之決議行之，並報告股東會（第3項）。

伍、案例解析——以發行新股分派股息及紅利

一、股東會特別決議

公司得由有代表已發行股份總數三分之二以上股東出席之股東會，以出席股東表決權過半數之決議，將應分派股息及紅利之全部或一部，以發行新股方式為之（公司法第240條第1項）。公開發行股票之公司，出席股東之股份總數不足前項定額者，得以有代表已發行股份總數過半數股東之出席，出席股東表決權三分之二以上之同意行之（第2項）。出席股東股份總數及表決權數，章程有較高規定者，從其規定（第3項）。準此，A光電股份有限公司為股票上市之公司，其董事會擬以發行新股分派股息及紅利於股東，應經股

東會特別決議。

二、召集程序

已依本法發行有價證券之公司召集股東會時，關於公司法第240條第1項及第241條第1項之決議事項，應在召集事由中列舉並說明其主要內容，不得以臨時動議提出（證券交易法第26條之1）。準此，A光電股份有限公司爲股票上市之公司，不得於股東會開會時，以臨時動議提出新股方式分派股息及紅利之議案，其屬股東會召集程序違法，該議案雖經股東會決議通過，然股東得訴請撤銷該決議（公司法第189條）。

第八節　股份有限公司之公司債

案例13

甲係公開發行股票之股份有限公司，其向銀行貸款而有遲延支付本息之情形。試問甲公司於上開遲延支付本息持續中，是否得經董事會決議發行公司債？

壹、公司債之定義及種類

一、公司債之定義

所謂公司債者，係指股份有限公司爲募集資金，以發行債券之方式向社會公眾大量、集團之負擔債務。

二、公司債之種類

（一）有無擔保爲區分

所謂有擔保公司債，係指有特定財產供作擔保者，爲公司債之還本付息

者。倘無特定財產供作擔保者，爲無擔保公司債。其區別實益在於發行之條件。

（二）有無記載債權人為區分

所謂記名公司債，係指公司債之債券上記載公司債債權人姓名。倘未記載公司債債權人姓名，爲無記名公司債。其區別實益在於轉讓與設質方式之不同。

（三）得否轉換成股份為區分

所謂轉換公司債者，係指公司債發行後，經過一定期間，得按公司規定之辦法，請求轉換爲公司之股份者。其區別實益，應將轉換辦法，申請證券管理機關審核之。

貳、公司債發行之限制與禁止

一、公司債發行之限制

（一）有擔保公司債之限制

公開發行股票公司之公司債總額，不得逾公司現有「全部資產」減去「全部負債」及「無形資產」（intangible assets）後之餘額（公司法第247條第1項）。

（二）無擔保公司債之限制

無擔保公司債之總額，不得逾本法第247條第1項規定之餘額二分之一（公司法第247條第2項）。

二、發行之禁止

（一）全部禁止發行

公司有下列情形之一者，不得發行公司債（公司法第250條）：1.對於前已發行之公司債或其他債務有違約或遲延支付本息之事實，尚在繼續中者；2.最近3年或開業不及3年之開業年度課稅後之平均淨利，未達原定發行之公

司債應負擔年息總額之100%者。但經銀行保證發行之公司債,則不受限制。

(二)無擔保公司債發行之禁止

公司有下列情形之一者,不得發行無擔保公司債(公司法第249條):
1.對於前已發行之公司債或其他債務,曾有違約或遲延支付本息之事實已了結,自了結之日起3年內;2.最近3年或開業不及3年之開業年度課稅後之平均淨利,未達原定發行之公司債,應負擔年息總額之150%者。

參、公司債之發行程序

一、董事會之特別決議

公司經董事會決議後,得募集公司債。但須將募集公司債之原因及有關事項報告股東會。前開決議,應由「三分之二」以上董事之出席及出席董事過半數之同意行之,此為董事會之專屬權限(公司法第246條)。

二、訂立利他性信託契約

(一)信託關係

公司(truster)在擬募集公司債前,應與金融或信託事業成立利他性信託契約(trust indenture),作為公司債權人之受託人(trustee),以代表債權人(beneficiary)之利益,其報酬由公司負擔(公司法第248條第1項第12款、第6項)。

(二)受託人之權限

受託人有如後權限:1.查核與監督權:受託人,為應募人之利益,有查核及監督公司履行公司債發行事項之權(公司法第255條第2項);2.取得、保管及實行擔保品之權:公司為發行公司債所設定之抵押權(mortgage)或質權(pledge),得由受託人為債權人取得,並得於公司債發行前先行設定(公司法第256條第1項)。受託人對於前開之抵押權或質權或其擔保品,應負責實行或保管之(第2項);3.召集公司債債權人會議:公司債債權人之受託人,得為公司債債權人之共同利害關係事項,召集同次公司債之債權人會

議（公司法第263條第1項）。

三、募集公司債之聲請

（一）向證券管理機關辦理

公司發行公司債時，應載明下列事項，向證券主管機關辦理之（公司法第248條第1項）：1.公司名稱；2.公司債總額及債券每張之金額；3.公司債之利率；4.公司債償還方法及期限；5.償還公司債款之籌集計畫及保管方法；6.公司債募得價款之用途及運用計畫；7.前已募集公司債者，其未償還之數額；8.公司債發行價格或最低價格；9.公司股份總數與已發行股份總數及其金額；10.公司現有全部資產，減去全部負債及無形資產後之餘額；11.證券主管機關規定之財務報表；12.公司債權人之受託人名稱及其約定事項；13.代收款項之銀行或郵局名稱及地址；14.有承銷或代銷機構者，其名稱及約定事項；15.有發行擔保者，其種類、名稱及證明文件；16.有發行保證人者，其名稱及證明文件；17.對於前已發行之公司債或其他債務，曾有違約或遲延支付本息之事實或現況；18.可轉換股份者，其轉換辦法；19.附認股權者，其認購辦法；20.董事會之議事錄；21.公司債其他發行事項，或證券主管機關規定之其他事項[71]。

（二）查核簽證及申請更正

公司法第248條第1項第7款、第9款至第11款、第17款，應由會計師查核簽證；第12款至第16款，應由律師查核簽證（公司法第248條第5項）。第12款所載之受託人，以金融或信託事業為限，由公司於申請發行時約定之，並負擔其報酬（第6項）。公司就第1項各款事項有變更時，應即向證券主管機關申請更正；公司負責人不為申請更正時，由證券管理機關各處新臺幣1萬元以上5萬元以下罰鍰（第4項）。

（三）公司債之私募

公司債之私募不受第249條第2款及第250條第2款之限制，並於發行後15日內檢附發行相關資料，向證券主管機關報備；私募之發行公司不以上市、

---

[71] 最高法院108年度台上字第640號民事判決。

上櫃、公開發行股票之公司為限（公司法第248條第2項）。前開私募人數不得超過三十五人。但金融機構應募者，不在此限（第3項）。公司依第248條第2項之私募轉換公司債或附認股權公司債時，應經第246條董事會之決議，並經股東會決議。但公開發行股票之公司，證券主管機關另有規定者，從其規定（公司法第248條之1）。

（四）變更章程

公司法第248條第1項第18款之可轉換股份數額或第19款之可認購股份數額加計已發行股份總數、已發行轉換公司債可轉換股份總數、已發行附認股權公司債可認購股份總數、已發行附認股權特別股可認購股份總數及已發行認股權憑證可認購股份總數，超過公司章程所定股份總數時，應先完成變更章程增加資本額後，始得為之（公司法第248條第7項）。

四、募集之公告

公司發行公司債之申請經核准後，董事會應於核准通知到達之日起30日內，備妥公司債應募書，附載本法第248條第1項各款事項，加記核准之證券管理機關與年、月、日、文號，並同時將其公告，開始募集。但本法第248條第1項第11款之財務報表，第12款及第14款之約定事項，第15款及第16款之證明文件，第20款之議事錄等事項，得免予公告（公司法第252條第1項）[72]。逾前開期限未開始募集而仍須募集者，應重行申請（第2項）。代表公司之董事，違反前開規定，不備應募書者，由證券管理機關處新臺幣1萬元以上5萬元以下罰鍰（第3項）。

五、召集與應募

應募人應在應募書上填寫所認金額及其住所或居所，簽名或蓋章，並照所填應募書負繳款之義務（公司法第253條第1項）[73]。應募人以現金當場購買無記名公司債券者，免填應募書（第2項）。

---

[72] 最高法院108年度台上字第640號民事判決。
[73] 最高法院108年度台上字第640號民事判決。

六、所認金額之繳足與請求

公司債經應募人認定後，董事會應向未交款之各應募人請求繳足其所認金額（公司法第254條）。董事會在實行前開請求前，應將全體記名債券應募人之姓名、住所或居所暨其所認金額，暨已發行之無記名債券張數、號碼暨金額，開列清冊，連同本法第248條第1項各款所定之文件，送交公司債債權人之受託人（公司法第255條第1項）。前開受託人，為應募人之利益，有查核及監督公司履行公司債發行事項之權（第2項）。

七、債券之發行與公司債存根之備置

公司債之債券應編號載明發行之年、月、日及本法第248條第1項第1款至第4款、第18款及第19款之事項，有擔保、轉換或可認購股份者，載明擔保、轉換或可認購字樣，由代表公司之董事簽名或蓋章，並經依法得擔任債券發行簽證人之銀行簽證後發行之（公司法第257條第1項）。有擔保之公司債除前開應記載事項外，應於公司債正面列示保證人名稱，並由其簽名或蓋章（第2項）。

八、免印製公司債之債券與集中保管

公司發行之公司債，得免印製債票，並應洽證券集中保管事業機構登錄及依該機構之規定辦理（公司法第257條之2第1項）。經證券集中保管事業機構登錄之公司債，其轉讓及設質應向公司辦理或以帳簿劃撥方式為之，不適用第260條及民法第908條規定（第2項）。前項情形，其於公司已印製之債券未繳回者，不適用之（第3項）。

九、主管機關之撤銷核准

公司發行公司債經核准後，倘發現其申請事項，有違反法令或虛偽情形時，證券管理機關得撤銷核准（公司法第251條第1項）。為前項撤銷核准時，未發行者，停止募集；已發行者，即時清償。其因此所發生之損害，公司負責人對公司及應募人負連帶賠償責任（第2項）。本法第135條第2項規

定，其於本條第1項準用之（第3項）[74]。

肆、公司債之轉讓、設質與轉換

一、公司債之轉讓及設質

（一）記名式

記名式之公司債券，得由持有人以背書轉讓之。但非將受讓人之姓名或名稱，記載於債券，並將受讓人之姓名或名稱及住所或居所記載於公司債存根簿，不得以其轉讓對抗公司（公司法第260條）。其設定質權亦同（民法第908條後段）。

（二）無記名式

無記名式之公司債券，得由持有人以交付轉讓之。而無記名式者，債權人亦得隨時請求改為記名式公司債（公司法第261條）。其設定質權亦同（民法第908條前段）。

二、公司債之轉換

公司債約定得轉換股份者，公司有依其轉換辦法核給股份之義務。但公司債債權人有選擇權（公司法第262條第1項、第248條第1項第18款）。可轉換公司債之債券，應載明轉換之文字（公司法第257條第1項）。

伍、公司債用途之限制

公司募集公司債款後，應按公司債運用計畫行之（公司法第248條第1項第6款）。未經申請核准變更，而用於規定事項以外者，處公司負責人1年以下有期徒刑、拘役或科或併科新臺幣6萬元以下罰金，如公司因此受有損害時，對公司並負賠償責任（公司法第259條）。

---

[74] 公司法第135條規定：申請公開招募股份有下列情形之一者，證券管理機關得不予核准或撤銷核准：1.申請事項有違反法令或虛偽者；2.申請事項有變更，經限期補正而未補正者。發起人有前項第2款情事時，由證券管理機關各處新臺幣2萬元以上10萬元以下罰鍰。

陸、公司債之償還

公司債給付之利率、償還方法及期限，均依據債券所記載之條件而定（公司法第248條第1項第3款、第4款）。該利息給付請求權，自得請求之日起，經過5年不行使，因時效而消滅（民法第126條）。

柒、公司債債權人會議

一、公司債債權人會議之定義與設置目的

所謂公司債債權人會議者，係指同次公司債權人所組成之臨時會議團體。其設置之目的，在於就公司債權人之共同利害關係事項而為決議，以收統一之功能。

二、公司債債權人會議之召集

發行公司債之公司、公司債債權人之受託人或有同次公司債總數5%以上之公司債債權人，得為公司債債權人之共同利害關係事項，召集同次公司債債權人會議（公司法第263條第1項）。其召集程序，解釋上得適用股東會臨時召集之規定。

三、公司債債權人會議之決議

（一）決議方法

會議之決議，應有代表公司債債權總額四分之三以上債權人之出席，以出席債權人表決權三分之二以上之同意行之，並按每一公司債券最低票面金額，有一表決權（公司法第263條第2項）。

（二）無記名公司債債權人出席

無記名公司債債權人，出席第1項會議者，非於開會5日前，將其債券交存公司，不得出席（公司法第263條第3項）。

（三）決議之效力與執行

債權人會議之決議，應製成議事錄，由主席簽名，經申報公司所在地之法院認可並公告後，對全體公司債債權人發生效力，由公司債債權人之受託人執行。但債權人會議另有指定者，從其指定（公司法第264條）。

四、法院不予認可決議之事項

公司債債權人會議之決議，有下列情事之一者，法院不予認可（公司法第265條）：（一）召集公司債債權人會議之手續或其決議方法，違反法令或應募書之記載者；（二）決議不依正當方法達成者；（三）決議顯失公正者；（四）決議違反債權人一般利益者。

捌、案例解析——公司債發行之禁止

公司對於前已發行之公司債或其他債務有違約或遲延支付本息之事實，尚在繼續中者，不得發行公司債（公司法第250條第1款）。準此，甲係公開發行股票之股份有限公司，其向銀行貸款而有遲延支付本息之情形，其不得發行公司債甚明。

第九節　股份有限公司之發行新股

案例14

A水泥股份有限公司雖未經董事會決議發行新股，然其股東會決議不增資發行新股。試問A股份有限公司董事長甲，得否依據股東會決議發行新股？理由為何？

壹、發行新股之定義及情形

一、發行新股之定義（107司法官）

　　所謂發行新股者，係指股份有限公司成立後，第二次發行新股而言。股份有限公司章程所定之股份總數，得分次發行。因此種發行於原定股份總數以內，無須變更章程（公司法第156條第4項）。

二、發行新股之情形

（一）通常發行與特殊發行

　　所謂通常發行，係指以調度資金為目的所為之發行。倘不以籌措資金為目的，而為特殊目的所為之發行，其屬特殊發行。例如，以發行新股分派股息及紅利（公司法第240條）。

（二）不公開與公開發行

1.定義

　　所謂不公開發行，係指由員工及股東全部認足，或將其餘額洽由特定人認購，而不向公眾募集者。再者，所謂公開發行，係指除由員工承購及股東認購外，將其餘額向公眾募集者。公司公開發行新股時，應以現金為股款。但由原有股東認購或由特定人協議認購，不公開發行者，得以公司事業所需之財產為出資（公司法第272條）[75]。

2.申請辦理或停止公開發行程序

　　公司得依董事會之決議，向證券主管機關申請辦理公開發行程序；申請停止公開發行者，應有代表已發行股份總數三分之二以上股東出席之股東會，以出席股東表決權過半數之同意行之（公司法第156條之2第1項）。出席股東之股份總數不足前項定額者，得以有代表已發行股份總數過半數股東之出席，出席股東表決權三分之二以上之同意行之（第2項）。　前二項出席股

---

[75]　最高法院101年度台上字第280號民事判決。

東股份總數及表決權數，章程有較高之規定者，從其規定（第3項）。

（三）受讓他公司股份之對價

公司設立後得發行新股作爲受讓他公司股份之對價，需經董事會三分之二以上董事出席，以出席董事過半數決議行之，不受第267條第1項至第3項之限制（公司法第156條之3）。

（四）政府專案核定紓困方案

公司設立後，爲改善財務結構或回復正常營運，而參與政府專案核定之紓困方案時，得發行新股轉讓於政府，作爲接受政府財務上協助之對價；其發行程序不受本法有關發行新股規定之限制，其相關辦法由中央主管機關定之（公司法第156條之4第1項）。前開紓困方案達新臺幣10億元以上者，應由專案核定之主管機關會同受紓困之公司，向立法院報告其自救計畫（第2項）。

貳、發行新股之決定

一、不增資發行之決定

公司依第156條第4項分次發行新股，依本節規定（公司法第266條第1項）。公司發行新股時，應由董事會以董事三分之二以上之出席，由出席董事過半數同意之決議行之（第2項）。

二、增資發行之決定

公司增資發行新股，應經股東會決議，變更章程爲之（公司法第277條第1項）。前開股東會之決議，應有代表已發行股份總數三分之二以上之股東出席，以出席股東表決權過半數之同意行之（第2項）。公開發行股票之公司，出席股東之股份總數不足前開定額者，得以有代表已發行股份總數過半數股東之出席，出席股東表決權三分之二以上之同意行之（第3項）。倘出席股東股份總數及表決權數，章程有較高規定者，從其規定（第4項）。

參、新股認購權

一、新股認購權之意義

所謂新股認購權者，係指股份有限公司發行新股，享有優先認購新股之權利。該項權利係股東或員工之固有權利，不得以章程或股東決議限制或剝奪。

二、新股認購權利人

（一）員工認股權

公司發行新股時，除經目的事業中央主管機關專案核定者外，應保留發行新股總數10%至15%股份由公司員工承購（公司法第267條第1項）。公營事業經該公營事業之主管機關專案核定者，得保留發行新股由員工承購；其保留股份，不得超過發行新股總數10%（第2項）。員工之優先認股權比例為員工認股之下限，倘公司保留予員工認股之股份超過上開比例，或有害原有股東之認股權，屬公司與原有股東間之另一損害賠償法律關係，不影響員工已完成認股行為之效力[76]。

（二）公司股東

公司發行新股時，除保留者與員工承購者，應公告及通知原有股東，按照原有股份比例儘先分認，並聲明逾期不認購者，喪失其權利；原有股東持有股份按比例不足分認一新股者，得合併共同認購或歸併一人認購；原有股東未認購者，得公開發行或洽由特定人認購（公司法第267條第3項）。

肆、發行新股之程序

一、不公開發行新股

（一）董事會決議

公司發行新股時，應由董事會以董事「三分之二」以上之出席，由出席

---

[76] 最高法院104年度台上字第2492號民事判決。

董事過半數同意之決議行之（公司法第266條第2項）。

（二）得由員工承購、股東認購與特定人認購（103律師）

公司發行新股時，得由員工承購、股東認購與特定人認購（公司法第267條第1項至第3項）。除保留由員工承購者外，得與原有股份分離而獨立轉讓（第4項）。保留員工承購股份規定，以公積或資產增值抵充，核發新股予原有股東者，不適用之（第5項）。公司對員工承購之股份，雖得限制在一定期間內不得轉讓，然其期間最長不得超過2年（第6項）。

（三）備置認股書

公司發行新股，而依第272條但書不公開發行時，仍應依第273條第1項規定，備置認股書；如以現金以外之財產抵繳股款者，並於認股書加載其姓名或名稱及其財產之種類、數量、價格或估價之標準及公司核給之股數（公司法第274條第1項）。

（四）繳納股款

新股認足後，公司應向各認股人催繳股款，以超過票面金額發行時，其溢額應與股款同時繳納（公司法第266條第3項、第141條、第142條）。公司公開發行新股時，應以現金為股款。但由原有股東認購或由特定人協議認購，而不公開發行者，得以公司事業所需之財產為出資（公司法第272條）。

（五）董監事改選

公司發行新股，對於董事、監察人，並非當然改選。倘為董監事改選，應依據本法第198條規定，採累積投票制。

（六）發行新股登記

公司發行新股後，其於每次發行新股結束後，向主管機關申請登記。此項登記，即屬變更登記。

二、公開發行新股

（一）董事會決議

公開發行新股與不公開發行新股相同，均應經董事會爲特別決議行之。

（二）申請核准

公司發行新股時，除由原有股東及員工全部認足或由特定人協議認購而不公開發行者外，應將下列事項，申請證券主管機關核准，公開發行（公司法第268條第1項）：1.公司名稱；2.原定股份總數、已發行數額及金額；3.發行新股總數、每股金額及其他發行條件；4.證券主管機關規定之財務報表；5.增資計畫；6.發行特別股者，其種類、股數、每股金額及本法第157條第1項第1款至第3款、第6款及第8款事項；7.發行認股權憑證或附認股權特別股者，其可認購股份數額及其認股辦法；8.代收股款之銀行或郵局名稱及地址；9.有承銷或代銷機構者，其名稱及約定事項；10.發行新股決議之議事錄；11.證券主管機關規定之其他事項。

（三）備置認股書

公司公開發行新股時，董事會應備置認股書，載明下列事項，由認股人填寫所認股數、種類、金額及其住所或居所，簽名或蓋章（公司法第273條第1項）：1.第129條第1項第1款至第6款及第130條第1項之事項；2.原定股份總數，或增加資本後股份總數中已發行之數額及其金額；3.第268條第1項第3款至第11款之事項；4.股款繳納日期。

（四）公告與發行

公司公開發行新股時，除在認股書加記證券管理機關核准文號及年、月、日外，並應將前項各款事項，而於證券管理機關核准通知到達後30日內，加記核准文號及年、月、日，公告並發行之。但營業報告、財產目錄、議事錄、承銷或代銷機構約定事項，得免予公告（第2項）。超過前項期限，仍須公開發行時，應重行申請（第3項）。

（五）其他程序

其他程序，如繳納股款、董監事改選、發行新股登記等程序，均與不公開發行相同。

伍、公司發行新股之限制

一、限制公司發行新股之原因

公司有下列情形之一者，不得公開發行新股，以保護債權人（公司法第270條）：（一）最近連續2年有虧損者。但依其事業性質，須有較長準備期間或具有健全之營業計畫，確能改善營利能力者，不在此限；（二）資產不足抵償債務者。

二、公開發行優先權利特別股之禁止

公司有下列情形之一者，不得公開發行具有優先權利之特別股（公司法第269條）：（一）最近3年或開業不及3年之開業年度課稅後之平均淨利，不足支付已發行及擬發行之特別股股息者；（二）對於已發行之特別股約定股息，未能按期支付者。

陸、核准發行新股之撤銷

一、撤銷原因

公司公開發行新股經核准後，如發現其申請事項，有違反法令或虛偽情形時，證券管理機關得撤銷其核准（公司法第271條第1項）。

二、撤銷之效力

證券主管機關為撤銷公司公開發行新股之核准時，未發行者，停止發行；已發行者，股份持有人，得於撤銷時起，向公司依股票原定發行金額加算法定利息，請求返還；因此所發生之損害，並得請求賠償（公司法第271條第2項）。

柒、案例解析──公司分次發行新股之專屬權限

公司發行新股時，應由董事會以董事三分之二以上之出席，並經出席董事過半數同意之決議行之（公司法第266條第2項）。發行新股之權限，爲董事會之專屬權，應經特別決議方式，董事違反前開規定所爲之決議，應屬無效。準此，A水泥股份有限公司未經董事會決議，董事長甲不得逕行依據股東會決議發行新股。

第十節　股份有限公司之重整

案例15

> 上市之A機械股份有限公司，因投資虧損嚴重，造成資金周轉困難，經向法院聲請重整裁定准許後。試問A公司之董事長甲是否得行使其原有之職權？依據爲何？

壹、重整之定義及目的

一、重整之定義

所謂重整者，係指公開發行股票或公司債之股份有限公司，因財務困難，暫停營業或有停業之虞，而有重建更生之可能者，經法院裁定予以整頓，謀求公司事業復興之制度（公司法第282條第1項）。

二、重整之目的

重整之目的，在於拯救公開發行股票或公司債之股份有限公司免於破產，達到企業維持與再生之目的，並保護投資人及債權人之利益，以維護社會秩序之安定。詳言之，在法院監督下，以調整其債權人、股東及其他利害關係人利益之方式，達成企業維持與更生，用以確保債權人及投資大眾之利

益，維護社會經濟秩序爲目的。法院依檢查人之報告，並參考目的事業中央主管機關、證券管理機關、中央金融主管機關及其他有關機關、團體之意見，應爲准許或駁回重整之裁定。而依公司業務及財務狀況，無重建更生之可能者，法院應裁定駁回重整之聲請，公司有無重建更生之可能，應依公司業務及財務狀況判斷，須其在重整後能達到收支平衡，具有盈餘可資爲攤還債務者，始得謂其有經營之價值，而准許其重整[77]。

貳、重整聲請程序

一、重整之聲請人

公司重整之有權聲請人如後（公司法第282條第1項）：（一）繼續6個月以上持有已發行股份總數10%以上股份之股東（第1款）；（二）相當於公司已發行股份總數金額10%以上之公司債權人（第2款）；（三）工會（第3款）；（四）公司三分之二以上之受僱員工（第4款）；（五）公司爲聲請者，應經董事會以董事三分之二以上之出席，由出席董事過半數同意之決議行之（第2項）。

二、聲請手續

公司重整事件之管轄，應由本公司所在地之地方法院管轄（公司法第314條準用民事訴訟法第2條第2項）。而公司重整之聲請，應由聲請人以書狀連同副本五份，載明下列事項，向法院爲之（公司法第283條第1項）：（一）聲請人之姓名及住所或居所；聲請人爲法人、其他團體或機關者，其名稱及公務所、事務所或營業所；（二）有法定代理人、代理人者，其姓名、住所或居所，及法定代理人與聲請人之關係；（三）公司名稱、所在地、事務所或營業所及代表公司之負責人姓名、住所或居所；（四）聲請之原因及事實；（五）公司所營事業及業務狀況；（六）公司最近1年度依本法第228條規定所編造之表冊；聲請日期已逾年度開始6個月者，應另送上半年之資產負債表；（七）對於公司重整之具體意見。前開（五）至（七）所示事項，

---

[77] 最高法院93年度台抗字第178號民事裁定。

得以附件補充之（第2項）。公司爲聲請時，應提出重整之具體方案（第3項）。股東、債權人、工會或受僱員工爲聲請時，應檢同釋明其資格之文件，對（五）及（六）所列事項，得免予記載（第4項）。

參、重整裁定前之調查

一、裁定前之徵詢與通知

　　法院對於重整之聲請，除裁定駁回者外，應即將聲請書狀副本，檢送主管機關、目的事業中央主管機關、中央金融主管機關及證券管理機關，並徵詢其關於應否重整之具體意見（公司法第284條第1項）。法院對於重整之聲請，並得徵詢本公司所在地之稅捐稽徵機關及其他有關機關、團體之意見（第2項）。聲請人爲股東或債權人時，法院應檢同聲請書狀副本，通知該公司（第4項）。

二、檢查人之選任與調查

　　法院得就對公司業務具有專門學識、經營經驗而非利害關係人者，選任爲檢查人，檢查公司實況及是否具備重整條件（公司法第285條）。

三、命公司造具名冊

　　法院於裁定重整前，得命公司負責人，而於7日內就公司債權人及股東，依其權利之性質，分別造報名冊，並註明住所或居所及債權或股份總金額（公司法第286條）。

四、重整裁定前之處分

　　法院爲公司重整之裁定前，得因公司或利害關係人之聲請或依職權，以裁定爲下列各款處分（公司法第287條第1項）：（一）公司財產之保全處分；（二）公司業務之限制；（三）公司履行債務及對公司行使債權之限制；（四）公司破產、和解或強制執行等程序之停止；（五）公司記名式股票轉讓之禁止；（六）公司負責人，對於公司損害賠償責任之查定及其財產

之保全處分。前開處分，除法院准予重整外，其期間不得逾「90日」；必要時，法院得由公司或利害關係人之聲請或依職權以裁定延長之；其延長期間不得超過90日（第2項）。前項期間屆滿前，重整之聲請駁回確定者，第1項之裁定失其效力（第3項）。法院為第1項之裁定時，應將裁定通知證券管理機關及相關之目的事業中央主管機關（第4項）。

肆、准許重整之裁定

一、選任重整監督人

　　法院就公司重整之聲請，經審查結果，認為公司確因財務困難，暫停營業或有停業之虞，而有重建更生之可能者，得依聲請裁定准予重整。法院為重整裁定時，應就對公司業務，具有專門學識及經營經驗者或金融機構，選任為重整監督人，並決定下列事項（公司法第289條第1項）：（一）債權及股東權之申報期間及場所，其期間應在裁定之日起10日以上，30日以下；（二）所申報之債權及股東權之審查期日及場所，其期日應在前款申報期間屆滿後10日以內；（三）第一次關係人會議期日及場所，其期日應在債權及股票權之申報期間屆滿後30日以內。前開重整監督人，應受法院監督，並得由法院隨時改選（第2項）。

二、重整裁定之公告與登記

　　公司為重整裁定後，應依規定公告之（公司法第291條）。並通知主管機關，為重整開始之登記（公司法第292條）。

伍、重整裁定之效力

一、業務經營權之移轉與重整人

　　重整裁定送達公司後，公司業務之經營及財產之管理處分權移屬於重整人，由重整監督人監督交接，並聲報法院，公司股東會、董事及監察人之職權，應予停止（公司法第293條第1項）。前開交接時，公司董事及經理人，

應將有關公司業務及財務之一切帳冊、文件與公司之一切財產，移交重整人（第2項）。

二、各項程序之停止

裁定重整後，公司之破產、和解、強制執行及因財產關係所生之訴訟等程序，當然停止（公司法第294條）。所謂因財產關係所生之訴訟等程序，係指重整債權有關之程序而言[78]。

三、得爲各項保全之處分

法院依本法第287條第1項第1款、第2款、第5款及第6款所爲之處分，不因裁定重整失其效力，未爲各該款處分者，其於裁定重整後，仍得依利害關係人或重整監督人之聲請，或依職權裁定之（公司法第295條）。

四、重整債權行使之限制

（一）重整債權之種類

對公司之債權，在重整裁定前成立者，爲「重整債權」；其依法享有優先受償權者，爲「優先重整債權」；其有抵押權、質權或留置權爲擔保者，爲「有擔保重整債權」；無此項擔保者，爲「無擔保重整債權」；各該債權，非依重整程序，均不得行使權利（公司法第296條第1項）[79]。

（二）重整債權之申報

重整債權人，應提出足資證明其權利存在之文件，向重整監督人申報。經申報者，其時效中斷；未經申報者，不得依重整程序受清償（公司法第297條第1項）。

---

[78] 最高法院91年度台上字第1121號民事判決、98年度台抗字第735號民事裁定。

[79] 最高法院99年度台抗字第289號民事裁定。

陸、重整機關

一、重整人

公司重整人由法院就債權人、股東、董事、目的事業中央主管機關或證券管理機關推薦之專家中選派之，其地位相當於原董事之地位（公司法第290條第1項）。

二、重整監督人

法院為重整裁定時，應就對公司業務，具有專門學識及經營經驗者或金融機構，選任為重整監督人，其地位相當於原監察人之地位（公司法第289條第1項）。

三、關係人會議

重整債權人及股東，為公司重整之關係人，出席關係人會議，因故不能出席時，得委託他人代理出席（公司法第300條第1項）。關係人會議由重整監督人為主席（第2項）。其地位相當於原股東會之地位。關係人會議之任務如下：（一）聽取關於公司業務與財務狀況之報告及對於公司重整之意見；（二）審議及表決重整計畫；（三）決議其他有關重整之事項（公司法第301條）。

四、重整人員之報酬與責任（95律師）

檢查人、重整監督人或重整人，應以善良管理人之注意，執行其職務，其報酬由法院依其職務之繁簡定之（公司法第313條第1項）。檢查人、重整監督人或重整人，執行職務違反法令，致公司受有損害時，對於公司應負賠償責任（第2項）。

柒、重整計畫

一、重整計畫之擬定與提出

重整人應擬訂重整計畫，連同公司業務及財務報表，提請第一次關係人會議審查（公司法第303條第1項）。公司重整之重整計畫，應記載如下之事項：（一）全部或一部重整債權人或股東權利之變更；（二）全部或一部營業之變更；（三）財產之處分；（四）債務清償方法及其資金來源；（五）公司資產之估價標準及方法；（六）章程之變更；（七）員工之調整或裁減；（八）新股或公司債之發行；（九）其他必要事項（公司法第304條第1項）。前項重整計畫之執行，除債務清償期限外，自法院裁定認可確定之日起算不得逾1年；其有正當理由，不能於1年內完成時，得經重整監督人許可，聲請法院裁定延展期限；期限屆滿仍未完成者，法院得依職權或依關係人之聲請，裁定終止重整（第2項）。

二、重整計畫之關係人會議可決與法院認可

重整計畫經關係人會議可決者，重整人應聲請法院裁定認可後執行之，並報主管機關備查（公司法第305條第1項）。前開法院認可之重整計畫，對於公司及關係人均有拘束力，其所載之給付義務，適於為強制執行之標的者，並得逕予強制執行（第2項）。所以規定須由法院再次審核，旨在防範關係人會議多數決之濫用，俾重整計畫能符合公正原則，以維護公司、公司債權人及股東之權益[80]。

三、重整計畫之修正

（一）可決修正

重整計畫未得關係人會議有表決權各組之可決時，重整監督人應即報告法院，法院得依公正合理之原則，指示變更方針，命關係人會議在1個月內再予審查（公司法第306條第1項）。

---

[80] 最高法院78年度台抗字第133號民事裁定、86年度台上字第1557號民事判決。

（二）認可修正

重整計畫經指示變更再予審查，仍未獲關係人會議可決時，應裁定終止重整。但公司確有重整之價值者，法院就其不同意之組，得以下列方法之一，修正重整計畫裁定認可之（公司法第306條第2項）：1.有擔保重整債權人之擔保財產，隨同債權移轉於重整後之公司，其權利仍存續不變；2.有擔保重整債權人，對於擔保之財產；無擔保重整債權人，對於可充清償其債權之財產；股東對於可充分派之膡餘財產；均得分別依公正交易價額，各按應得之份，處分清償或分派承受或提存之；3.其他有利於公司業務維持及債權人權利保障之公正合理方法。

（三）重行可決修正

重整計畫可決修正及認可修正後，因情事變遷或有正當理由致不能或無須執行時，法院得因重整監督人、重整人或關係人之聲請，以裁定命關係人會議重行審查，其顯無重整之可能或必要者，得裁定終止重整（公司法第306條第3項）。前項重行審查可決之重整計畫，仍應聲請法院裁定認可（第4項）。

捌、公司重整之終止及完成

一、公司重整之終止

（一）裁定終止公司重整

公司重整無法完成者，由法院裁定終止，其情形如後：1.重整計畫未得關係人會議有表決權各組之可決時，經指示變更重整計畫而再予審查，仍未獲關係人會議可決者（公司法第306條第1項、第2項）；2.重整計畫，因情事變遷或有正當理由致不能或無須執行者（第3項）。

（二）通知、登記與宣告其破產

法院為終止重整之裁定，應檢同裁定書通知主管機關；裁定確定時，主管機關應即為終止重整之登記；其合於破產規定者，法院得依職權宣告其破產（公司法第307條第2項）。

二、公司重整之完成

（一）重整完成之裁定與選任董監事

公司重整人，應於重整計畫所定期限內完成重整工作；重整完成時，應聲請法院為重整完成之裁定，並於裁定確定後，召集重整後之股東會選任董事、監察人（公司法第310條第1項）。前開董事、監察人於就任後，應會同重整人向主管機關申請登記或變更登記（第2項）。

（二）公司重整之效力

公司重整完成後，有下列效力（公司法第311條第1項、第2項）：1.已申報之債權未受清償部分，除依重整計畫處理，移轉重整後之公司承受者外，其請求權消滅；未申報之債權亦同；2.股東股權經重整而變更或減除之部分，其權利消滅；未申報之無記名股票之權利亦同；3.重整裁定前，公司之破產、和解、強制執行及因財產關係所生之訴訟等程序，即行失其效力；4.公司債權人對公司債務之保證人及其他共同債務人之權利，不因公司重整而受影響。

玖、案例解析——公司重整之辦理

上市之A機械股份有限公司，因投資虧損，造成資金周轉困難，暫停營業或有停業之虞，而有重建更生之可能者，自得經法院裁定准許公司重整（公司法第282條第1項）。重整裁定後，公司之股東會、董事及監察人之職權均應停止，是A公司之董事長甲不得行使其原有之職權。應由法院就債權人、股東、董事、目的事業中央主管機關或證券管理機關推薦之專家中選派重整人，其地位相當於原董事之地位（公司法第290條第1項）。重整人之選派，應以是否能妥適執行重整計畫為優先考量，並非以重整人本身知識背景為斟酌重點，更與是否有擔任重整人之意願無關[81]。

---

[81] 最高法院87年度台抗字第588號民事裁定。

第十一節　股份有限公司之合併及分割

第一項　股份有限公司之合併

　　A股份有限公司與B股份有限公司合併新成立C股份有限公司，A公司與B公司聲明合併前之債務應由C公司負責。試問合併前之債務，應由何人負責？

壹、合併之定義與決議

一、合併之定義

　　所謂公司合併者（merge），係指兩個以上之公司，在不辦理清算程序，而訂立契約，依據法定程序，結合或併入形成一公司之法律行為。

二、合併之決議

（一）股東會特別決議

　　股東會對於公司合併之決議，應有代表已發行股份總數三分之二以上股東之出席，以出席股東表決權過半數之同意行之（公司法第316條第1項）。公開發行股票之公司，出席股東之股份總數不足前項定額者，得以有代表已發行股份總數過半數股東之出席，出席股東表決權三分之二以上之同意行之（第2項）。前二項出席股東股份總數及表決權數，章程有較高之規定者，從其規定（第3項）。公司解散時，除破產外，董事會應即將解散之要旨，通知各股東（第4項）。

（二）公司合併之限制

股份有限公司相互間合併，或股份有限公司與有限公司合併者，其存續或新設公司以股份有限公司為限（公司法第316條之1第1項）。

貳、合併契約與股份之收買

一、合併契約

合併契約應以書面為之，合併契約書應於發送合併承認決議股東會之召集通知時，一併發送於股東（公司法第317條之1第2項）。並記載下列事項：（一）合併之公司名稱，合併後存續公司之名稱或新設公司之名稱；（二）存續公司或新設公司因合併發行股份之總數、種類及數量；（三）存續公司或新設公司因合併對於消滅公司股東配發新股之總數、種類及數量與配發之方法及其他有關事項；（四）對於合併後消滅之公司，其股東配發之股份不滿一股應支付現金者，其有關規定；（五）存續公司之章程需變更者或新設公司依第129條應訂立之章程（第1項）。

二、股份收買請求權

公司與他公司合併時，董事會應就合併有關事項，作成合併契約，提出於股東會；股東在集會前或集會中，以書面表示異議，或以口頭表示異議經紀錄者，得放棄表決權，而請求公司按當時公平價格，收買其持有之股份（公司法第317條第1項）。本法第187條及第188條規定之股份收買請求權，準用之（第3項）。

參、合併後之程序

公司合併後，存續公司之董事會，或新設公司之發起人，其於完成催告債權人程序後，其因合併而有股份合併者，應於股份合併生效後。其不適於合併者，應於該股份為處分後，為變更章程與訂立章程。

一、存續公司

存續公司，應即召集合併後之股東會，爲合併事項之報告，其有變更章程必要者，並爲變更章程（公司法第318條第1項第1款）。變更章程，不得違反合併契約之規定（第2項）。

二、新設公司

新設公司，應即召開發起人會議，訂立章程（公司法第318條第1項第2款）。訂立章程者，不得違反合併契約之規定（第2項）。

肆、控制公司與從屬公司之合併

一、合併決議

控制公司持有從屬公司90%以上已發行股份者，得經控制公司及從屬公司之董事會以董事三分之二以上出席暨出席董事過半數之決議，而與其從屬公司合併。其合併之決議，不適用第316條第1項至第3項有關股東會決議規定（公司法第316條之2第1項）。

二、從屬公司股東之股份收買請求

從屬公司董事會爲合併決議後，應即通知其股東，並指定30日以上期限，聲明其股東得於期限內提出書面異議，請求從屬公司按當時公平價格，收買其持有之股份（公司法第316條之2第2項）。從屬公司股東與從屬公司間，依前開規定協議決定股份價格者，公司應自董事會決議日起90日內支付價款；其自董事會決議日起60日內未達協議者，股東應於此期間經過後30日內，聲請法院爲價格之裁定（第3項）。從屬公司股東收買股份之請求，而於公司取銷合併之決議時，失其效力。股東於前開規定期間內，不爲請求或聲請時，亦同（第4項）。本法第317條有關收買異議股東所持股份規定，其於控制公司不適用之（第5項）。控制公司因合併而修正其公司章程者，仍應依本法第277條規定辦理（第6項）。

伍、案例解析——公司合併之債務承擔

公司法第75條規定，其於股份有限公司合併準用之（公司法第319條）。因合併而消滅之公司，其權利義務，應由合併後存續或另立之公司承受。準此，A股份有限公司與B股份有限公司合併新成立C股份有限公司，A公司與B公司合併前之債務，應由C公司承受（assume the obligation of the debtor）。

第二項　股份有限公司之分割

案例17

> A玻璃股份有限公司為使企業經營專業化與效率化，經該公司股東之特別決議，其A公司繼續存在外，另分割成B玻璃股份有限公司與C玻璃股份有限公司。試問A公司分割前之債務，應由何人負責？

壹、分割之定義與決議

一、分割之定義

所謂公司分割者，係指公司經由分割程序調整其業務經營及組織規模，將原爲整體之營業部門以吸收分割或新設分割方式，分割營業部門或組織。

二、分割之決議

股東會對於公司分割之決議，應有代表已發行股份總數三分之二以上股東之出席，以出席股東表決權過半數之同意行之（公司法第316條第1項）。公開發行股票之公司，出席股東之股份總數不足前項定額者，得以有代表已發行股份總數過半數股東之出席，出席股東表決權三分之二以上之同意行之（第2項）。前開出席股東股份總數及表決權數，章程有較高之規定者，從其規定（第3項）。

貳、分割計畫與股份收買請求權

一、分割計畫

　　股份有限公司之分割計畫，應以書面為之，並記載下列事項：（一）承受營業之既存公司章程需變更事項或新設公司章程；（二）被分割公司讓與既存公司或新設公司之營業價值、資產、負債、換股比例及計算依據；（三）承受營業之既存公司發行新股或新設公司發行股份之總數、種類及數量；（四）被分割公司或其股東所取得股份之總數、種類及數量；（五）對被分割公司或其股東配發之股份不滿1股應支付現金者，其有關規定；（六）既存公司或新設公司承受被分割公司權利義務及其相關事項；（七）被分割公司之資本減少時，其資本減少有關事項；（八）被分割公司之股份銷除所需辦理事項；（九）與他公司共同為公司分割者，分割決議應記載其共同為公司分割有關事項（公司法第317條之2第1項）。分割計畫書，應於發送分割承認決議股東會之召集通知時，一併發送於股東（第2項）。

二、股份收買請求權

　　公司分割時，董事會應就分割有關事項，作成合併計畫，提出於股東會；股東在集會前或集會中，以書面表示異議，或以口頭表示異議經紀錄者，得放棄表決權，而請求公司按當時公平價格，收買其持有之股份（公司法第317條第1項）。本法第187條及第188條規定之股份收買請求權，準用之（第3項）。

參、債務之承擔

　　分割後受讓營業之既存公司或新設公司，應就分割前公司所負債務於其受讓營業之出資範圍，負連帶清償責任。但債權人之連帶清償責任請求權，自分割基準日起2年內不行使而消滅（公司法第319條之1）。

肆、案例解析——公司分割之債務承擔

　　分割後之既存公司或新設公司，應就分割前公司所負債務於其受讓營業

之出資範圍，自分割基準日起2年內負連帶清償責任。準此，A玻璃股份有限公司，經該公司股東之特別決議，其A玻璃公司繼續存在外，另分割成B股份有限公司與C玻璃股份有限公司，分割前之債務，應自分割基準日起2年內，由A、B與C公司負連帶清償責任。

第十二節　股份有限公司之解散及清算

第一項　股份有限公司之解散

案例18

> 　　A食品股份有限公司章程記載之經營事業為食品加工與買賣，嗣後因經營不善，改經營與食品加工或買賣無關之事項。試問該公司是否符合解散之事由？依據為何？

壹、公司解散之定義與決議

一、公司解散之定義

　　所謂公司解散者（dissolve），係指已成立之公司，因章程或法律規定公司之解散事由發生，經清算完畢後，而導致公司之法人人格消滅。

二、公司解散之決議

　　股東會對於公司解散之決議，應有代表已發行股份總數三分之二以上股東之出席，以出席股東表決權過半數之同意行之（公司法第316條第1項）。公開發行股票之公司，出席股東之股份總數不足前項定額者，得以有代表已發行股份總數過半數股東之出席，出席股東表決權三分之二以上之同意行之（第2項）。前開出席股東股份總數及表決權數，章程有較高之規定者，從其

規定（第3項）。

貳、解散之事由及防止

一、解散之事由

股份有限公司，有下列情事之一者，應予解散（公司法第315條第1項）：（一）章程所定解散事由；（二）公司所營事業已成就或不能成就；（三）股東會為解散之決議；（四）有記名股票之股東不滿二人。但政府或法人股東一人者，不在此限；（五）與他公司合併；（六）分割；（七）破產；（八）解散之命令或裁判。

二、解散之防止

有章程所定解散事由發生時，得經股東會議變更章程後，繼續經營。或者有記名股票之股東不滿二人時，得增加有記名股東繼續經營之（公司法第315條第2項）。

參、案例解析——股份有限公司所營事業或不能成就

股份有限公司所營事業已成就或不能成就者，應予解散（公司法第315條第1項第2款）。公司之解散，不向主管機關申請解散登記者，主管機關得依職權或據利害關係人申請，廢止其登記（公司法第397條第1項）。倘股份有限公司無意經營所登記之事業，而變相經營其他事業者，應解為其所營事業不能成就而予解散。準此，A食品股份有限公司章程記載之經營事業，為食品加工與買賣，嗣後因經營不善，改經營與食品加工或買賣無關之事項，其應解為其所營事業不能成就，符合解散事由。

第二項　股份有限公司之清算

案例19

　　A鋼鐵股份有限公司經股東會特別決議解散公司，並選任董事長甲擔任清算人，嗣於清算過程中，股東會再決議撤銷前開解散之決議，繼續經營公司之業務。試問A公司是否得繼續存續？依據為何？

壹、清算之定義與種類

　　所謂清算者（liquidate），係指已解散之公司，為處分現有財產，以了結公司與第三人及公司與股東之債權債務關係，逐漸消滅公司法人人格之一種程序。公司解散後，尚須經清算程序，了結其法律關係，在清算範圍內，視為尚未解散。即在清算完結前，法人人格於清算之範圍內，仍然存續，必待清算完結後，公司之人格始歸消滅。股份有限公司之清算，分為普通清算與特別清算兩種類型。

貳、普通清算

一、普通清算之定義

　　所謂普通清算者，係指無特別障礙下所為之清算程序而言，其有別於特別清算。

二、普通清算之選任及解任

（一）選任清算人

　　公司之清算，以董事為清算人（liquidator）。但本法或章程另有規定或股東會另選清算人時，不在此限（公司法第322條第1項）[82]。倘無法依前開之規定，定清算人時，法院得因利害關係人之聲請，選派清算人（第2

---

[82] 最高法院104年度台上字第561號民事判決。

項）[83]。

（二）解任清算人

　　清算人除由法院選派者外，得由股東會決議解任（公司法第323條第1項）[84]。法院因監察人或繼續1年以上持有已發行股份總數3%以上股份股東之聲請，得將清算人解任（第2項）。

三、清算人之權義與責任（95律師）

　　清算人於執行清算事務之範圍內，除本節有規定外，原則上其權利義務與董事同（公司法第324條）[85]。清算人之報酬，非由法院選派者，由股東會議定；其由法院選派者，由法院決定之（公司法第325條第1項）。清算費用及清算人之報酬，由公司現存財產中儘先給付（第2項）。

四、清算人之職務

　　股份有限公司清算人之職務如後：（一）檢查公司財產與編報表冊（公司法第326條第1項）；（二）了結現務（公司法第334條準用第84條）；（三）公告催收債權（公司法第327條）；（四）收取債權與清償債務（公司法第328條）；（五）分派賸餘財產（公司法第330條）；（六）清算完成之聲報（公司法第331條）；（七）聲請宣告破產（公司法第89條、第334條）。

五、普通清算之完結

　　清算完結時，清算人應於15日內，造具清算期內收支表、損益表、連同各項簿冊，送經監察人審查，並提請股東會承認（公司法第331條第1項）。股東會得另選檢查人，檢查前開簿冊是否確當（第2項）。簿冊經股東會承認後，視為公司已解除清算人之責任。但清算人有不法行為者，不在此限（第3

---

[83]　最高法院104年度台抗字第351號民事裁定。

[84]　最高法院104年度台上字第561號民事判決。

[85]　最高法院100年度台上字第32號民事判決。

項）。第1項清算期內之收支表及損益表，應於股東會承認後15日內，向法院聲報（第4項）。清算人違反前項聲報期限之規定時，各處新臺幣（下同）1萬元以上5萬元以下罰鍰（第5項）。對於第2項之檢查有妨礙、拒絕或規避行爲者，各處2萬元以上10萬元以下罰鍰（第6項）。

六、清算簿冊及文件之保存

公司應自清算完結聲報法院之日起，將各項簿冊及文件，保存10年。其保存人，由清算人及其利害關係人聲請法院指定之（公司法第332條）。

參、特別清算

一、特別清算之發生與聲請

清算之實行發生顯著障礙時，法院依債權人或清算人或股東之聲請或依職權，得命令公司開始特別清算。公司負債超過資產有不實之嫌疑者，法院依職權或清算人聲請，亦得命令公司開始特別清算（公司法第335條第1項）。公司法第294條關於公司重整裁定，就破產、和解及強制執行程序當然停止之規定，特別清算準用之（第2項）。

二、特別清算人之選任與解任

特別清算人之選任與解任，原則與普通清算人之選任與解任相同。然有重要事由時，法院得解任清算人（公司法第337條第1項）。不論清算人經由何種方式產生。清算人缺額或有增加人數之必要時，由法院選派之（第2項）。

三、特別清算人之職務

特別清算人之選任與解任，原則與普通清算人之選任與解任相同。其有特別規定如後：（一）聲請法院開始特別清算（公司法第335條第1項）；（二）造具公司業務及財產狀況之調查書與會計表冊（公司法第344條前段）；（三）向債權人會議陳述意見（公司法第344條後段）；（四）向債權

人會議提出協定之建議（公司法第347條）；（五）聲請法院命令檢查公司業務及財產（公司法第352條）。

四、特別清算人之權限

特別清算人之選任與解任，原則與普通清算人之選任與解任相同。其有特別規定如後：（一）召集債權人會議（公司法第341條）；（二）經監理人之同意者，得為各種重要行為（公司法第346條）。

五、法院之特別監督

（一）公司財產及業務之檢查

檢查人應將下列檢查結果之事項，報告於法院（公司法第353條）：1.發起人、董事、監察人、經理人或清算人依本法第34條、第148條、第155條、第193條及第224條，應負責任與否之事實；2.有無為公司財產保全處分之必要；3.為行使公司之損害賠償請求權，對於發起人、董事、監察人、經理人或清算人之財產，有無為保全處分之必要。

（二）公司財產之保全處分

法院依據檢查人就本法第353條之報告，認為必要時，得為下列之處分：1.公司財產之保全處分；2.記名式股份轉讓之禁止；3.發起人、董事、監察人、經理人或清算人責任解除之禁止；4.發起人、董事、監察人、經理人或清算人責任解除之撤銷；但於特別清算開始起1年前已為解除，而非出於不法之目的者，不在此限；5.基於發起人、董事、監察人、經理人、或清算人責任所生之損害賠償請求權之查定；6.因前款之損害賠償請求權，對於發起人、董事、監察人、經理人或清算人之財產為保全處分（公司法第354條）。

（三）破產宣告

法院於命令特別清算開始後，而協定不可能時，應依職權依破產法為破產之宣告，協定實行上不可能時亦同（公司法第355條）。

六、清算之終結

特別清算因清算完成而終結，倘無法完成者，因受破產宣告而終結，須另依據破產程序處理之。

肆、案例解析——股東會決議撤銷解散之決議

股份有限公司之股東為公司最高意思機關，基於私法人自治之原則，得以後決議變更前決議，而公司未清算登記前，股東會依然得行使職權。準此，A鋼鐵股份有限公司雖經股東會特別決議解散公司，並選任董事長甲擔任清算人，其於清算過程中，股東會仍得再特別決議撤銷前開解散之決議，繼續經營公司之業務（公司法第316條）。

第十三節　閉鎖性股份有限公司

案例20

A食品股份有限公司為小型食品公司，其非公開發行股份之公司，股東人數共計二十人，因需要資金擴大經營規模。試問A股份公司是否得私募公司債？其要件為何？

壹、定　義

所謂閉鎖性股份有限公司，係指股東人數不超過五十人，並於章程定有股份轉讓限制之非公開發行股票公司（公司法第356條之1第1項）。前項股東人數，中央主管機關得視社會經濟情況及實際需要增加之；其計算方式及認定範圍，由中央主管機關定之（第2項）。

貳、設　立

公司應於章程載明閉鎖性之屬性，並由中央主管機關公開於其資訊網站（公司法第356條之2）。發起人得以全體之同意，設立閉鎖性股份有限公司，並應全數認足第一次應發行之股份（公司法第356條之3第1項）。再者，非公開發行股票之股份有限公司得經全體股東同意，變更為閉鎖性股份有限公司（公司法第356條之14第1項）。全體股東為前項同意後，公司應即向各債權人分別通知及公告（第2項）。

參、案例解析——私募普通公司債之要件（104律師）

A食品股份有限公司之股東未逾五十人，非公開發行股票，其為閉鎖性股份有限公司，A公司欲私募普通公司債，應由董事會以董事三分之二以上之出席，並經出席董事過半數同意之決議行之（公司法第356條之11第1項）。

習題

一、試說明股份有限公司為何係企業所有與經營分離。
　　提示：公司法第156條、第202條。

二、何謂資本三大原則？
　　提示：參照第五章第二節所述之資本確定原則、資本維持原則及資本不變原則。

三、股份有限公司設立之方式有幾種？
　　提示：公司法第131條第1項、第133條第2項。

四、記名股票與無記名股票之轉讓方式，兩者有何差異？
　　提示：公司法第164條、第165條。

五、股東會由何人召集？召集原因為何？
　　提示：公司法第159條、第170條、第171條、第173條、第220條、第324條。

六、試說明股息紅利分派之法定程序。
　　提示：公司法第232條、第234條、第240條。

七、甲購買A股份有限公司之公司債，倘購買契約未註明為可轉讓之公司
　　債，試問甲是否得請求將其債券轉換為A公司股票？
　　提示：公司法第248條、第257條、第262條。

八、何謂新股認購權，何人有新股認購權？
　　提示：公司法第267條。

九、試說明重整完成與重整終止有何差異。
　　提示：公司法第306條至第308條、第310條至第311條。

十、試說明普通清算與特別清算有何不同。
　　提示：公司法第335條。

十一、不實財務報告及財務業務文件之民事責任為何？（102司法官）
　　　提示：證券交易法第20條之1。

十二、內部人之持股轉讓方式為何？（99律師）
　　　提示：證券交易法第22條之2。

十三、公開收購之有價證券範圍、條件、收購之比例及條件為何？（103司
　　　法官）
　　　提示：證券交易法第43條之1。

十四、有價證券及公司債之私募之程序為何？（100司法官）
　　　提示：證券交易法第48條之3。

十五、試說明有價證券之買賣場所及例外。（101司法官）
　　　提示：證券交易法第150條。

十六、對上市有價證券之禁止行為之事由為何？（101司法官）
　　　提示：證券交易法第155條。

十七、試說明內線交易之規範。（99、100、101、107律師；103司法官；
　　　108司津）
　　　提示：證券交易法第157條之1。

十八、違反證券交易法之刑事責任為何？（101司法官）
　　　提示：證券交易法第177條。

十九、獨立董事之功能為何與權限？（107司法官）
　　　提示：證券交易法第14條之2。

第六章 關係企業

案例1

A與B紡織股份有限公司各有董事七人，其中有二位董事甲、乙相同，而甲、乙於A與B股份有限公司計持有51%之出資。試問A與B公司間是否為關係企業？依據為何？

壹、關係企業之概念

隨著企業生活與環境之變化，企業經營規模趨向集團化，故關係企業之型態，逐漸取代單一企業而成為企業經營型態之主流，是關係企業係經濟發展之產物。準此，關係企業之立法目的，主要在於維護大眾交易安全，保障從屬公司少數股東及其債權人之權益，促進關係企業健全營運，以配合經濟發展，達到商業現代化之目的。

貳、關係企業之定義

一、控制、從屬或相互投資

所謂關係企業（conglmerate），係指獨立存在而相互間具有下列關係之企業（公司法第369條之1）：（一）有控制與從屬關係之公司；（二）相互投資之公司。

二、獨立存在之關係

股份有限公司之資本分成股份，股份分屬出資股東，各股東僅得依其股

份對公司主張股東權；股份有限公司亦為獨立之法人，雖與他股份有限公司相互間得獨立存在而有控制與從屬關係。然各股份有限公司之股東得依其股份，對公司主張股東權，不得本於其股東權對其公司之控制公司或從屬公司，行使股東權[1]。

參、有控制與從屬關係之公司

一、有表決權之股份總數或資本總額半數（96、99、101司法官）

公司持有他公司有表決權之股份或出資額，超過他公司已發行有表決權之股份總數或資本總額半數者為控制公司（holding company），該他公司為從屬公司（dendency company）（公司法第369條之2第1項）。

二、控制他公司之人事、財務或業務經營

公司直接或間接控制他公司之人事、財務或業務經營者，亦為控制公司，該他公司為從屬公司（公司法第369條之2第2項）[2]。

三、控制與從屬關係之推定

有下列情形之一者，推定為有控制與從屬關係：（一）公司與他公司之執行業務股東或董事有半數以上相同者；（二）公司與他公司之已發行有表決權之股份總數或資本總額有半數以上為相同之股東持有或出資者（公司法第369條之3）。

肆、相互投資之公司

一、互相投資

公司與他公司相互投資各達對方有表決權之股份總數或資本總額三分之

---

[1]　最高法院99年度台上字第1362號民事判決。

[2]　最高法院99年度台上字第344號民事判決。

一以上者，爲相互投資公司（公司法第369條之9第1項）。

二、持有表決權股份總數或資本總額或人事、財務或業務經營

相互投資公司各持有對方已發行有表決權之股份總數或資本總額超過半數者，或互可直接或間接控制對方之人事、財務或業務經營者，互爲控制公司與從屬公司（公司法第369條之9第2項）。

伍、案例解析──控制與從屬公司

公司與他公司之已發行有表決權之股份總數或資本總額有「半數以上」爲相同之股東持有或出資者，推定爲有控制與從屬關係（公司法第369條之3第2款）。準此，A與B紡織股份有限公司各有董事七人，其中有二位董事甲、乙相同，而甲、乙於A與B紡織股份有限公司計持有51%之出資，是A與B公司間爲關係企業。

第二節 關係企業之規範

案例2

> A、B生技股份有限公司為控制公司及從屬公司，B公司欲興建廠房，須購置土地建廠，A公司董事長丙操縱B公司以高於市價二倍之價格，向A公司購買土地，嗣後造成B公司因資金支出過鉅而周轉不靈，導致公司資產遭查封拍賣。試問A公司應否賠償B公司之損害？理由為何？

壹、從屬公司股東及其債權人之保護（93、99、101司法官）

一、控制公司及其負責人之連帶賠償責任

控制公司直接或間接使從屬公司為不合營業常規或其他不利益之經營，

而未於會計年度終了時爲適當補償，致從屬公司受有損害者，應負賠償責任
（公司法第369條之4第1項）。控制公司負責人使從屬公司爲前開之經營者，
應與控制公司就前開損害負連帶賠償責任（第2項）[3]。

二、受益之他從屬公司之連帶責任

控制公司使從屬公司爲前條第1項之經營，致他從屬公司受有利益，受有
利益之該他從屬公司於其所受利益限度內，就控制公司依前條規定應負之賠
償，負連帶責任（公司法第369條之5）。

三、損害賠償請求權之短期時效

對於控制公司及其負責人之連帶賠償責任（公司法第369條之4）、受益
之他從屬公司之連帶責任之損害賠償請求權（公司法第369條之5），自請求
權人知控制公司有賠償責任及知有賠償義務人時起，2年間不行使而消滅。自
控制公司賠償責任發生時起，逾5年者亦同（公司法第369條之6）。

四、深石原則

控制公司直接或間接使從屬公司爲不合營業常規或其他不利益之經營
者，如控制公司對從屬公司有債權，在控制公司對從屬公司應負擔之損害賠
償限度內，不得主張抵銷（公司法第369條之7第1項）。前項債權無論有無別
除權或優先權，從屬公司依破產法規定爲破產或和解，或依本法規定爲重整
或特別清算時，應次於從屬公司之其他債權受清償（第2項）。簡言之，控制
公司對於從屬公司行使抵銷權、別除權與優先權，應有所限制，此爲美國判
例所稱之「深石原則」。

---

[3]　最高法院98年度台上字第6782號刑事判決。

貳、投資狀況之公開

一、初次通知之義務

公司持有他公司有表決權之股份或出資額，超過該他公司已發行有表決權之股份總數或資本總額三分之一者，應於事實發生之日起1個月內，以書面通知該他公司（公司法第369條之8第1項）。

二、繼續通知義務

公司為初次通知後，倘有下列變動之一者，應於事實發生之日起5日內，以書面再為通知：（一）有表決權之股份或出資額低於他公司已發行有表決權之股份總數或資本總額三分之一時；（二）有表決權之股份或出資額超過他公司已發行有表決權之股份總數或資本總額二分之一時；（三）前款有表決權之股份或出資額再低於他公司已發行有表決權之股份總數或資本總額二分之一時（公司法第369條之8第2項）。

三、受通知公司之公告義務

受通知之公司，應於收到通知5日內公告之，公告中應載明通知公司名稱及其持有股份或出資額之額度（公司法第369條之8第3項）。

參、表決權行使之限制與計算

一、相互投資公司表決權行使之限制（98司法官）

相互投資公司知有相互投資之事實者，其得行使之表決權，不得超過被投資公司已發行有表決權股份總數或資本總額之三分之一。但以盈餘或公積增資配股所得之股份，仍得行使表決權（公司法第369條之10第1項）。公司依本法第369條之8規定通知他公司後，未獲他公司相同之通知，亦未知有相互投資之事實者，其股權之行使不受前項限制（第2項）。

二、關係企業持有他公司股份之計算

計算關係企業公司所持有他公司之股份或出資額，應連同下列各款之股份或出資額一併計入：（一）公司之從屬公司所持有他公司之股份或出資額；（二）第三人為該公司而持有之股份或出資額；（三）第三人為該公司之從屬公司而持有之股份或出資額（公司法第369條之11）。

肆、關係報告書之編制

一、應編製之書表種類

從屬公司為公開發行股票公司者，應於每會計年度終了，造具其與控制公司間之關係報告書，載明相互間之法律行為、資金往來及損益情形（公司法第369條之12第1項）。

二、應編製書表之公司

控制公司為公開發行股票之公司者，應於每會計年度終了，編製關係企業合併營業報告書及合併財務報表（公司法第369條之12第2項）。該等書表之編製準則，由證券主管機關定之（第3項）。

伍、案例解析——控制公司使從屬公司為不利益之經營

一、控制公司及其負責人之連帶賠償責任

控制公司直接或間接使從屬公司為不合營業常規或其他不利益之經營，而未於會計年度終了時為適當補償，致從屬公司受有損害者，應負賠償責任（公司法第369條之4第1項）。控制公司負責人使從屬公司為前開之經營者，應與控制公司就前開損害負連帶賠償責任（第2項）。準此，A、B生技股份有限公司為控制公司及從屬公司，B公司欲興建廠房，須購置土地建廠，A公司董事長丙操縱B公司以高於市價二倍之價格，向A公司購買土地，其性質屬不利益之經營，嗣後造成B公司因資金支出過鉅而周轉不靈，導致公司資產遭查封拍賣，倘A公司未於會計年度終了時，為適當補償，A公司與其董事長甲應連帶賠償B公司之損害。

二、從屬公司股東之代位請求權

　　控制公司未爲前開之賠償，從屬公司之債權人或繼續1年以上持有從屬公司已發行有表決權股份總數或資本總額1%以上之股東，得以自己名義行使前開從屬公司之權利，請求控制公司及其負責人對從屬公司爲給付（公司法第369條之4第3項）。

習題

一、說明何謂控制與從屬關係之公司。
　　提示：公司法第369條之2、第369條之3。

二、說明深石原則之定義。
　　提示：公司法第369條之7。

第七章 外國公司

第一節 外國公司之概念

案例1

　　A外國食品公司認為臺灣蔬果品質甚佳，具有商機，而在我國境內從事業務，在我國經營臺灣蔬果進口與出口業務。試問A公司可否購置商業大樓，作為A公司之辦公處所？

壹、外國公司之定義

　　所謂外國公司（foreign company），係指以營利為目的，依照外國法律組織登記，在中華民國境內營業之公司（公司法第4條第1項）。外國公司於法令限制內，其與中華民國公司有同一之權利能力（第2項）。

貳、外國公司於我國之地位

　　第7條、第12條、第13條第1項、第15條至第18條、第20條第1項至第4項、第21條第1項及第3項、第22條第1項、第23條至第26條之2，其於外國公司在中華民國境內設立之分公司準用之（公司法第377條第1項）。

參、案例解析——外國公司之權利能力

　　A外國食品公司在我國境內營業，其於法令限制內，自與同種內之中華民國法人有同一之權利能力（公司法第4條第2項；民法總則施行法第12條）。因土地法並未限制外國法人購置商業區之土地及其建物，故A外國公司是得購置商業大樓，作為該公司之辦公處所。

第二節　外國公司之特別規定

案例2

　　美商A股份有限公司在臺中市設立分公司，開始於我國經營相關業務。試問美商A股份有限公司嗣後在美國宣告破產，其在我國之分公司，得否繼續營業？

壹、外國公司之登記

一、積極條件

　　外國公司非經辦理分公司登記，不得以外國公司名義在中華民國境內經營業務（公司法第371條第1項）。違反前項規定者，行為人處1年以下有期徒刑、拘役或科或併科新臺幣15萬元以下罰金，並自負民事責任；行為人有二人以上者，連帶負民事責任，並由主管機關禁止其使用外國公司名稱（第2項）。

二、消極要件

　　外國公司有下列情事之一者，不予分公司登記（公司法第373條）：（一）其目的或業務，違反中華民國法律、公共秩序或善良風俗者；（二）申請登記事項或文件，有虛偽情事者。

貳、廢止分公司登記

一、外國公司申請

　　外國公司在中華民國境內設立分公司後，無意在中華民國境內繼續營業者，應向主管機關申請廢止分公司登記，但不得免除廢止登記前，所負之責任或債務（公司法第378條）。外國公司於我國境內設有分公司，並有經理人

之設置，倘分公司在我國境內，未另有指定之代表人，經理人應爲分公司之負責人。

二、主管機關依職權利害關係人之申請

外國公司有下列情事之一者，主管機關得依職權或利害關係人之申請，廢止外國公司在中華民國境內之分公司登記：（一）外國公司已解散；（二）外國公司已受破產之宣告；（三）外國公司在中華民國境內之分公司，有第10條各款情事之一（公司法第379條第1項）。 前項廢止登記，不影響債權人之權利及外國公司之義務（第2項）。

三、撤銷或廢止之效果

外國公司在中華民國境內設立之所有分公司，均經撤銷或廢止登記者，應就其在中華民國境內營業，或分公司所生之債權債務清算了結，所有清算未了之債務，仍由該外國公司清償之（公司法第380條第1項）。前項清算，除外國公司另有指定清算人者外，以外國公司在中華民國境內之負責人或分公司經理人爲清算人，並依外國公司性質，準用本法有關各種公司之清算程序（第2項）。

四、設置辦事處

外國公司因無意在中華民國境內設立分公司營業，未經申請分公司登記而派其代表人在中華民國境內設置辦事處者，應申請主管機關登記（公司法第386條第1項）。外國公司設置辦事處後，無意繼續設置者，應向主管機關申請廢止登記（第2項）。辦事處代表人缺位或辦事處他遷不明時，主管機關得依職權限期令外國公司指派或辦理所在地變更；屆期仍不指派或辦理變更者，主管機關得廢止其辦事處之登記（第3項）。

參、案例解析——廢止外國公司在中華民國境內之分公司登記

外國公司已受破產之宣告者，主管機關得依職權或利害關係人之申請，

廢止外國公司在中華民國境內之分公司登記（公司法第379條第1項第2款）。準此，美商A股份有限公司在臺中市設立分公司，開始於我國經營業務。嗣後A公司在美國宣告破產，其於我國之分公司，自無單獨存在之必要，是主管機關得依職權或利害關係人之申請，廢止外國公司在中華民國境內之分公司登記，不許其在我國之公司繼續營業。

習題

一、說明外國公司之定義。

　　提示：公司法第4條第1項。

二、說明外國公司於我國之地位為何。

　　提示：公司法第4條第2項、第377條第1項。

第二編

票據法

第一章　通　則

案例1

> 甲積欠乙新臺幣（下同）100萬元之借款，其簽發面額120萬元之本票與乙，作為清償借款用途，乙背書轉讓於丙。試問：（一）丙向甲請求給付120萬元，甲抗辯稱丙僅得請求100萬元，甲之抗辯是否有理？（二）甲抗辯該本票未載發票日，其為無效之本票，故不負發票人之責任，甲之抗辯是否有理？

壹、票據之定義

所謂票據者（commercial paper），係指當事人於約定之期日、地點，無條件支付一定金額之有價證券。有價證券（negotiable security）為表彰具有財產價值之私權證券，其權利之發生，必須作成證券；權利之移轉，必須交付證券；而權利之行使，須提示證券。

貳、票據之種類

一、匯　票

所謂匯票者（draft），係指發票人（drawer）簽發一定之金額，委託付款人於指定之到期日，無條件支付與受款人或執票人之票據（票據法第1條、第2條）。

二、本 票

所謂本票者（promissory note），係指發票人簽發一定之金額，於指定之到期日，由自己無條件支付與受款人或執票人之票據（票據法第1條、第3條）。

三、支 票

所謂支票者（check），係指發票人簽發一定之金額，委託金融業者於見票時，無條件支付與受款人或執票人之票據（票據法第4條第1項）。所稱金融業者，係指經財政部核准辦理支票存款業務之銀行、信用合作社、農會及漁會（第2項）。支票之付款人，以第4條所定之金融業者為限（票據法第127條）[1]。

參、票據之經濟效用

票據法制度之設計及運作，其最高之指導原則，在於助長票據之流通，有效發揮票據之經濟效用。

一、匯兌效用

匯兌（currency exchange）之效用，在於打破金錢支付之「空間障礙」，減免攜帶現金之風險。例如，隔地交易。

二、信用效用

信用（credit）之效用，在於打破金錢支付之「時間障礙」，將將來之金錢轉變成現在之金錢利用。例如，簽發遠期支票以延後支付買賣價金之期間。

---

[1] 最高法院106年度台上字第988號民事判決。

三、支付效用

支付（instrument of payment）之效用，主要避免當事人間計算金錢之錯誤及時間之耗費，有利交易之進行。就國家而言，使用票據作為支付之工具，可節約通貨之發行。

肆、票據之性質

一、設權證券

票據之權利義務，因票據發行而發生，其創設一種權利（right of creation）。

二、文義證券

在票據上簽名者，依票上所載文義負責（票據法第5條第1項）[2]。故票據為文義證券，票據上之權利義務，悉應依票據記載之文字以為決定，不得於票據以外之證明方法，以變更其文義或為之補充[3]。即不以發票人與付款人間有付款委託，或向付款人領用支票為要件[4]。

三、債權證券

票據債權人（creditor）占有票據，得就票據上所記載之一定金額，向特定票據債務人（debtor）行使其請求權。

四、有價證券

票據係表彰具有財產價值之私權（private rights）證券，其權利之發生，必須作成票據；權利之移轉，必須交付票據；而權利之行使，須提示票據。

---

[2] 最高法院112年度台上字第564號民事判決。

[3] 最高法院55年台上字第1873號、105年度台簡上字第1號民事判決。

[4] 最高法院98年度台上字第1184號民事判決。

五、金錢證券

票據具有支付之效用，係以支付一定金額爲標的之證券，其有輔助及替代貨幣之功能。

六、無因證券

票據係無因證券（abstract juristic act），證券上之權利義務悉依證券所載文句而決定其效力，是票據上權利，依票據文義而發生，而與其基礎之原因關係各自獨立，支票上權利之行使，不以其原因關係存在爲前提，縱使原因關係不存在或無效時，執票人仍得依支票文義行使其權利[5]。

七、要式證券

票據之作成，應依法定方式爲之（formal juristic act）。票據所應記載之事項，欠缺其應記載事項之一者，除票據法別有規定外，該票據即爲無效（票據法第11條第1項）[6]。

八、流通證券

票據依背書（endorse）及交付（submit）而轉讓。無記名票據得僅依交付轉讓之（票據法第30條第1項）。記名票據除發票人有禁止轉讓之記載者，任何人均得轉讓之（第2項）。

九、提示證券

票據債權人必須占有證券爲必要，爲證明占有之事實，自應提示（prompt）票據，始得行使票據上之權利。

十、返還證券

票據債權人於受領票據上之給付後，應將原票據繳回於給付之人，俾使

---

[5] 最高法院49年台上字第334號、106年台簡上字第1號民事判決。

[6] 最高法院63年台上字第2681號、107年度台上字第1584號民事判決。

票據關係消滅，或者向前手再行使追索權。

伍、案例解析──票據之文義性與要式性

一、票據為文義證券

在票據上簽名者，依票上所載文義負責（票據法第5條第1項）。故票據為文義證券，票據上之權利義務，悉應依票據記載之文字以為決定，不得於票據以外之證明方法，以變更其文義或為之補充。亦不以發票人與付款人間有付款委託，或向付款人領用支票為要件。準此，甲雖僅積欠乙新臺幣（下同）100萬元之借款，惟其簽發面額120萬元之本票與乙，作為清償借款用途，經乙背書轉讓於丙，甲自應負120萬元之文義責任[7]。

二、票據為要式證券

票據之作成，應依法定方式為之，票據所應記載之事項，欠缺其應記載事項之一者，除票據法別有規定外，該票據即為無效（票據法第11條第1項）[8]。本票之發票日，為法定應記載事項（票據法第120條第1項第6款），未記載者，則為無效之本票，甲自不負發票人之責任。例外情形，係甲於簽發本票時，有授權乙填寫發票日，乙即有權填寫發票日，甲自應負發票人之責任[9]。

---

[7] 最高法院105年度台簡上字第1號民事判決。
[8] 最高法院107年度台上字第1584號民事判決。
[9] 最高法院111年度台上字第1208號民事判決。

第二節　票據行為

案例2

　　甲向乙購買貨物，簽發支票交與乙，其金額記載新臺幣壹佰萬元或NT$1,200,000，乙背書交付與丙。試問：（一）丙得向甲請求之票款為何？（二）甲未於支票上簽名或蓋章，丙可否請求甲與乙分別負發票人與背書人之責任？

壹、票據行為之定義

　　所謂票據行為者，係指以發生票據上一定權利義務關係（right and obligation relationship）為目的，所為之要式行為。

貳、票據行為之種類（94津師）

一、基本票據行為

　　所謂基本票據行為，係指發票行為，其為原始之創設票據行為，無論何種票據，均須有發票行為，始得發生票據關係，係主要票據行為。

二、附屬票據行為

（一）背　書（106司法官）

　　所謂背書者（endorse），係指以轉讓票據權利為目的，而將其意思記載於票據背面之行為。例如，背書人於票據背面簽名或蓋章。法人或自然人均得為背書人，故公司得為票據背書人。

（二）承　兌

　　所謂承兌者（accept），係指承諾兌付票據上之一定金額，而記載其意思於票據正面之行為，承兌行為僅有匯票（draft）有之。

（三）參加承兌

所謂參加承兌者（acceptance for honor），係指因票據不獲承兌，第三人願意負承兌責任而加入，並記載其意思於票據正面之行為，參加承兌行為僅有匯票有之。

（四）保　證

所謂保證者（guarantee），係指以擔保票據債務之履行為目的，而記載其意思於票據之行為。匯票與本票有保證制度，而支票並無保證之適用。

參、票據行為之特性

一、要式性

票據行為係要式行為，應於書面上記載法定事項，作為權利之表彰，倘欠缺其應記載事項之一者，除票據法別有規定外，將導致票據歸於無效。

二、無因性

票據係無因證券，票據行為一經有效成立後，票據上權利與其基礎之原因關係各自獨立，支票上權利之行使，不以其原因關係存在為前提，故其原因關係不存在或無效時，執票人仍得依支票文義行使其權利，此為無因性或抽象性。

三、文義性　（102律師；97、104司法官）

在票據上簽名者，依票上所載文義負責（票據法第5條第1項）。故票據為文義證券，票據上之權利義務，悉應依票據記載之文字以為決定，當事人不得於票據以外之證明方法，以變更其文義或為之補充[10]。

四、獨立性　（103律師）

票據行為個別獨立，數個票據行為同時存在，倘其中有票據行為無效或

---

[10] 最高法院105年度台簡上字第1號民事判決。

被撤銷時，其他票據行為不受影響。例如，票據上雖有無行為能力人或限制行為能力人之簽名，不影響其他簽名之效力（票據法第8條）[11]。

肆、票據行為之方式

一、記載法定事項

不論是基本之票據行為或附屬之票據行為，均應作成書面，其記載事項有絕對必要記載、相對必要記載、任意記載、不得記載或金額記載。

（一）絕對必要記載事項 （95津師；98、100司法官）

欠缺本法所規定票據上應記載事項之一者，其票據無效（票據法第11條第1項本文）。例如，票據種類、金額、發票日、簽名等事項缺一者，則票據無效。

（二）相對必要記載事項

票據法所規定票據上應記載事項，本法別行擬制其效果，票據不因之無效（票據法第11條第1項但書）。例如，未載到期日者，視為見票即付（票據法第24條第2項）。匯票未載付款人者，以發票人為付款人（第3項）。未載受款人者，以執票人為受款人（第4項）。未載發票地者，以發票人之營業所、住所或居所所在地為發票地（第5項）。未載付款地者，以付款人之營業所、住所或居所所在地為付款地（第6項）。

（三）任意記載事項

任意記載事項，係指是否記載由當事人自由意思決定，未記載者，雖不影響票據效力，然記載則發生票據上之效力。例如，記名匯票發票人有禁止轉讓之記載者，不得轉讓（票據法第30條第2項）。

（四）不得記載事項 （91津師；101司法官）

票據法未規定之事項，倘在票據上記載時，其效力有所不同：1.記載則

---

[11] 最高法院49年台上字第334號、88年度台上字第883號民事判決。

票據無效。例如，發票人爲附條件支付委託之記載者，該票據無效；2.記載無效而票據有效。例如，背書附記條件者，其條件視爲無記載，背書亦屬有效（票據法第36條）；3.記載不生效力而票據有效。例如，爲支票上之保證行爲，雖不生票據保證之效力，惟生民法上保證之效力，該支票亦屬有效。或者於票上書寫見證人字樣並簽章，該見證人不生效力，該簽章者應負背書責任；4.票據上記載本法所不規定之事項者，不生票據上之效力（票據法第12條）。

（五）金額之記載（93高考；93司法官）

票據上記載金額之文字與號碼不符時，以文字爲準（票據法第7條）。票據上之記載，除金額外，雖得由原記載人於交付前改寫之，然應於改寫處簽名，否則不生改寫效力（票據法第11條第3項）[12]。申言之：1.票據上金額之記載不得改寫。倘金額有改寫之情事，未經原記載人簽名，該票據會成爲無效之票據，導致原於票據上簽名者，毋庸依票上所載文義負責；2.票據發票日期之記載，發票人於交付票據予執票人之前，固得更改之，然交付後，而於未獲付款前，因涉及執票人票據上權利之行使及追索權時效之起算，非經執票人同意，發票人自無權擅予變更[13]。

二、簽　名

所謂簽名者，係指行爲人將自己之姓名，親寫於票據上之行爲[14]。在票據上簽名者，依票上所載文義負責（票據法第5條第1項）。二人以上共同簽名時，應連帶負責（第2項）。票據上之簽名，得以蓋章代之（票據法第6條）。

三、交　付

行爲人須將票據交付之，始爲完成票據行爲。例如，發票人須將票據交

---

[12]　最高法院112年度台簡上字第27號民事判決。

[13]　最高法院95年度台上字第3671號刑事判決。

[14]　最高法院43年台上字第1160號、51年台上字第3309號民事判決。

付受款人。

伍、票據行爲之效力

一、票據行爲之獨立原則

票據行爲係個別獨立，故數個票據行爲同時存在，倘其中有票據行爲無效或被撤銷時，其他票據行爲不受影響。其獨立性之情形如後：（一）票據上雖有無行爲能力人或限制行爲能力人之簽名，不影響其他簽名之效力（票據法第8條）；（二）票據之僞造或票據上簽名之僞造，不影響於眞正簽名之效力（票據法第15條）。所謂簽名者，係指眞正之簽名而言。如簽名出於僞造，雖不影響於眞正簽名之效力，惟被僞造簽名之本人，不負票據債務人之責任；（三）保證人與被保證人，負同一責任。被保證人之債務，縱使爲無效，保證人仍負擔其義務。例外情形，係被保證人之債務，因方式之欠缺，而爲無效者（票據法第61條）。

二、票據行爲代理

（一）有權代理（101司法官）

票據之代理（act as agent），須載明爲本人代理之旨而簽名。例如，發票人甲之代理人乙。代理人未載明爲本人代理之意旨，而簽名於票據者，應自負票據上之責任（票據法第9條）。

（二）無權代理（90高考）

無權代理（unauthorized agency）分爲狹義無權代理與越權代理：1.所謂狹義無權代理，係指無代理權而以代理人名義簽名於票據者，應自負票據上之責任（票據法第10條第1項）；2.所謂越權代理，係指代理人逾越權限時，就其權限外之部分，亦應自負票據上之責任（第2項）。

三、票據僞造（104司法官）

所謂票據僞造者（counterfeit），係指以行使爲目的，假冒他人之名義而

爲票據行爲而言。其可分發票之僞造與票據上簽名之僞造。前者如盜用他人印章爲發票；後者盜用他人印章爲背書或保證等行爲。

四、票據變造（93司法官）

所謂票據變造者（alter），係指無變更文義權限之人，擅自變更票據所記載之事項而言。例如，變更票載發票日。票據經變造時，簽名在變造前者，依原有文義負責；簽名在變造後者，依變造文義負責；不能辨別前後時，推定簽名在變造前（票據法第16條第1項）。前項票據變造，其參與或同意變造者，不論簽名在變造前後，均依變造文義負責（第2項）。

五、票據塗銷

所謂票據塗銷者（invalidate by crossing），係指將票據上之簽名或其他事項塗銷而言。票據上之簽名或記載被塗銷時，非由票據權利人故意爲之者，不影響於票據上之效力（票據法第17條）。換言之，由無權利人爲之者，不論故意或過失，均不影響票據上之權利。

陸、案例解析──票據金額認定及獨立性定義

一、金額之記載

票據上記載金額之文字與號碼不符時，以文字爲準（票據法第7條）。準此，甲向乙購買貨物，簽發支票交與乙，其金額記載新臺幣（下同）壹佰萬元或NT$1,200,000，乙背書交付與丙，丙僅得依據文字之記載，向甲請求100萬元之票款。

二、票據行爲之獨立性

票據行爲之獨立原則，係指數個票據行爲同時存在，倘其中有票據行爲無效或被撤銷時，其他票據行爲不受影響。所謂無效者，係指實質上無效而言。倘該行爲屬形式上無效時，以該行爲爲前提之其他行爲，均歸於無效。因發票行爲係基本之票據行爲，倘因簽名或蓋章而無效時，則背書、承兌、

參加承兌及保證等附屬票據行為，均無所附隨，均未發生效力，自不得適用票據行為之獨立原則[15]。準此，甲未於支票上簽名或蓋章，該支票無效，是丙無法請求甲與乙分別負發票人與背書人之責任。

第三節　票據之法律關係

案例3

　　甲向乙購買家具一批，甲簽發面額新臺幣100萬元之支票交付與乙，作為買賣價金。乙並將該支票交付與木材批發商丙，作為購買木材之價金，準備製造甲所訂購之家具。嗣後乙未如期交貨，甲合法解除甲與乙間之買賣契約，丙於票載到期日屆至時提示支票。試問甲得否以業已解除其與乙間之買賣契約為由，拒絕給付票款？

壹、票據與非票據關係

一、票據關係

　　票據之法律關係（legal relationship）有二：（一）票據本身所生之法律關係，稱為票據關係；（二）票據有關之法律關係，稱為非票據關係。票據關係乃基於票據行為，所發生之法律上之債權債務關係。就執票人（holder of a bill）即票據權利人而言，其依據票據法規定，因票據行為而取得之權利，主要有四：（一）對於票據主債務人之付款請求權；（二）對於參加承兌人及預備付款人之付款請求權；（三）對於背書人及其前手之追索權；（四）對於保證人之權利。

15　賴源河，實用商事法精義，五南圖書出版股份有限公司，2015年9月，12版1刷，頁272。

二、非票據關係

（一）非票據關係之定義

所謂非票據關係者，係指非由票據行爲所生，而與票據有密切之法律關係。其可分「票據法上之非票據關係」及「非票據法上之非票據關係」。前者，係基於票據法之規定而生。例如，利益償還請求權（票據法第22條第4項）。後者，係基於非票據法之其他法律規定而生，其爲票據之實質關係，可分票據原因、票據預約及票據資金三種。

（二）利益償還請求權（100司法官）

票據上之債權，雖依本法因時效或手續之欠缺而消滅，執票人對於發票人或承兌人，而於其所受利益之限度，得請求償還（票據法第22條第4項）。例如，發票人已將資金交付承兌人，而執票人之票據罹於時效而消滅，此際承兌人即受有利益，承兌人應返還該利益與執票人。再者，票據執票人依票據法第22條第4項規定，對發票人請求償還其受利益者，除發票人對執票人主張其得利之原因事實不爭執外，應由執票人就得利之事實，負舉證責任，不得僅憑票據，請求償還相當於票面金額之利益[16]。

（三）票據之實質關係

票據關係之背後，必先有使票據關係發生之實質法律關係，此法律關係稱爲票據之實質關係或基本關係。其種類如後：1.原因關係：當事人間爲票據之授受，必有其授受之緣由，該緣由爲票據之原因。原因關係可分對價與無對價（failure of consideration）關係[17]。前者如買賣，後者如贈與；2.資金關係：所謂資金關係，係指匯票或支票之付款人與發票人間所存在之法律關係而言。例如，支票發票人與付款人間有支票存款契約或透支契約（credit of contract）；3.預約關係：當事人授受票據之前，必先就票據之發行或讓與之內容，達成合意，以作爲授受票據之依據，此項合意爲預約關係。例如，票據種類或金額。

---

[16] 最高法院103年度台簡上字第30號民事判決。
[17] 最高法院104年度台簡上字第35號民事判決。

貳、案例解析——票據之原因關係與其無因性

一、票據之原因關係

　　當事人間為票據之授受，必有其授受之緣由，該緣由即為票據之原因。甲向乙購買家具一批，甲簽發面額新臺幣100萬元之支票交付與乙，作為買賣價金，故該買賣關係（contract of sale）為本件票據之原因關係。

二、票據之無因性

　　票據係無因證券，票據行為經有效成立後，票據上權利與其基礎之原因關係各自獨立，支票上權利之行使，不以其原因關係存在為前提，故其原因關係不存在或無效時，執票人仍得依支票文義行使其權利，此為無因性或抽象性。準此，乙將甲所簽發之支票交付與木材批發商丙，作為購買木材之價金，嗣後甲雖合法解除其與乙間之買賣契約，甲不得以其業已解除其與乙間之買賣契約為由，拒絕給付票款予執票人丙。

第四節　票據權利

案例4

　　甲為支付貨款之用途，簽發面額新臺幣（下同）100萬元之支票與乙，乙不慎遺失該支票。試問：（一）該支票為丙拾獲，並轉讓於知情之丁，丁得否對發票人甲主張票據權利？（二）丁再以50萬元之代價，將該支票轉讓與善意第三人戊，戊得否對發票人甲主張票據權利？

壹、票據權利之內容

　　所謂票據權利之標的，係指票據所表彰之金錢債權，其內容有付款請求權與追索權。

一、付款請求權

所謂付款請求權（right to claim of payment），係指票據之第一次權利，其行使主體爲執票人，其行使之對象，依據票據種類而有所不同：（一）匯票：付款人、擔當付款人、預備付款人、票據交換所、承兌人、參加承兌人或參加承兌人之保證人（票據法第61條第1項）；（二）本票：擔當付款人、票據交換所、發票人及發票人保證人；（三）支票：付款人、票據交換所。

二、追索權

所謂追索權（right of recourse）或償還請求權，係指票據之第二次權利，原則上須行使付款請求權遭拒絕後，始得行使之。例外情形，爲期前追索（票據法第85條第2項、第105條第4項）[18]。其行使主體爲執票人，其行使之對象爲發票人、背書人及其等之保證人。

貳、票據權利之取得方式

一、原始取得

原始取得有發票及善意取得兩種類型。所謂善意取得，係指票據權利之即時取得，票據上之任何負擔均歸於消滅[19]。依據票據法第14條規定，善意取得要件如後：（一）執票人須自無處分權人取得票據；（二）取得票據當時並無惡意或重大過失；（三）須依據票據法之轉讓方式取得票據，即背書及交付；（四）須有相當之對價，即無對價或以不相當之對價取得票據者，不得享有優於其前手之權利；（五）取得之票據於形式要件無欠缺，而匯票及本票須在到期日前取得，因到期日後之背書，僅有通常債權轉讓之效力，不生票據權利善意取得之問題（票據法第41條第1項）。

---

[18] 票據法第85條第2項規定：有下列情形之一者，雖在到期日前，執票人亦得行使前項權利：1.匯票不獲承兌時；2.付款人或承兌人死亡、逃避或其他原因無從爲承兌或付款提示時；3.付款人或承兌人受破產宣告時。
票據法第105條第4項規定：如不可抗力之事變延至到期日後30日以外時，執票人得逕行使追索權，無須提示或作成拒絕證書。

[19] 票據之原設定質權，將因票據之善意取得而消滅。

二、繼受取得（106高考三級法制）

繼受取得分為「票據法上」及「非票據法上」之繼受取得，前者如背書或交付轉讓，無記名票據得僅依交付轉讓之（票據法第30條第1項）；後者如繼承或公司合併。

參、票據權利之行使與保全

一、票據權利之行使

所謂票據權利之行使，係指票據權利人向票據債務人提示票據，請求其履行票據債務之行為。例如，行使付款請求權及行使追索權。其行使之方法為提示，係現實出示票據於債權人，請求其履行債務。

二、票據權利之保全

所謂票據權利之保全，係指防止票據權利喪失之行為。其行使之方法為「遵期提示」及「遵期作成拒絕證書」。

三、行使或保全票據權利之處所

為行使或保全票據上權利，對於票據關係人應為之行為，應在票據上指定之處所為之，無指定之處所者，在其營業所為之，無營業所者，在其住所或居所為之。票據關係人之營業所、住所或居所不明時，因作成拒絕證書得請求法院公證處、商會或其他公共會所調查其人之所在，倘仍不明時，得在該法院公證處、商會或其他公共會所作成之（票據法第20條）。

四、行使或保全票據權利之時間

為行使或保全票據上權利，對於票據關係人應為之行為，應於其「營業日」之營業時間內為之，如其無特定營業日或未訂有營業時間者，應於「通常營業日」之營業時間內為之（票據法第21條）。

肆、票據權利之保護

一、票據抗辯之定義與種類

　　所謂票據抗辯者，係指票據債務人提出合法之事由，拒絕債權人行使權利之主張。票據抗辯之種類有二：（一）物之抗辯：係基於票據行為不合法或票據權利不存在而生，其得以對抗一切之票據債權人之請求，亦稱客觀抗辯（objective demur）或絕對抗辯權。例如，票據形式上要件欠缺（票據法第11條）、票據偽造或變造（票據法第15條、第16條）；（二）人之抗辯：係基於票據以外之個人實質關係而生，其僅能對抗特定之票據債權人，亦稱主觀抗辯（subjective demur）。例如，票據直接前後手主張原因關係不存在。

二、票據抗辯之限制 （101律師；94、99司法官；106行政執行官）

（一）直接抗辯

　　票據屬文義證券，為有助於票據之流通，必須對人之抗辯有所限制，即人之抗辯以直接當事人間為限，此稱為直接抗辯（direct demur）。詳言之，票據債務人不得以自己與發票人或執票人之前手間所存抗辯之事由，對抗執票人（票據法第13條本文）[20]。例如，甲簽發支票交付與乙，乙背書轉讓於丙，背書人乙固得以其自己與執票人丙間所存抗辯之事由，對抗執票人丙。然支票為無因證券，背書人乙不得以發票人甲與執票人丙間所存抗辯之事由，對抗執票人丙[21]。

（二）執票人舉證證明原因關係有效成立之事實

　　票據為文義證券及無因證券，票據上之權利義務悉依票上所載文義定之，而與基礎之原因關係各自獨立，票據上權利之行使，不以其原因關係存在為前提。執票人行使票據上權利時，就其基礎之原因關係確係有效存在不負舉證責任。倘票據債務人以自己與執票人間所存抗辯之事由對抗執票人，依票據法第13條規定觀之，應先由票據債務人就抗辯事由之基礎原因關係負

---

[20]　最高法院105年度台簡上字第30號民事判決。

[21]　最高法院105年度台簡上字第1號、第33號民事判決。

舉證之責任。當票據基礎之原因關係確立後，法院就此項原因關係進行實體審理時，當事人於該原因關係是否有效成立或已否消滅等事項，有所爭執者，自應適用各法律關係之舉證責任分配原則，應令票據執票人舉證證明原因關係有效成立之事實[22]。

三、票據抗辯限制之例外（97律師；99、103、104、107司法官）

票據抗辯之限制，其目的在於保護善意取得人。故執票人取得票據出於惡意者，則不加限制，此稱之為惡意抗辯（票據法第13條但書）。例如，甲向乙購買貨物，並簽發支票交付與乙，乙背書轉讓於丙，嗣後甲合法解除該買賣契約，丙明知該事實，發票人甲得以此對抗惡意執票人丙。再者，以惡意或有重大過失取得票據者，不得享有票據上之權利（票據法第14條第1項）。無對價或以不相當之對價取得票據者，不得享有優於其前手之權利（第2項）。倘其前手之權利有瑕疵，不論執票人是否有惡意，其均應繼承其前手之瑕疵，此為票據上權利瑕疵之推定。

四、票據喪失之補救（103司法官）

（一）止付通知

票據喪失時，票據權利人得對付款人為止付之通知（notify stop-payment to payer），防止冒領發生。但應於提出止付通知後5日內，向付款人提出已為聲請公示催告之證明（票據法第18條第1項）。未依前開規定辦理者，止付通知失其效力（第2項）[23]。

（二）公示催告

票據喪失時，票據權利人得為公示催告之聲請（票據法第19條第1項）。即法院依當事人之聲請，以公示之方法，催告不明之利害關係人，應於一定期間內申報權利，倘逾期不為申報者，則生失權效果。公示催告程序開始後，其經到期之票據，聲請人得提供擔保，請求票據金額之支付；不能提供

---

[22]　最高法院105年度台簡上字第1號、106年度台簡上字第55號、第57號民事判決。

[23]　最高法院97年度台抗字第483號民事裁定。

擔保時，得請求將票據金額依法提存。其尙未到期之票據，聲請人得提供擔保，請求給與新票據（第2項）。

（三）除權判決

聲請人得於申報權利之公示催告期間已滿後3個月內，聲請為除權判決（民事訴訟法第545條第1項本文）。使喪失票據之權利消滅，喪失票據之人於取得除權判決後，得對票據債務人主張票據上之權利，不須提示票據（民事訴訟法第565條第1項）。

伍、票據權利之消滅

所謂票據權利之消滅者，係指票據之付款請求權或追索權，基於一定原因，而客觀失其存在。其原因有二：（一）依據票據文義付款；（二）票據上權利罹於時效。

一、付款

付款人或擔當付款人向執票人付款時，該票據所表彰之權利當然歸於消滅。一部分之付款，執票人不得拒絕，否則被拒絕之部分應喪失追索權（票據法第73條）。

二、罹於時效

（一）執票人對承兌人或發票人

票據上之權利，對匯票承兌人及本票發票人，自到期日起算，3年間不行使，因時效而消滅。見票即付之本票，自發票日起算，3年間不行使，因時效而消滅。對支票發票人自發票日起算，1年間不行使，因時效而消滅。

（二）執票人對前手之追索權

匯票、本票之執票人，對前手之追索權，自作成拒絕證書日起算，1年間不行使，因時效而消滅。支票之執票人，對前手之追索權，4個月間不行使，因時效而消滅。其免除作成拒絕證書者，匯票、本票自到期日起算，而支票

自提示日起算。

（三）背書人對前手之追索權

匯票、本票之背書人，對於前手之追索權，自為清償之日或被訴之日起算，6個月間不行使，因時效而消滅。支票之背書人，對前手之追索權，2個月間不行使，因時效而消滅。

陸、案例解析──票據權利取得之限制

一、惡意取得票據

以惡意或有重大過失取得票據者，不得享有票據上之權利（票據法第14條第1項）。甲為支付貨款之用途，簽發面額新臺幣100萬元之支票與乙，乙不慎遺失該支票，該支票為丙拾獲，並轉讓於知情之丁，丁為惡意甚明，自不得對發票人甲主張票據權利。

二、不相當對價取得票據

以不相當之對價取得票據者，不得享有優於其前手之權利。丁以新臺幣50萬元之代價，將該支票轉讓與善意第三人戊，因戊以不相當對價取得該支票權利，不論戊是否善意，應繼承其前手丁之瑕疵，而丁為無權利之人，故戊不得對發票人甲主張票據權利。

習 題

一、我國票據法所規定之票據種類為何？試說明之。
　　提示：票據法第2條至第4條。

二、試問欠缺票據法所規定應記載事項之一者，其票據效力為何？塗改票
　　面金額有何效果？
　　提示：票據法第11條第1項、第3項。

三、試說明票據偽造、票據變造及票據塗銷有何不同？
　　提示：票據法第16條至第17條。

四、甲拾獲乙所遺失之本票一張，甲將之贈與丙，試問丙得否請求乙給付
　　票款？
　　提示：票據法第14條第2項。

五、試問票據權利人喪失票據，應如何補救？
　　提示：票據法第18條至第19條；民事訴訟法第545條、第565條。

六、丙向丁借款新臺幣（下同）10萬元，丙簽發面額10萬元之本票作為借款
　　之憑證，丁逾本票到期日3年後，始向丙請求票款，丙以本票已罹於時
　　效為由，拒絕給付票款，試問丁應如何主張權利？
　　提示：票據法第22條第4項。

第二章　匯　票

第一節　概　論

案例1

甲向乙購買貨物，簽發註期匯票交與乙作為買賣價金之用途，票上記載見票後60日付款及付款人丙。試問乙嗣後未經付款人承兌，是否得主張票據之權利？

壹、匯票之定義

所謂匯票者（draft），係指發票人簽發一定之金額，委託付款人於指定之到期日，無條件支付與受款人或執票人之票據（票據法第2條）。準此，匯票具有下列之特點：（一）匯票為委託證券，由發票人委託付款人付款；（二）匯票為信用證券，有指定到期日，原則上屬未來付款。

貳、匯票之種類

一、以付款期限區分

（一）即期匯票

所謂即期匯票，係指見票後立即付款之匯票，其記載見票即付（票據法第65條第1項第3款）。未載到期日者（maturity date），視為見票即付（票據法第24條第2項）。見票即付之匯票，以提示日為到期日（票據法第66條第1項）。

（二）定期匯票

所謂定期匯票，係指定期日付款之匯票（票據法第65條第1項第1款）。例如，到期日為2023年10月11日。

（三）計期匯票

所謂計期匯票，係指發票日後定期付款之匯票（票據法第65條第1項第2款）。例如，發票日後2個月付款。

（四）註期匯票

所謂註期匯票，係指見票後定期付款之匯票（票據法第65條第1項第4款）。例如，見票後30日付款。所謂見票，係指承兌時之見票。而見票後定期付款之匯票，或指定請求承兌期限之匯票，應由付款人在承兌時，記載其日期，藉以確定到期日（票據法第46條第1項）。

二、以記載形式區分

（一）記名匯票

所謂記名匯票，係指匯票上記載受款人之姓名或商號之匯票，其依據背書與交付方式轉讓票據權利。

（二）指示匯票

所謂指示匯票，係指除在匯票上記載受款人之姓名或商號外，並記載「或其指定人」文字之匯票。指示匯票依據背書與交付方式，轉讓票據權利。

（三）無記名匯票

所謂無記名匯票，係指不在匯票上記載受款人之姓名或商號之匯票，僅依據交付方式轉讓票據權利即可。

三、以當事人區分

（一）一般匯票

所謂一般匯票，係指匯票之發票人、受款人、付款人為不同之人。

（二）變式匯票（101律師；102司法官）

所謂變式匯票或變則匯票，係指一人兼充二個以上之當事人，即發票人得以自己或付款人為受款人，並得以自己為付款人（票據法第25條第1項）。詳言之：1.發票人以自己為受款人者，為「指己匯票」；2.付款人兼為受款人者，為「付受匯票」；3.發票人以自己為付款人者，為「對己匯票」。

參、案例解析——註期匯票

所謂註期匯票，係指見票後定期付款之匯票。所謂見票者，係指承兌時之見票。故見票後定期付款之匯票，或指定請求承兌期限之匯票，應由付款人在承兌時，記載其日期，藉以確定到期日。甲向乙購買貨物，簽發註期匯票作為買賣價金，票上記載見票後60日付款及付款人丙，乙應經付款人丙承兌，以確定到期日。準此，乙未經承兌提示，無法確定到期日，乙自不得主張票據權利。

第二節　發　票

案例2

　　甲簽發匯票一張交付與乙，以支付貨款，試問以下記載之匯票效力為何？（一）匯票金額記載新臺幣（下同）20萬元或30萬元。（二）匯票發票人欄處，除有甲簽名外，亦有丙之簽名。（三）匯票記載面額20萬元，自2023年1月11日起自2023年10月11日止，分10期於每月11日付款。

壹、發票之定義

所謂發票者（make a bill），係指發票人作成票據，並將票據交付受款人之基本票據行為。所謂作成票據，係指於票據上為法定事項之記載，以創設票據權利義務關係之行為。

貳、發票之款式

一、應記載之事項

（一）絕對必要記載事項（94律師）

匯票應記載下列事項，由發票人簽名（sign）（票據法第24條第1項）：1.表明其為匯票之文字，或其他意義相同之文字（第1款）；2.一定之金額，並不得改寫（第2款）；3.無條件支付之委託，即憑票支付（第5款）；4.發票年月日，此為意思表示之內容，而非事實之紀錄（第7款）。故縱使與真實之發票日不符，亦不影響匯票效力。

（二）相對必要記載事項

相對必要記載事項如後：1.付款人之姓名或商號（票據法第24條第1項第3款）。未載付款人者，以發票人為付款人（第3項）；2.受款人之姓名或商號（第1項第4款）。未載受款人者，以執票人為受款人（第4項）；3.發票地（第1項第6款）。未載發票地者，以發票人之營業所、住所或居所所在地為發票地（第5項）；4.付款地（第1項第8款）。未載付款地者，以付款人之營業所、住所或居所所在地為付款地（第6項）；5.到期日（第1項第9款）。未載到期日者，視為見票即付（第2項）。

二、任意記載事項

任意記載事項，如未記載者，自不生票據效力。倘經記載者，則發生票據上之效力，茲將任意記載事項內容，分述如後：

（一）擔當付款人

發票人得於付款人外，記載一人，爲擔當付款人（票據法第26條第1項）。匯票上載有擔當付款人者，其付款之提示，應向擔當付款人爲之（票據法第69條第2項）。

（二）預備付款人

發票人亦得於付款人外，記載在付款地之一人爲預備付款人（票據法第26條第2項）。無參加承兌人而有預備付款人時，應向預備付款人爲付款之提示（票據法第79條第1項後段）。

（三）付款處所

發票人得記載在付款地之付款處所（票據法第27條）。爲行使或保全票據上權利，對於票據關係人應爲之行爲，應在票據上指定之處所爲之（票據法第20條前段）。

（四）利息與利率

發票人得記載對於票據金額支付利息及其利率（票據法第28條第1項）。利率未經載明時，定爲年息6%（第2項）。利息自發票日起算，但有特約者，不在此限（第3項）。

（五）免除擔保承兌

發票人應照匯票文義擔保承兌及付款。但得依特約免除擔保承兌之責，並應載明於匯票（票據法第29條第1項、第2項）。匯票上有免除擔保付款之記載者，其記載無效（第3項）。

（六）禁止轉讓

記名匯票發票人有禁止轉讓之記載者，不得轉讓（票據法第30條第2項）。背書人於票上記載禁止轉讓者，仍得依背書而轉讓之。但禁止轉讓者，對於禁止後再由背書取得匯票之人，不負責任（第3項）。

（七）指定及禁止承兌之期限

除見票即付之匯票外，發票人或背書人得在匯票上爲應請求承兌之記

載，並得指定其期限（票據法第44條第1項）。發票人得為於一定日期前，禁止請求承兌之記載（第2項）。背書人所定應請求承兌之期限，不得在發票人所定禁止期限之內（第3項）。

（八）承兌或付款提示之縮短或延長

見票後定期付款之匯票，應自發票日起6個月內為承兌之提示。前開期限，發票人得以特約縮短或延長之。但延長之期限不得逾6個月（票據法第45條）。見票即付之匯票，其於提示時，亦得準用之（票據法第66條第2項）。

（九）免除作成拒絕證書

發票人或背書人，得為免除作成拒絕證書之記載（票據法第94條第1項）。

（十）指定應給付之金額

表示匯票金額之貨幣，如為付款地不通用者，得依付款日行市，以付款地通用之貨幣支付之（票據法第75條第1項本文）。但有特約者，不在此限（但書）。

（十一）通知拒絕承兌或拒絕付款義務之免除

發票人背書人及匯票上其他債務人，得於第89條所定拒絕事由通知期限前，免除執票人通知之義務（票據法第90條）。

（十二）發行回頭匯票

有追索權者，得以發票人或前背書人之一人或其他票據債務人為付款人，向其住所所在地發見票即付之匯票。但有相反約定時，不在此限（票據法第102條第1項）。

三、不得記載之事項

不得記載之事項，倘記載之，則生「記載無效」及「票據無效」兩種效果。前者，如匯票上有免除擔保付款之記載者，其記載無效（票據法第29條第3項）。後者，記載事項與匯票之本質牴觸，經記載者，則匯票無效。如附條件之支付委託，將導致匯票無效。

參、案例解析——發票之款式

一、金額記載

記載一定之金額,為匯票之絕對必要記載事項(票據法第24條第1項第2款)。所謂一定金額,係指金額必須確定及不得改寫(票據法第11條第3項)。是匯票金額記載新臺幣(下同)20萬元或30萬元,係屬選擇性之記載,非屬一定金額之記載,該匯票因之無效。

二、票據之簽名

發票人簽名,為匯票之絕對必要記載事項(票據法第24條第1項)。本件匯票發票人欄處,除有甲簽名外,亦有丙之簽名,屬共同發票。職是,甲與丙共同簽名,應就匯票文義負連帶責任。

三、分期付款

分期付款之匯票,其中任何一期,到期不獲付款時,未到期部分,視為全部到期(票據法第65條第2項)。本件匯票記載面額20萬元,自2023年1月11日起自2023年10月11日止,分10期於每月11日付款。其屬分期付款之本票,倘有一期未按期支付時,則視為全部到期。視為到期之匯票金額中所含未到期之利息,而於清償時,應扣減之(第3項)。

第三節 背 書

案例3

甲向建商乙購買預售屋,其簽發面額新臺幣100萬元之匯票交付與乙,作為買賣價金之一部。甲為避免票據關係複雜,保留其與乙間所存之抗辯事由,乃於票據上記載禁止背書轉讓字樣。試問乙嗣後為周轉之用途,將匯票背書轉讓與丙,其效力如何?

壹、背書之定義

所謂背書者（endorse），係指執票人爲轉讓票據權利或其他目的，簽名或蓋章於票據背面，並將票據交付他人所爲之附屬票據行爲。

貳、背書之種類

一、轉讓背書

轉讓背書之目的在於轉讓票據之權利，使後手或受讓人取得有付款請求權及追索權。其有如後效力：（一）權利移轉；（二）權利證明（票據法第37條第1項）[1]；（三）權利擔保之效力（票據法第39條準用第29條第1項）[2]。

（一）一般轉讓背書（94、96、98津師；97、101、102司法官）

1. 完全背書

所謂完全背書或正式背書，係指背書人在匯票之背面或其黏單上爲之（票據法第31條第1項）。背書人記載被背書人，並簽名於匯票者，故爲記名背書（第2項）。在票據背面或黏單上簽名或蓋章，形式上合於背書之規定者，其應負票據法上背書人之責任。縱使非以背書轉讓之意思而背書，爲維護票據之流通性，仍應負背書人之責任。

2. 空白背書

所謂空白背書或略式背書，係指背書人不記載被背書人，僅簽名於匯票者，其爲無記名背書（票據法第31條第3項）。不論係完全或空白背書，背書人均得記載背書之年、月、日（第4項）。再者，空白背書之匯票，得依匯票之交付轉讓之（票據法第32條第1項）。前項匯票，亦得以空白背書或記名背書轉讓之（第2項）。

---

[1]　執票人應以背書之連續，證明其權利。

[2]　發票人應照匯票文義擔保承兌及付款，背書人準用之。

（二）特殊轉讓背書

1. 回頭背書（96司法官）

所謂回頭背書，係指以票據債務人爲被背書人之背書。即匯票得讓與發票人、承兌人、付款人或其他票據債務人（票據法第34條第1項）。回頭背書追索權之行使範圍有一定限制，即執票人爲發票人時，對其前手無追索權（票據法第99條第1項）。而執票人爲背書人時，對該背書之後手無追索權（第2項）。

2. 期後背書（91高考；101律師；95、103、104司法官）

所謂期後背書，係指到期日後所爲之背書。到期日後之背書，僅有通常債權轉讓之效力（票據法第41條第1項）。換言之，作成拒絕付款證書後，或作成拒絕付款證書期限經過後所爲之背書，其謂爲期限後背書，依票據法第41條規定，僅發生債務人得以對抗背書人之事由，轉而對抗被背書人之問題，並非被背書人不得享有票據上權利[3]。

二、非轉讓背書

非轉讓背書之目的，並非轉讓票據之權利，其係有其他目的，其可分委任取款背書與設質背書兩者類型，茲說明如後：

（一）委任取款背書（96律師）

所謂委任取款背書，係指以委任他人代爲取款爲目的。執票人以委任取款之目的，而爲背書時，應於匯票上記載委任取款之文義（票據法第40條第1項）。前開被背書人，得行使匯票上一切權利，並得以同一目的，更爲背書（第2項）。其次之被背書人，所得行使之權利，即與第一被背書人同（第3項）。票據債務人對於受任人所得提出之抗辯，以得對抗委任人者爲限（第4項）[4]。

---

[3] 最高法院105年度台簡上字第35號民事判決。

[4] 最高法院102年度台簡上字第17號民事判決。

（二）設質背書

所謂設質背書，係指為債務擔保而設定質權（pledge）為目的，而於記名票據或記名背書之執票人，倘須設定質權，應以背書方法為之，載明設定質權之意旨，由出質人簽名或蓋章，並將票據交付。

參、背書之記載事項

一、任意記載事項

（一）禁止轉讓背書（94、96律師；101、102司法官；107高考三級法制）

記名匯票發票人有禁止轉讓之記載者，不得轉讓（票據法第30條第2項）[5]。故發票人為此記載者，匯票即失其流通性。而背書人於票上記載禁止轉讓者，仍得依背書而轉讓之。但禁止轉讓者，對於禁止後，再由背書取得匯票之人，不負責任。在票據上記載禁止背書轉讓者，必由為此記載之債務人簽名或蓋章，始生禁止背書轉讓之效力[6]。

（二）背書日期

背書人得記載背書之年、月、日，其為任意記載事項（票據法第31條第4項）。

（三）預備付款人

背書人得記載在付款地之一人，作為預備付款人（票據法第35條）。倘付款人拒絕付款時，由預備付款人參加付款。

（四）免除擔保承兌責任

背書人得依特約免除擔保承兌之責，並載明於匯票（票據法第29條第1項、第39條）。

5　最高法院111年度台上字第2194號民事判決。

6　最高法院68年台上字第3779號、97年度台上字第665號民事判決。

（五）背書人住所

背書人得於票據上記載住所，作爲拒絕事由通知之住所（票據法第89條第4項）。

（六）免除拒絕事由通知之義務

發票人、背書人及匯票上其他債務人，得於第89條所定拒絕事由通知期限前，免除執票人通知之義務（票據法第90條）。

（七）免除作成拒絕證書

發票人或背書人，得爲免除作成拒絕證書之記載（票據法第94條第1項）。票據經記載免除作成拒絕證書，倘票據債務人抗辯執票人未經提示付款，票據債務人應負舉證責任。

二、不生票據法之效力

（一）背書附條件

背書附記條件者（collateral condition），其條件視爲無記載，而背書本身仍有效力，此爲背書之單純性（票據法第36條）。

（二）免除擔保付款

背書人於匯票上記載有免除擔保付款之記載者，該記載無效，而背書本身仍有效力（票據法第29條第3項、第39條）。

三、背書之禁止記載事項

就匯票金額之一部分所爲之背書，或將匯票金額分別轉讓於數人之背書，不生效力，此爲背書之不可分性（票據法第36條）。

肆、背書連續 （99律師；89司法官）

一、背書連續之定義

所謂背書連續者，係指票據上所爲之背書，自最初受款人至最後執票人

間，須前後連續而不間斷，具有權利轉讓之關係。執票人應以背書之連續，證明其權利（票據法第37條第1項前段）。付款人對於背書不連續之支票付款者，應自負其責[7]。

二、背書連續之認定

支票執票人應以背書之連續，證明其權利[8]。而基於票據之流通性、無因性及交易之安全，背書是否連續，僅須依支票背面之記載，形式上得以判斷其連續即可。執票人無須證明支票各背書實質上均屬有效。縱使背書中有無權代理人所爲之背書，或背書有僞造之情形，然於背書之連續並無影響[9]。

（一）背書中有空白背書

背書中有空白背書時，其次之背書人，視爲前空白背書之被背書人（票據法第37條第1項但書）。例如，甲簽發匯票交與乙，乙空白背書轉讓與丙，丙完全背書轉讓與丁，即丙爲乙之被背書人，丁爲丙之被背書人。

（二）背書有塗銷

所謂背書塗銷，係指執票人故意塗銷背書者，其被塗銷之背書人及其被塗銷背書人名次之後，而於未塗銷以前爲背書者，均免其責任（票據法第38條）。反之，背書塗銷者，非執票人故意塗銷之，不影響於票據上之效力（票據法第17條）。塗銷之背書，不影響背書之連續者，對於背書之連續，視爲無記載（票據法第37條第2項）。塗銷之背書，影響背書之連續者，對於背書之連續，視爲未塗銷（第3項）。例如，發票人甲交付票據與乙，乙背書交付與丙，丙背書交付與丁，丁背書交付與戊，戊塗銷丙之背書後，自己背書交付與己。丙與其後手均可免除背書責任。倘丙背書之塗銷影響背書連續，視爲未塗銷，以保護執票人己。

---

[7]　最高法院92年度台上字第4393號刑事判決。

[8]　最高法院111年度台上字第363號民事判決。

[9]　最高法院74年台上字第810號民事判決、87年度台簡抗字第21號民事裁定。

伍、案例解析——禁止背書轉讓

一、無記名匯票

甲簽發之匯票未記載受款人，其為無記名匯票，並無票據法第30條第2項規定，記名匯票發票人有禁止轉讓之記載者，不得轉讓規定之適用。準此，甲於票據上記載禁止背書轉讓之字樣，自不生票據上之效力（票據法第12條）。乙自得將該無記名匯票背書轉讓與丙，該背書轉讓之效力，不受禁止轉讓記載之影響。

二、記名匯票

甲向建商乙購買預售屋，其簽發面額新臺幣100萬元之記名匯票交付與乙，作為買賣價金之一部。甲為避免票據關係複雜，保留其與乙間因買賣關係所生之抗辯權，而於票據上記載禁止背書轉讓之字樣。嗣後乙為周轉之用途，將匯票背書轉讓與丙，違反票據法第30條第2項規定，故乙之背書不生背書之效力，僅發生民法債權讓與之效力[10]。準此，發票人甲得以其與背書人乙間所存之抗辯事由對抗執票人丙。

第四節　承　兌

案例4

　　甲向乙購買貨物，簽發以丙為付款人、發票日為2024年1月1日、到期日為2024年3月1日之匯票與乙，乙將該張匯票背書轉讓與丁。試問：（一）甲簽發匯票時，可否記載本匯票應於發票日起20日內請求承兌？或本匯票應於發票日後20日內請求承兌？（二）甲為前開提示期間限制後，背書人乙得否再為有關承兌期間之限制？（三）執票人丁向付款人丙提示承兌時，丙記載「乙如期交貨後始付款」，其效力為何？

---

[10]　債務人於受通知時，所得對抗讓與人之事由，均得以之對抗受讓人。

壹、承兌之定義

所謂承兌者（accept），係指匯票付款人於到期日前表示接受或承諾支付委託（promise to pay），記載願照票據文義付款所為之票據附屬行為。職是，承兌為匯票所獨有之制度。

貳、承兌之種類

一、以承兌之方式區分

（一）正式承兌

承兌應在匯票正面記載「承兌」字樣，並由付款人簽名或蓋章之承兌（票據法第43條前段）。

（二）略式承兌

付款人僅在匯票正面簽名或蓋章者，而未記載「承兌」字樣，視為承兌（票據法第43條後段）。

二、以承兌有無限制區分

（一）單純承兌

所謂單純承兌者，係指完全依照票載之文義予以承兌，不附加任何條件或負擔之情形。

（二）不單純承兌

1. 一部承兌

付款人承兌時，經執票人之同意，得就匯票金額之一部分為之。但執票人應將事由通知其前手（票據法第47條第1項）。匯票全部或一部不獲承兌或付款，執票人應請求作成拒絕證書證明之，俾於進行期前追索（票據法第86條第1項）。

2.附條件承兌

承兌附條件者，視爲承兌之拒絕。但承兌人仍依所附條件負其責任（票據法第47條第2項）。就執票人而言，承兌附條件者，視爲承兌之拒絕，其得於到期日前行使追索權，或者依據所附之條件，行使付款請求權，兩者得任選其一行使。

參、承兌之提示

一、提　示

（一）提示之定義

所謂提示者，係指執票人現實出示票據，以行使或保全票據權利之行爲，其爲承兌之前提，受提示人爲付款人（票據法第42條）。

（二）提示之期間

執票人於匯票到期日前，得向付款人爲承兌之提示（票據法第42條）。除見票即付之匯票外，發票人或背書人得在匯票上爲應請求承兌之記載，並得指定其期限（票據法第44條第1項）。發票人得爲於一定日期前，禁止請求承兌之記載（第2項）。準此，背書人所定應請求承兌之期限，不得在發票人所定禁止期限之內（第3項）。執票人不於指定承兌期限內爲承兌行爲者，對於該約定之前手，喪失追索權（票據法第104條第2項）。

二、承　兌

承兌爲付款人之行爲，承兌後付款人即成爲承兌人，其爲匯票之主債務人（principal debtor）。付款人於執票人請求承兌時，得請其延期爲之，但以3日爲限，此爲承兌之考慮期間（票據法第48條）。匯票之付款人對於執票人所負付款義務，係基於承兌行爲而生，故一經承兌，倘非合法撤銷，則不能拒絕付款。

肆、承兌之款式

一、應記載事項

（一）絕對必要記載事項

正式承兌之絕對必要記載事項為「承兌字樣」及「簽名或蓋章」承兌。而略式承兌之絕對必要記載事項，僅在匯票正面「簽名或蓋章」，即可完成承兌行為。

（二）相對必要記載事項

見票後定期付款之匯票，或指定請求承兌期限之匯票，應由付款人在承兌時，記載其日期（票據法第46條第1項）。承兌日期未經記載時，承兌仍屬有效。但執票人得請求作成拒絕證書，證明承兌日期；未作成拒絕證書者，以第45條所許或發票人指定之承兌期限之末日，為承兌日（第2項）[11]。

二、得記載事項

（一）擔當付款人

付款人於承兌時，得指定擔當付款人（person designated as payer）（票據法第49條第1項）。發票人已指定擔當付款人者，付款人於承兌時，得塗銷或變更之（第2項）。

（二）付款處所

付款人於承兌時，得於匯票上記載付款地（place of disbursement）之付款處所（票據法第50條）。

伍、承兌之效力

付款人於承兌後，應負付款之責，成為票據之第一債務人（票據法第52條第1項）。承兌人到期不付款者，執票人雖係原發票人，亦得就第97條及第

---

[11] 票據法第45條規定：見票後定期付款之匯票，應自發票日起6個月內為承兌之提示。前項期限，發票人得以特約縮短或延長之。但延長之期限不得逾6個月。

98條所定之金額，直接請求支付（第2項）。

陸、承兌之塗銷

所謂承兌之塗銷者，係指承兌生效前，將其承兌之表示塗銷，以撤回其承兌。付款人雖在匯票上簽名承兌，未將匯票交還執票人前，仍得撤銷其承兌。但已向執票人或匯票簽名人以書面通知承兌者，不在此限（票據法第51條）。

柒、案例解析——承兌之提示

一、發票人記載提示期限

除見票即付之匯票外，發票人得在匯票上為應請求承兌之記載，並得指定其期限（票據法第44條第1項）。發票人得為於一定日期前，禁止請求承兌之記載（第2項）。執票人不於指定承兌期限內為承兌行為者，對於該約定之前手，喪失追索權（票據法第104條第2項）。發票人甲簽發匯票時，自得記載本匯票應於發票日起20日內請求承兌，此稱承兌提示之命令；或者本匯票應於發票日後20日內請求承兌，此為承兌提示之禁止。

二、背書人記載提示期限

除見票即付之匯票外，背書人固得在匯票上為應請求承兌之記載，並得指定其期限（票據法第44條第1項）。惟背書人所定應請求承兌之期限，不得在發票人所定禁止期限之內（第3項）。是甲為前開提示期間限制後，背書人乙固得再為有關承兌期間之限制，然不得在發票人所定禁止期限內為之。

三、附條件承兌

承兌附條件者，視為承兌之拒絕。但承兌人仍依所附條件負其責任（票據法第47條第2項）。執票人丁向付款人丙提示承兌時，丙記載「乙如期交貨後始付款」，就執票人丁而言，承兌附條件者，視為承兌之拒絕，其得於到期日前行使追索權。或者不行使追索權，丁得依據所附之條件，乙於匯票到

期日前有如期交貨，而向付款人丙爲付款之提示，行使付款請求權。

第五節　參加承兌

案例5

　　甲於2023年1月1日簽發到期日爲2023年5月5日之匯票，面額新臺幣20萬元，以乙爲付款人，交付與丙，丙得票後轉讓與丁，丁於同年4月4日持票請求乙承兌，發現乙故意逃避。試問丁欲行使期前追索權，適有戊出面表示願意參加承兌，其效力爲何？

壹、參加承兌之定義

　　所謂參加承兌者（acceptance by intervention），係指特定票據人之利益，由第三人加入票據關係，以阻止執票人於到期日前行使追索權之一種附屬票據行爲，其爲匯票獨有之制度（票據法第53條）。

貳、參加承兌之程序

一、參加承兌之時期

　　參加承兌在於阻止期前追索，即在到期日前有下列情事發生，得參加承兌（票據法第85條第2項）：（一）匯票不獲承兌時；（二）付款人或承兌人死亡、逃避或其他原因無從爲承兌或付款提示時；（三）付款人或承兌人受破產宣告時。

二、參加承兌人之資格

（一）預備付款人

　　執票人於到期日前得行使追索權時，匯票上指定有預備付款人者，得請

求其爲參加承兌（票據法第53條第1項）。倘預備付款人自動參加承兌者，執票人不得拒絕，此爲當然承兌。

（二）票據債務人以外第三人

除預備付款人與票據債務人外，不問何人，經執票人同意，得以票據債務人中之一人，爲被參加人，而爲參加承兌，此爲任意參加（票據法第53條第2項）。

參、參加承兌之款式

一、記載處所

參加承兌，應在匯票正面記載之，並由參加承兌人簽名或蓋章（票據法第54條第1項）。

二、記載事項

參加承兌之記載事項如後：（一）參加承兌意旨：記載參加承兌意旨之文義（票據法第54條第1項第1款）；（二）被參加人姓名：何人爲被參加人，應載明之（第1項第2款）。未記載被參加人者，視爲爲發票人參加承兌（第2項）；預備付款人爲參加承兌時，以指定預備付款人之人，爲被參加人（第3項）；（三）記載參加承兌年月日，以確定該項票據行爲生效之時期（第1項第3款）。

肆、參加承兌之效力

一、對參加人之效力

（一）通知義務

參加人非受被參加人（acceptee）之委託，而爲參加者，應於參加後4日內，將參加事由，通知被參加人（票據法第55條第1項）。參加人怠於爲前開通知，因而發生損害時，應負賠償之責（第2項）。

（二）償還義務

付款人或擔當付款人，不於第69條及第70條所定期限內付款時，參加承兌人，應負支付第97條所定金額之責（票據法第57條）。詳言之，付款人或擔當付款人，經執票人為付款提示，不於到期日或其後2日內，為付款之提示；或者付款經執票人之同意，得延期為之，而不於所延期限內為付款者，參加承兌人應支付匯票金額、利息、作成拒絕證書與通知及其他必要費用。

二、對執票人之效力

執票人允許參加承兌後，則不得於到期日前行使追索權（票據法第56條第1項）。故參加承兌有阻止期前追索之功能，此為其消極效力。

三、對被參加人及其前手之效力

被參加人及其前手，仍得於參加承兌後，向執票人支付，第97條所定金額，請其交出匯票及拒絕證書（票據法第56條第2項）。

四、對被參加人後手之效力

被參加付款人之後手，雖得因參加付款而免除債務（票據法第84條第2項）。惟參加承兌人未付款時，仍無法免責。

伍、案例解析——參加承兌之程序

一、期前追索

付款人逃避而無從為承兌時，執票人得於到期日前行使追索權（票據法第85條第2項第2款）。甲於2023年1月1日簽發到期日為2023年5月5日之匯票，以乙為付款人，交付與丙，丙得票後轉讓與丁，丁於同年4月4日持票請求乙承兌，乙故意逃避，執票人丁於行使或保全匯票上權利之行為後，得對於背書人丙、發票人甲行使追索權。

二、票據債務人以外第三人參加承兌

除預備付款人與票據債務人外，不問何人，經執票人同意，得以票據債務人中之一人，為被參加人，而為參加承兌（票據法第53條第2項）。執票人丁欲行使期前追索權，適有戊出面表示願意參加承兌，因戊非預備付款人或票據債務人，應經執票人丁同意，得以票據債務人甲或丙中之一人，為被參加人而為參加承兌，以避免第三人串通債務人共謀，出面參加承兌，以圖拖延時日[12]。

第六節 保 證

案例6

甲簽發以乙為付款人、面額為新臺幣100萬元之匯票與丙，作為買賣貨物之價金，丙嗣後將該匯票背書轉讓與丁。試問：（一）丁要求丙之友戊為保證人，戊得否擔任保證人？（二）丁要求乙為保證人，乙得否擔任保證人？（三）丁要求A塑膠股份有限公司為保證人，A公司得否擔任保證人？（四）丁要求A公司於匯票上背書，A公司得否為背書行為？

壹、票據保證之定義

所謂票據保證者（guarantee），係指票據債務人以外之第三人，以擔保特定票據債務履行票據債務為目的，所為要式與單獨之附隨票據行為。其具有獨立性，縱使被保證人之債務為無效，保證人仍負擔其義務。除非被保證人之債務，因方式之欠缺，而為無效者，不在此限（票據法第61條第2項）。

---

[12] 梁宇賢，票據法實例解說，三民書局股份有限公司，1992年2月，增訂4版，頁328。

貳、保證程序

一、保證時期

票據法對票據保證時期，未明文規定，解釋上不以到期日前爲限，甚至於票據權利消滅時效（extinctive prescription）完成後，亦得爲之。

二、保證人與被保證人 （94律師）

匯票之債務，得由保證人保證之（票據法第58條第1項）。保證人（guarantor），除票據債務人外，不問何人，均得爲之（第2項）。準此，被保證人（guaranteed person）以票據債務人爲限。

三、票據保證之記載 （98律師）

保證應在匯票或其謄本、黏單上之正面或反面，記載下列各款，由保證人簽名（票據法第59條第1項）：

（一）保證之意旨

保證得就匯票金額之一部分爲之，此爲一部保證（票據法第63條）。而債務人以外之人不於票據上記明保證字樣，而簽發票據直接交與債權人之方式，以達成保證目的，此爲隱存之票據保證[13]。

（二）被保證人姓名

保證未載明被保證人者，視爲爲承兌人保證；其未經承兌者，視爲爲發票人保證，此爲被保證人之擬制。但得推知其爲何人保證者，不在此限（票據法第60條）。

（三）年、月、日

保證未載明年、月、日者，以發票年、月、日爲年、月、日（票據法第59條第2項）。

---

[13] 最高法院92年度台上字第593號民事判決。

參、票據保證之效力

一、保證人責任（103司法官；107行政執行官）

（一）從屬性

保證人與被保證人，負同一責任（票據法第61條第1項）。故保證人之債務與被保證人之債務，在種類上及數量上應完全相同，此為票據保證人責任之從屬性。所謂同一責任，係指保證人與被保證人所負責任相同，票據之保證人不得主張民法上之先訴抗辯權。倘債權人允許主債務人延期清償，一般保證人固不負保證責任之規定（民法第755條）。然票據保證人與被保證人負同一責任，票據保證人不得因執票人同意票據被保證人延期給付款而主張免責，不負票據責任[14]。

（二）獨立性

所謂獨立性，係指被保證人之債務，縱為無效，保證人仍負擔其義務。但被保證人之債務，因方式之欠缺，而為無效者，不在此限（票據法第61條第2項）。例如，為發票人保證，而發票人並未於匯票上簽名或蓋章時，保證人即不負保證責任。

（三）共同票據保證

二人以上為保證時，均應連帶負責（票據法第62條）。職是，共同票據保證（coinsurer）之場合，保證人應就被保證之債務，各負全部之責任。

二、保證人權利

保證人清償債務後，得行使執票人對承兌人、被保證人及其前手之追索權，此為法定之移轉（票據法第64條）。故被保證人或其前手，不得以對抗執票人之事由，對抗保證人。

---

[14] 最高法院87年度台上字第1389號民事判決。

肆、案例解析——匯票保證人資格與限制

一、保證人之資格

匯票之債務，得由保證人保證之（票據法第58條第1項）。除票據債務人外，不問何人，均得為之，被保證人以票據債務人為限（第2項）。準此，甲簽發以乙為付款人、面額為新臺幣100萬元之匯票與丙，作為買賣貨物之價金。丙嗣後將該匯票背書轉讓與丁，丁要求戊為保證人，因戊非票據債務人，其自得擔任保證人。

二、付款人得為保證人

付款人於承兌前，尚非匯票之債務人，是執票人丁要求付款人乙為保證人，乙於承兌前，自得擔任本件匯票之保證人。

三、公司為保證人之限制

公司除依其他法律或公司章程規定得為保證者外，不得為任何保證人（公司法第16條第1項）。準此，執票人丁要求A塑膠股份有限公司為保證人，除非A公司依據其他法律或公司章程規定得為保證者外，原則不得擔任匯票保證人。

四、公司得為背書人

公司法第16條第1項雖規定公司不得為任何保證人，惟公司為匯票背書行為，則為法所准許。準此，丁得要求A塑膠股份有限公司於該匯票上背書，使A公司依據匯票文義負擔保承兌與付款責任（票據法第39條準用第29條）。

第七節　到期日

案例7

　　甲簽發匯票與乙，倘該匯票分別記載如後，試問其到期日如何計算？（一）發票日為2023年1月1日，發票日後1個月半付款。（二）發票日為2023年4月30日，發票日後1個月付款。（三）發票日為2023年9月30日，發票日後5個月付款。（四）發票日為2023年12月30日，發票日後3個月半付款。

壹、到期日之定義與作用

一、到期日之定義

　　所謂到期日者（date of maturity），係指匯票上所記載對於一定金額應為支付之日期，票據債務人應依照票據文義履行付款義務，票據債權人得請求付款之期日。

二、到期日之作用

　　到期日具有下列三種作用：（一）執票人應於到期日或其後2日內，為付款之提示（票據法第69條第1項），否則對其前手喪失追索權（票據法第104條）；（二）票據權利之消滅時效，自到期日起進行（票據法第22條第1項）；（三）到期日前之付款，執票人得拒絕之。付款人於到期日前付款者，應自負其責（票據法第72條）。

貳、到期日種類

一、見票即付（98司法官）

　　所謂見票即付之匯票或即期匯票，係指見票後立即付款之匯票，其記載

「見票即付」字樣（票據法第65條第1項第3款）。未載到期日者（maturity date），視為見票即付（票據法第24條第2項）。見票即付之匯票，以提示日為到期日（票據法第66條第1項）。見票後定期付款之匯票，應自發票日起6個月內為承兌之提示。前項期限，發票人得以特約縮短或延長之。但延長之期限不得逾6個月（票據法第45條、第66條第2項）。

二、定日付款

所謂定日匯票或定期匯票，係指定期日付款匯票（票據法第65條第1項第1款）。例如，到期日為2024年1月1日。票上僅載月初、月中、月底者，謂月之1日、15日、末日（票據法第68條第3項）。

三、發票日後定期付款

所謂發票日後定期付款或計期付款，係指發票日後定期付款之匯票（票據法第65條第1項第2款）。例如，發票日後2個月付款。發票日後1個月或數個月付款之匯票，以在應付款之月與該日期相當之日為到期日，無相當日者，以該月末日為到期日（票據法第68條第1項）。發票日後1個月半或數個月半付款之匯票，應依前開規定計算全月後，加15日，以其末日為到期日（第2項）。

四、見票後定期付款

見票後定期付款或註期匯票，係指見票後定期付款之匯票（票據法第65條第1項第4款）。例如，見票後30日付款。所謂見票，係指承兌時之見票。而見票後定期付款之匯票，或指定請求承兌期限之匯票，應由付款人在承兌時，記載其日期（票據法第46條第1項）。藉以確定到期日。見票後定期付款之匯票，依承兌日或拒絕承兌證書作成日，計算到期日（票據法第67條第1項）。匯票經拒絕承兌而未作成拒絕承兌證書者，應自發票日起6個月之末日，或發票人依據特約延長，自發票日不逾1年期限之末日，計算到期日（第2項）。再者，見票日後1個月或數個月付款之匯票，以在應付款之月與該日期相當之日為到期日，無相當日者，以該月末日為到期日（票據法第68條第1

項）。見票日後1個月半或數個月半付款之匯票，應依前開規定計算全月後，加15日，以其末日爲到期日（第2項）。票上僅載月初、月中、月底者，謂月之1日、15日、末日（第3項）。

參、分期付款之匯票

一、分期付款之定義

所謂分期付款（installment payment）之匯票者，係指匯票債務人對於票據上之金額，以分期之方式而爲付款之匯票。其到期日之計算方式，適用票據法第65條第1項規定。

二、喪失分期利益之事由

（一）分期款遲延

分期付款之匯票，其中任何一期，到期不獲付款時，未到期部分，視爲全部到期（票據法第65條第2項）。前開視爲到期之匯票金額中所含未到期之利息，而於清償時，應扣減之（第3項）。

（二）利息遲延

利息（interest）經約定於匯票到期日前分期付款者，任何一期利息到期不獲付款時，全部匯票金額視爲均已到期（票據法第65條第4項）。

肆、案例解析——到期日之計算方式

一、發票日後1個月半付款

發票日後1個月半或數個月半付款之匯票，應依第68條第1項規定計算「全月後」，加「15日」，以其末日爲到期日（票據法第68條第2項）。匯票記載發票日爲2023年1月1日，發票日後1個月半付款，其到期日爲2023年2月16日。

二、發票日後1個月付款

發票日後1個月或數個月付款之匯票,以在應付款之月與該日期相當之日為到期日,無相當日者,以該月末日為到期日(票據法第68條第1項)。匯票記載發票日為2023年4月30日,發票日後1個月付款,其到期日為2023年5月30日。

三、無相當日者,而以該月末日為到期日

匯票記載發票日為2023年9月30日,發票日後5個月付款。因2023年2月並無30日,依據票據法第68條第1項後段,其到期日為2023年2月28日。

四、發票日後3個月半付款

依據票據法第68條第2項規定,發票日為2023年12月30日,發票日後3個月半付款,其到期日為2024年4月14日。

第八節　付　款

案例8

甲於2024年1月1日簽發以乙為付款人、面額新臺幣100萬元,到期日為2024年3月1日之匯票與丙,丙背書轉讓與丁。試問:(一)執票人丁應於何時向何人為付款提示?(二)執票人丁遲至2024年4月1日始為付款提示,其效力如何?

壹、付款之定義與種類

一、付款之定義

所謂付款者(pay),係指付款人、承兌人或擔當付款人向執票人支付票

據金額，以消滅票據關係之行為。

二、付款之種類

（一）以支付金額區分

依據付款時是否支付票據金額之全部為區分，可分「全部付款」與「一部付款」：1.所謂全部付款，係指支付票據金額之全部；2.所謂一部付款，係指支付票據金額之一部（票據法第73條）。

（二）以到期日區分

1. 到期付款

執票人應於到期日或其後2日內，為付款之提示（票據法第69條第1項）。付款經執票人之同意，得延期為之，但以提示後3日為限（票據法第70條）。

2. 期外付款

所謂期外付款者，係指非於到期期間付款而言。其亦可分期前付款及期後付款：(1)期前付款依據票據法第72條規定，到期日前之付款，執票人得拒絕之。付款人於到期日前付款者，應負擔危險責任；(2)所謂期後付款，係指付款提示期間經過後，或拒絕付款證書作成後之付款。承兌人為匯票之主債務人，負有絕對付款責任，在法定付款提示期限經過後，迄消滅時效完成前，仍不能免除其付款之義務。倘執票人在第69條所定期限內，不為付款之提示時，票據債務人得將匯票金額依法提存；其提存費用，由執票人負擔之（票據法第67條）。依法提存後，可免除票據債務。

貳、付款之程序

一、提　示

所謂提示者（prompt），係指執票人向付款人、承兌人或擔當付款人現實出示票據，請求其付款之行為。

（一）提示期間

1. 見票即付

見票即付之匯票，以提示日為到期日（票據法第66條第1項）。第45條規定，其於前開提示準用之（第2項）。即見票後定期付款之匯票，應自發票日起6個月內為承兌之提示（票據法第45條第1項）。前開期限，發票人得以特約縮短或延長之。但延長之期限不得逾6個月（第2項）。

2. 非見票即付（94司法官）

執票人應於到期日或其後2日內，為付款之提示（票據法第69條第1項）。匯票上雖有免除作成拒絕證書之記載，執票人仍應於所定期限內，為承兌或付款之提示，但對於執票人主張未為提示者，應負舉證之責（票據法第95條）。

（二）當事人

提示之當事人有提示人及受提示人，提示人為執票人（holder）與其代理人。受提示人有四：1.付款人；2.擔當付款人：匯票上載有擔當付款人者，其付款之提示，應向擔當付款人為之（票據法第69條第2項）；3.票據交換所：為交換票據，向票據交換所提示者，其與付款之提示，有同一效力（票據法第69條第3項）；4.參加承兌人與預備付款人：付款人或擔當付款人不於第69條及第70條所定期限內付款者，有參加承兌人時，執票人應向參加承兌人為付款之提示；無參加承兌人而有預備付款人時，應向預備付款人為付款之提示（票據法第79條第1項）。

二、付　款

（一）付款時期

原則上，匯票已屆到期日執票人提示票據請求付款時，應即付款。例外情事，係經執票人之同意，得延期為之。但以提示後3日為限（票據法第70條）。

（二）付款人之責任

付款人於付款時負有審查票據之責任，其應審查票據是否具備法定款式與背書是否連續。換言之，付款人對於背書不連續之匯票而付款者，應自負其責（票據法第71條第1項）。至於付款人對於背書簽名之眞僞或執票人是否票據權利人，不負認定之責。除非具有惡意及重大過失時，不在此限（第2項）。

（三）付款人之權利

1. 請求交出票據

因匯票爲繳回證券，故付款人付款時，得要求執票人記載收訖字樣，簽名爲證，並交出匯票（票據法第74條第1項）。

2. 一部付款

付款人爲一部分之付款，執票人不得拒絕（票據法第73條）。付款人爲一部分之付款時，得要求執票人在票上記載所收金額，並另給收據（票據法第74條第2項）。匯票一部不獲付款，執票人應請求作成拒絕證書證明之（票據法第86條第1項）。倘執票人未遵守前開規定，則會喪失追索權。

（四）付款之標的

匯票爲金錢證券，故其付款之標的，自應以貨幣爲限。詳言之，表示匯票金額之貨幣，如爲付款地不通用者，得依付款日行市，以付款地通用之貨幣支付之。但有特約者，不在此限（票據法第75條第1項）。表示匯票金額之貨幣，倘在發票地與付款地，名同價異者，推定其爲付款地之貨幣（第2項）。

三、付款之效力

匯票經付款後，票據權利即歸於消滅。故付款人就票據金額之全部付款，該票據權利全部消滅；倘就票據金額之一部付款，則票據權利僅一部消滅。

參、案例解析──付款提示

一、提示期間

執票人應於到期日或其後2日內，為付款之提示（票據法第69條第1項）。甲於2024年1月1日簽發以乙為付款人、面額新臺幣100萬元、到期日為2024年3月1日之匯票與丙，丙背書轉讓與丁，執票人丁應於2024年3月1日起至同年3月3日止，向付款人乙為付款之提示。

二、不遵期提示之效果

執票人不於本法所定提示期間為付款之提示，將對於前手喪失追索權（票據法第104條第1項）。執票人丁遲至2024年4月1日始為付款提示，已喪失對其前手即發票人甲與背書人丙之追索權。對付款人乙而言，未就匯票加以承兌時，乙非屬票據債務人，自不負付款之義務。反之，乙已為承兌，因承兌人為匯票之主債務人，負有絕對付款責任，在法定付款提示期限經過後，迄消滅時效完成前，仍不能免除其付款之義務，縱使執票人丁未遵期提示，承兌人乙仍應負責（票據法第22條第1項）。

三、利益償還請求權

票據上之債權，雖依本法因時效或手續之欠缺而消滅，執票人對於發票人或承兌人，而於其所受利益之限度，得請求償還（票據法第22條第4項）。準此，倘承兌人因承兌而受有利益，其於所受利益之限度，應償還與執票人丁。

第九節　參加付款

案例9

> 甲於2024年1月1日簽發面額新臺幣100萬元之匯票，到期日2024年3月1日，乙為付款人，丙為預備付款人，甲交付與丁，丁背書轉讓與戊，戊於到期日，持票向付款人提示，請求付款被拒絕。試問：（一）何人有資格為參加付款人？（二）丙參加付款後，有何權利義務？

壹、參加付款之定義

所謂參加付款者（payment for honour），係指付款人或擔當付款人以外之第三人，於票據拒絕承兌或拒絕付款時，為特定票據債務人之利益，向執票人為付款，以阻止追索權行使之行為。

貳、參加付款之程序

一、參加之時期

參加付款，應於執票人得行使追索權時為之。但至遲不得逾拒絕證書作成期限之末日（票據法第77條）。所謂之拒絕證書，包括拒絕承兌證書及拒絕付款證書。詳言之：（一）拒絕承兌證書，應於提示承兌期限內作成之（票據法第87條第1項）；（二）拒絕付款證書，應以拒絕付款日或其後5日內作成之（第2項本文）。但執票人允許延期付款時，應於延期之末日，或其後5日內作成之（第2項但書）。

二、參加付款之當事人

（一）參加人

1. 一般參加人

所謂一般參加或任意參加，係指參加付款，不問何人均得為之（票據法第78條第1項）。倘執票人拒絕參加付款者，對於被參加人及其後手喪失追索權（第2項）。

2. 當然參加人

參加承兌人及預備付款人為當然參加人（payer for honour）。詳言之，付款人或擔當付款人不於票據法第69條及第70條所定期限內付款者，有參加承兌人（acceptor for honour）時，執票人應向參加承兌人為付款之提示；無參加承兌人而有預備付款人時，應向預備付款人為付款之提示（票據法第79條第1項）。參加承兌人或預備付款人，不於付款提示時為清償者，執票人應請作成拒絕付款證書之機關，於拒絕證書上載明之（第2項）。執票人違反前開規定時，對於被參加人與指定預備付款人之人及其後手，喪失追索權（第3項）。

3. 優先參加人

所謂競合參加，係指請求為參加付款者，有數人時，其能免除最多數之債務者，有優先權（right of priority）（票據法第80條第1項）。故意違反前開規定為參加付款者，對於因之未能免除債務之人，喪失追索權（第2項）。能免除最多數之債務者有數人時，應由受被參加人之委託者或預備付款人參加之（第3項）。

（二）被參加人

所謂被參加人，係指因參加付款而受有利益之人。被參加人當然是票據債務人，其包含發票人、背書人、承兌人、保證人。

三、參加付款之金額

參加付款，應就被參加人應支付金額之全部為之，故不許一部參加付款

（票據法第81條）。

參、參加付款之款式

參加付款，應於「拒絕付款證書」內記載之（票據法第82條第1項），或者「拒絕承兌證書」。並在其上簽名或蓋章，以負文義之責任（票據法第5條第1項）。其應記載事項如後：（一）參加付款之意旨；（二）被參加人姓名：參加承兌人付款，以被參加承兌人為被參加付款人，預備付款人付款，以指定預備付款人之人為被參加付款人（票據法第82條第2項）。無參加承兌人或預備付款人，而匯票上未記載被參加付款人者，以發票人為被參加付款人，能免除最多數人之債務（第3項）；（三）參加付款之年、月、日。

肆、參加付款之效力

一、執票人

執票人拒絕參加付款者，對於被參加人及其後手喪失追索權（票據法第78條第2項）。參加付款後，執票人應將匯票及收款清單交付參加付款人，有拒絕證書者，應一併交付之（票據法第83條第1項）。違反前開規定者，對於參加付款人，應負損害賠償責任（第2項）。

二、參加付款人

參加付款人對於承兌人、被參加付款人及其前手取得執票人之權利。但不得以背書更為轉讓（票據法第84條第1項）。被參加付款人之後手，因參加付款而免除債務（第2項）。

伍、案例解析——參加付款人之資格與權義

一、參加付款人之資格

甲簽發匯票交與丁，乙為付款人，丙為預備付款人，丁背書轉讓與戊，戊於到期日，持票向付款人乙提示，請求付款被拒絕時，預備付款人丙為

當然參加人，丙得參加付款。或者，由任何人參加付款（票據法第78條第1項）。倘執票人戊拒絕參加付款者，對於被參加人及其後手喪失追索權（第2項）。

二、參加付款人之權利義務

（一）參加付款人之權利

丙參加付款後，執票人戊應將匯票及收款清單交付參加付款人丙，有拒絕證書者，應一併交付之。丙雖對於被參加付款人丁及其前手甲取得執票人之權利，惟丙不得以背書更為轉讓（票據法第84條第1項），僅得依據民法一般債權讓與方法為之（民法第297條至第299條）。

（二）參加付款人之義務

參加人丙非受被參加人丁之委託，而為參加者，應於參加後4日內，將參加事由，通知被參加人丁。參加人丙怠於為前開通知，因而發生損害時，應負賠償之責（票據法第55條、第82條第4項）。

第十節　追索權

案例10

甲向乙購買坐落臺北市文山區土地一筆，其簽發以丙為付款人、票面金額為新臺幣300萬元、到期日2023年10月11日之記名式匯票與乙，作為支付買賣價金之用途。乙背書轉讓與丁，丁再背書轉讓與戊，執票人戊遵期向付款人丙為付款提示，惟未獲付款。試問：（一）執票人戊得向何人行使追索權？其得請求之金額為何？（二）執票人戊與發票人達成協議，由甲另行簽發一張新匯票，向戊換回該未獲付款之匯票，原票據債務人應否對新匯票負責？

壹、追索權之定義

　　所謂追索權者（right of recovery），係指票據不獲付款或不獲承兌或其他之法定原因時，執票人於行使或保全票據上之權利後，對於其前手請求償還票據金額、利息及費用之一種票據上之權利（票據法第85條第1項）。

貳、追索權之種類

一、到期追索

　　匯票到期不獲付款時，執票人於行使或保全匯票上權利之行為後，對於背書人、發票人及匯票上其他債務人，得行使票據之追索權（票據法第85條第1項）。

二、期前追索

　　匯票有下列情形之一者，雖在到期日前，執票人得行使追索權（票據法第85條第2項）：（一）匯票不獲承兌時；（二）付款人或承兌人死亡、逃避或其他原因無從為承兌或付款提示時；（三）付款人或承兌人受破產宣告（rendition of bankruptcy）時。

參、追索權之主體

一、追索權人

（一）執票人

　　執票人得不依負擔債務之先後，對於發票人、承兌人、背書人及其他票據債務人之一人或數人或全體，行使票據之追索權（票據法第96條第1項、第2項）。

（二）背書人 (96司法官)

　　背書人被追索者，已為清償時，雖與執票人有同一權利，得行使對其前手之追索權（票據法第96條第4項）。然執票人為發票人時，對其前手無追索

權（票據法第99條第1項）。執票人為背書人時，對該背書之後手無追索權
（第2項）。

（三）保證人

保證人清償債務後，得行使執票人對承兌人、被保證人及其前手之追索
權（票據法第64條）。

（四）參加付款人

參加付款人對於承兌人、被參加付款人及其前手取得執票人之權利（票
據法第84條第1項本文）。

二、償還義務人

（一）發票人及背書人

發票人應照匯票文義擔保承兌及付款（票據法第29條第1項本文、第39
條）。匯票到期不獲付款時，執票人於行使或保全匯票上權利之行為後，對
於背書人、發票人得行使追索權（票據法第85條第1項）。

（二）承兌人

承兌人與發票人、背書人及其他票據債務人，對於執票人連帶負責（票
據法第96條第1項）。執票人得不依負擔債務之先後，對於前開債務人之一人
或數人或全體行使追索權（第2項）。

（三）保證人及參加承兌人

保證人與被保證人，負同一責任（票據法第61條第1項）。付款人或擔當
付款人，不於第69條及第70條所定期限內付款時，參加承兌人，應負支付第
97條所定金額之責（票據法第57條）。

肆、追索權之客體

一、最初追索

執票人向匯票債務人行使追索權時，得要求下列金額（票據法第97條第1項）：（一）匯票金額及約定利息：被拒絕承兌或付款之匯票金額，如有約定利息者，其利息（第1項第1款）。而於到期日前付款者，自付款日至到期日前之利息，應由匯票金額內扣除（第2項）。無約定利率者，依年息6%計算（第3項）；（二）法定利息：自到期日起如無約定利率者，依年息6%計算之利息（第1項第2款）；（三）必要費用：作成拒絕證書與通知及其他必要費用。費用以必要為限（第1項第3款）。例如，郵費、計算書作成之費用。

二、再追索

票據債務人為第97條之清償者，得向承兌人或前手要求下列金額：（一）所求付之總金額；（二）前款金額之利息；（三）所支出之必要費用（票據法第98條第1項）。發票人為第97條之清償者，亦得向承兌人要求前開金額、利息及費用（第2項）。

伍、追索權之行使程序

一、匯票之遵期提示

（一）原　則（98律師；98司法官）

執票人須於法定或約定期限內為承兌提示或付款提示，匯票上雖有免除作成拒絕證書之記載，執票人仍應於所定期限內，為承兌或付款之提示。但對於執票人主張未為提示者，應負舉證之責（票據法第95條）。執票人未於法定期限內提示者，則喪失追索權（票據法第104條）。

（二）例　外

匯票不須遵期提示之事由如後：1.已作成拒絕承兌證書者：拒絕承兌證

書作成後，無須再為付款提示，亦無須再請求作成付款拒絕證書（票據法第88條）；2.無從提示者：付款人或承兌人死亡、逃避或其他原因無從為承兌或付款提示時（票據法第85條第2項第2款）；3.付款人或承兌人受破產宣告時（第3款）；4.不可抗力事變：執票人因不可抗力之事變（force majeure event），不能於所定期限內為承兌或付款之提示，應於不可抗力之事變終止後，執票人應即對付款人提示。如事變延至到期日後30日以外時，執票人得逕行使追索權，無須提示或作成拒絕證書。匯票為見票即付或見票後定期付款者，30日之期限，自執票人通知其前手之日起算（票據法第105條）。

二、拒絕證書之作成

（一）原　則

匯票全部或一部不獲承兌或付款，或無從為承兌或付款提示時，執票人應請求作成拒絕證書證明之（票據法第86條第1項）。作成之期限如後：1.拒絕承兌證書，應於提示承兌期限內作成之（票據法第87條第1項）；2.拒絕付款證書，應以拒絕付款日或其後5日內作成之（第2項）。但執票人允許延期付款時，應於延期之末日，或其後5日內作成之（第3項）。

（二）例　外

1.略式拒絕證書或宣告破產裁定

付款人或承兌人在匯票上記載提示日期，暨全部或一部承兌或付款之拒絕，經其簽名後，其與作成拒絕證書，有同一效力（票據法第86條第2項）。付款人或承兌人之破產，以宣告破產裁定之正本或節本證明之（第3項）。

2.免除作成拒絕證書

發票人或背書人，得為免除作成拒絕證書之記載（票據法第94條第1項）。發票人為前開記載時，執票人得不請求作成拒絕證書而行使追索權。但執票人仍請求作成拒絕證書時，應自負擔其費用（第2項）。背書人為第1項記載時，僅對於該背書人發生效力，對其他票據債務人追索時，仍須作成拒絕證書。執票人作成拒絕證書者，得向匯票上其他簽名人，要求償還其費用（第3項）。

3. 不可抗力事變

執票人因不可抗力之事變，不能於所定期限內爲承兌或付款之提示，應將其事由從速通知發票人、背書人及其他票據債務人（票據法第105條第1項）。倘如事變延至到期日後30日以外時，執票人得逕行使追索權，無須提示或作成拒絕證書（第4項）。

三、拒絕事由通知

（一）通知期限

執票人應於拒絕證書作成後4日內，對於背書人發票人及其他匯票上債務人，將拒絕事由通知之（票據法89條第1項）。如有特約免除作成拒絕證書時，執票人應於拒絕承兌或拒絕付款後4日內，爲前開之通知（第2項）。背書人應於收到前開通知後4日內，通知其前手（第3項）。背書人未於票據上記載住所或記載不明時，其通知對背書人之前手爲之（第4項）。

（二）通知方法

通知得用任何方法爲之。但主張於本法第89條所定拒絕事由期限內，曾爲通知者，應負舉證之責（burden of adducing evidence）（票據法第91條第1項）。付郵遞送之通知，如封面所記被通知人之住所無誤，視爲已經通知（第2項）。

（三）通知義務之免除

發票人背書人及匯票上其他債務人，得於本法第89條所定拒絕事由通知期限前，免除執票人通知之義務（票據法第90條）。

（四）怠於通知之效果

不於本法第89條所定期限內爲通知者，雖得行使追索權。然因其怠於通知發生損害時，應負賠償之責，其賠償金額，不得超過匯票金額（票據法第93條）。

陸、追索權之效力

一、對追索權人之效力

（一）選擇追索權

　　所謂選擇追索權（optional recovery）或飛越追索權，係指執票人得不依負擔債務之先後，對於發票人、承兌人、背書人及其他票據債務人之一人或數人或全體行使追索權（票據法第96條第2項）。

（二）變更追索權

　　所謂變更追索權（alterable recovery）或稱轉向追索權，係指執票人對於債務人之一人或數人已為追索者，對於其他票據債務人，仍得行使追索權（票據法第96條第3項）。

（三）代位追索權

　　所謂代位追索權（subrogation of recovery）或再追索權，係指被追索者，已為清償時，而與執票人有同一權利（票據法第96條第4項）。

（四）回頭匯票之發行

1. 發行要件

　　有追索權者，得以發票人或前背書人之一人或其他票據債務人為付款人，向其住所所在地發行（distribute）見票即付之匯票。但有相反約定時，不在此限（票據法第102條第1項）。前開匯票之金額，其於本法第97條及第98條所列者外，得加經紀費及印花稅（第2項）。

2. 回頭匯票金額

　　執票人依第102條規定發匯票時，其金額依原匯票付款地匯往前手所在地之見票即付匯票市價（market price）決定（票據法第103條第1項）。背書人依第102條規定發匯票時，其金額依其所在地匯往前手所在地之見票即付匯票市價決定（第2項）。前開之市價，以發票日（date of invoice）之市價為準（第3項）。

二、對償還義務人之效力

（一）連帶責任

發票人承兌人背書人及其他票據債務人，對於執票人連帶負責（票據法第96條第1項）。執票人得不依負擔債務之先後，對於前項債務人之一人或數人或全體行使追索權（第2項）。所謂連帶負責，係指各票據債務人就執票人所得追索之金額，負全部清償責任，此雖與民法之連帶債務相當，然就票據債務人相互間之內部關係言，僅有追索權之問題，故票據債務人為清償時，僅得對其前手行使追索權，直至發票人為止，而票據債務人相互間，並無內部如何分擔之問題，並無民法上連帶債務人間分擔、求償或代位之關係。票據法所稱之連帶負責者，係一種不完全連帶責任，此與民法上之連帶債務有別[15]。例如，執票人對前背書人之追索權消滅時效，已罹於時效者，後背書人不得逕行援用民法第276條第2項規定，主張時效利益而免其責任[16]。

（二）償還人權利

償還人權利有如後權利：1.再追索權：被追索之票據債務人，已為清償時，其與執票人有同一權利（票據法第96條第4項）；2.請求交出匯票及書據權：匯票債務人為清償時，執票人應交出匯票，有拒絕證書時，應一併交出（票據法第100條第1項）。匯票債務人為前開清償，如有利息及費用者，執票人應出具收據及償還計算書（第2項）；3.背書塗銷權：背書人為清償時，得塗銷自己及其後手之背書，以免除該背書人與其後手之責任（票據法第100條第3項）；4.請求記載清償事由權：匯票金額一部分獲承兌時，清償未獲承兌部分之人，得要求執票人在匯票上記載其事由，另行出具收據，並交出匯票之謄本及拒絕承兌證書（票據法第101條）。

---

[15] 最高法院90年度台上字第153號、91年度台簡上字第23號民事判決。

[16] 民法第276條第1項規定：債權人向連帶債務人中之一人免除債務，而無消滅全部債務之意思表示者，除該債務人應分擔之部分外，他債務人仍不免其責任。第2項規定：前項規定，於連帶債務人中之一人消滅時效已完成者準用之。

柒、追索權之喪失

一、追索權喪失之事由

追索權喪失之事由如後：（一）票據權利之消滅時效完成（票據法第22條）；（二）執票人拒絕參加付款（票據法第78條第2項）；（三）執票人違反票據法第79條第1項、第2項規定（票據法第79條第3項）[17]；（四）故意違反本法第80條第1項規定爲參加付款者，對於因之未能免除債務之人，喪失追索權（票據法第80條第2項）[18]；（五）抛棄追索權或不遵守期限。

二、追索權喪失之救濟

（一）期限當然延長

執票人因不可抗力之事變，不能於所定期限內爲承兌或付款之提示，應將其事由從速通知發票人、背書人及其他票據債務人（票據法第105條第1項）。不可抗力之事變終止後，執票人應即對付款人提示（第3項）。

（二）逕行行使追索權

如事變延至到期日後30日以外時，執票人得逕行使追索權，無須提示或作成拒絕證書（票據法第105條第4項）。匯票爲見票即付或見票後定期付款者，前開30日之期限，自執票人通知其前手之日起算（第5項）。

捌、案例解析——追索權之行使

一、追索權行使之對象

匯票到期不獲付款時，執票人於行使或保全匯票上權利之行爲後，對於背書人、發票人及匯票上其他債務人得行使追索權（票據法第85條第1項）。

---

[17] 付款人或擔當付款人不於第69條及第70條所定期限內付款者，有參加承兌人時，執票人應向參加承兌人爲付款之提示；無參加承兌人而有預備付款人時，應向預備付款人爲付款之提示。參加承兌人或預備付款人，不於付款提示時爲清償者，執票人應請作成拒絕付款證書之機關，於拒絕證書上載明之。

[18] 請求爲參加付款者，有數人時，其能免除最多數之債務者，有優先權。

甲向乙購買坐落臺北市文山區土地一筆，其簽發以丙為付款人、票面金額為新臺幣（下同）300萬元，到期日2023年10月11日之記名式匯票與乙，作為支付買賣價金之用途。乙背書轉讓與丁，丁再背書轉讓與戊，執票人戊雖遵期向付款人丙為付款提示，惟未獲付款，執票人戊得向發票人甲與背書人乙、丁行使追索權。至於付款人丙是否為被追索之對象，應視其是否已承兌。倘未承兌者，則非匯票債務人，戊不得對其行使追索權。反之，丙已承兌成為承兌人，戊自得對其行使追索權（票據法第96條）。

二、追索之金額

執票人戊向匯票債務人行使追索權時，得請求被拒絕付款之匯票金額300萬元。因本件未約定利率或利息，戊得請求自到期日，即2023年10月11日起，依年息6%計算之利息。暨作成拒絕證書與通知及其他必要費用（票據法第97條第1項）。

三、簽名人責任

在票據上簽名者，依票上所載文義負責（票據法第5條第1項）。二人以上共同簽名時，應連帶負責（第2項）。執票人戊與發票人甲達成協議，由甲另行簽發一張新匯票，向戊換回該未獲付款之匯票，原票據債務人，除甲以外，均未於新匯票上簽名，自毋庸負票據責任，僅須發票人甲對新簽發之匯票負文義責任。

第十一節　拒絕證書

案例11

甲簽發以乙為付款人之匯票一張，並交付與丙作為購買食品貨物之價金。經乙承兌後，丙於到期日為付款提示。試問乙拒絕付款，甲應如何處理？

壹、拒絕證書之定義

所謂拒絕證書者，係指證明執票人已於法定或約定期限內，行使保全或行使票據權利而未獲結果，或者無從為行使或保全票據權利之要式證書（certificate）。

貳、拒絕證書之種類

一、拒絕付款證書

票據全部或一部不獲付款，或者無從為付款提示時，執票人應請求作成拒絕證書證明之（票據法第86條第1項）。

二、拒絕承兌證書

匯票（draft）全部或一部不獲承兌，或者無從為承兌提示時，執票人應請求作成拒絕證書證明之（票據法第86條第1項）。

三、拒絕見票證書

本票（promissory note）發票人於提示見票時，拒絕簽名者，執票人應於提示見票期限內，請求作成拒絕證書（票據法第122條第3項）。執票人依前開規定作成見票拒絕證書後，無須再為付款之提示，亦無須再請求作成付款拒絕證書（第4項）。

四、拒絕交還複本證書

匯票執票人得請求接收人交還其所接收之複本（duplicate）（票據法第117條第2項）。接收人拒絕交還時，執票人非以拒絕證書證明下列各款事項，不得行使追索權：（一）曾向接收人請求交還此項複本，而未經其交還；（二）以他複本為承兌或付款之提示，而不獲承兌或付款（第3項）。

參、拒絕證書之作成

一、作成機構

拒絕證書，由執票人請求拒絕承兌地或拒絕付款地之法院公證處、商會或銀行公會作成之（票據法第106條）。

二、作成期限

拒絕承兌證書，應於提示承兌期限內作成之（票據法第87條第1項）。拒絕付款證書，應以拒絕付款日或其後5日內作成之（第2項本文）。但執票人允許延期付款時，應於延期之末日，或其後5日內作成之（第2項但書）。

三、記載事項

拒絕證書應記載下列各款，由作成人簽名並蓋作成機關之印章：（一）拒絕者及被拒絕者之姓名或商號；（二）對於拒絕者，雖為請求，未得允許之意旨，或不能會晤拒絕者之事由或其營業所、住所或居所不明之情形；（三）為前款請求或不能為前款請求之地及其年月日；（四）在法定處所外作成拒絕證書時，當事人之合意；（五）有參加承兌時，或參加付款時，參加之種類及參加人，並被參加人之姓名或商號；（六）拒絕證書作成之處所及其年月日（票據法第107條）。

四、記載方法

（一）拒絕付款證書

拒絕付款證書，應在匯票或其黏單上作成之（票據法第108條第1項）。匯票有複本或謄本者，其於提示時僅在複本之一份或原本或其黏單上作成。但可能時，應在其他複本之各份或謄本，記載已作拒絕證書之事由（第2項）。

（二）其他拒絕證書

拒絕付款證書以外之拒絕證書，應照匯票或其謄本作成抄本，在該抄本

或其黏單上作成之（票據法第109條）。

（三）拒絕交還原本證書

執票人以匯票之原本請求承兌或付款，而被拒絕並未經返還原本時，其拒絕證書，應在謄本或其黏單上作成之（票據法第110條）。

五、作成份數及證書抄存

對數人行使追索權時，僅須作成拒絕證書一份（票據法第112條）。拒絕證書作成人，應將證書原本交付執票人，並就證書全文另作抄本，存於事務所，以備原本滅失時之用（票據法第113條第1項）。抄本與原本，具有同一效力（第2項）。

肆、拒絕證書之效力

拒絕證書係票據法上對於執票人未達行使權利目的之事實，所能證明之證據。因拒絕證書仍屬證明之一種，倘相對人提出反證，自得推翻拒絕證書之證明力（testify）。

伍、案例解析——拒絕付款證書與追索權

一、拒絕付款證書

匯票全部或一部不獲付款，或者無從為付款提示時，執票人應請求作成拒絕證書證明之（票據法第86條第1項）。甲簽發以乙為付款人之匯票，並交付與丙作為購買貨物之價金，經乙承兌後，丙於到期日為付款提示，而承兌人乙拒絕付款，執票人丙應請求作成拒絕付款證書，證明其已於期限內行使付款請求權，而遭承兌人乙拒絕之要式證書。

二、行使追索權

發票人、承兌人、背書人及其他票據債務人，對於執票人連帶負責（票據法第96條第1項）。執票人得不依負擔債務之先後，對於前開債務人之一人

或數人或全體行使追索權（第2項）。準此，執票人丙遵期爲付款提示而遭拒絕，其自得對發票人甲與承兌人乙行使追索權。

第十二節　複本及謄本

第一項　複　本

案例12

　　甲簽發以乙為付款人之記名式匯票交與丙，並應丙之請求發行複本二份，乙對其中一份複本為承兌行為，丙分別將複本背書轉與丁、戊。丁遵期提示經承兌之複本請求乙付款，乙依據票據文義付款完畢。試問戊得否持另一複本主張票據之權利？理由為何？

壹、複本之定義

　　所謂複本者（duplicate），係指單一匯票關係所發行之數份證券，各複本間之地位平等。發行複本之目的，在於防止票據遺失及助長票據流通。

貳、複本之發行

　　匯票之受款人，得自負擔其費用，請求發票人發行複本。但受款人以外之執票人，請求發行複本時，須依次經由其前手請求之，並由其前手在各複本上，爲同樣之背書（票據法第114條第1項）。發票人發行複本，以三份爲限（第2項）。

參、複本之效力

一、對於承兌之效力

執票人請求承兌時僅須提示一份複本即可，此為「複本之一體性」，即就其中一份複本所為之行為，效力及於他份。

二、對於付款之效力

就複本之一付款時，其他複本失其效力。但承兌人對於經其承兌而未取回之複本，應負其責（票據法第116條第1項）。

三、對於轉讓之效力

背書人將複本分別轉讓於二人以上時，對於經其背書而未收回之複本，應負其責（票據法第116條第2項）。

四、對於追索之效力

（一）將全部複本轉讓與同一人

原則上，將複本各份背書轉讓與同一人者，該背書人為償還時，得請求執票人交出複本之各份。例外情形，執票人已立保證或提供擔保者，不在此限（票據法第116條第3項）。

（二）為提示承兌送出複本之一

為提示承兌送出複本之一者，應於其他各份上載明接收人之姓名或商號及其住址（票據法第117條第1項）。匯票上有前開記載者，執票人得請求接收人交還其所接收之複本（第2項）。接收人拒絕交還時，執票人非以拒絕證書證明下列各款事項，不得行使追索權：1.曾向接收人請求交還此項複本而未經交還；2.以他複本為承兌或付款之提示，而不獲承兌或付款（第3項）。

肆、案例解析──複本之一體性與獨立性

一、複本對於承兌之效力

執票人請求承兌時僅須提示一份複本即可，此爲複本之一體性，就其中一份複本所爲之行爲，效力及於他份。甲簽發以乙爲付款人之記名式匯票交與丙，並應丙之請求發行複本二份，乙就其中一份複本爲承兌行爲，其效力及於另一份。

二、複本對於付款與轉讓之效力

就複本之一付款時，其他複本失其效力。但承兌人對於經其承兌而未取回之複本，應負其責（票據法第116條第1項）。背書人將複本分別轉讓於二人以上時，對於經其背書而未收回之複本，應負其責（第2項）。丙分別將複本背書轉讓與丁、戊，丁遵期提示經承兌之複本請求乙付款，乙依據票據文義付款完畢。因承兌人乙未取回另一複本，戊自得持該複本，向乙行使票款請求權。故該複本經丙背書轉讓，戊亦得請求丙負背書人責任。

第二項 謄 本

案例13

> 甲簽發以乙爲付款人之記名式匯票交與丙，丙發行謄本二份，乙就其中一份謄本爲承兌行爲，丙於另一份謄本爲背書轉與丁。試問：（一）丁於該匯票到期日對乙爲付款提示，乙應否負付款責任？（二）丁不獲付款時，得否對丙行使追索權？

壹、謄本之定義

所謂謄本者，係指票據原本之繕寫。發行謄本之目的與複本同，在於防止票據遺失及助長票據流通。

貳、謄本之作成

執票人有作成匯票謄本之權利，利於匯票之流通（票據法第118條第1項）。謄本應標明「謄本」字樣，謄寫原本之一切事項，並註明迄於何處為謄寫部分（第2項）。執票人就匯票作成謄本時，應將已作成謄本之旨，記載於原本（第3項）。

參、謄本之效力

一、對於背書與保證之效力

背書及保證行為，均得在謄本上為之，而與原本上所為之背書及保證，有同一效力（票據法第118條第4項）。

二、對於追索之效力

為提示承兌送出原本者，應於謄本上載明，原本接收人之姓名或商號及其住址（票據法第119條第1項）。匯票上有前開記載者，執票人得請求接收人交還原本（第2項）。接收人拒絕交還時，執票人非將曾向接收人請求交還原本而未經其交還之事由，以拒絕證書證明，不得行使追索權（第3項）。

肆、案例解析──謄本與複本之區別

匯票得於謄本上為背書或保證行為，其與原本上所為之背書或保證，有同一效力（票據法第118條第4項）。換言之，謄本僅可為背書與保證行為，其與複本得為一切票據行為，兩者有如後不同：

一、不生承兌效力

甲簽發以乙為付款人之記名式匯票交與丙，丙發行謄本二份，乙固就其中一份謄本為承兌行為，惟不生承兌之效力，丁於該匯票到期日對乙為付款提示，乙自不負付款責任。

二、生背書之效力

丙於另一份謄本爲背書轉與丁，其與原本上所爲之背書，具有同一效力，倘丁不獲付款時，自得對背書人丙與發票人甲行使追索權（票據法第96條）。

第十三節 黏 單

案例14

甲於匯票上增加黏單，而於黏單上為發票行為，記載付款人乙，並將匯票與其黏單交與丙，丙向乙提示承兌遭受拒絕。試問執票人丙得否於到期日，對發票人甲行使追索權？

壹、作成黏單之要件

票據餘白不敷記載時，始得黏單延長之（票據法第23條第1項）。黏單後第一記載人，應於騎縫上簽名（第2項）。

貳、黏單得記載事項

「背書」由背書人，在匯票之背面或其黏單上爲之（票據法第31條第1項）。拒絕證書及參加付款得於黏單上爲之（票據法第108條至第110條、第111條第2項）。

參、黏單之效力

合法之黏單與票據本身具有同一之效力，故依據票據法第23條規定所作成之黏單上所爲記載，其與票據上所爲之記載，兩者效力相同。例如，發票人於黏單上附加擔任支付之條件，因黏單爲本票之一部分，其構成票據法規

定絕對應記載事項之欠缺，依票據法第11條第1項規定，該簽發之本票應屬無效。

肆、案例解析──黏單得為之票據行為

票據餘白不敷記載時，始得黏單延長之（票據法第23條第1項）。黏單後第一記載人，應於騎縫上簽名（第2項）。是發票行為係基本票據行為，不應於黏單為之[19]。準此，甲於匯票上增加黏單，而於黏單上為發票行為，記載付款人乙，並將匯票與其黏單交與丙。丙雖向乙提示承兌遭受拒絕，惟該發票行為不成立，執票人丙自不得向甲行使追索權。

習題

一、說明何謂轉讓背書。
　　提示：票據法第29條、第37條、第39條。

二、說明何謂背書連續之定義與如何認定。
　　提示：票據法第17條、第37條、第38條。

三、說明承兌之定義與其效力。
　　提示：票據法第52條。

四、甲簽發匯票予乙，並由丙擔任保證人，甲未填金額，試問丙是否應負保證責任？
　　提示：票據法第61條。

五、說明追索權之定義與其效力。
　　提示：票據法第85條、第96條、第100條至第103條。

六、說明拒絕證書之定義。
　　提示：參照第二章第十一節所述之拒絕證書。

---

[19] 王文宇、林國全、王志誠、許忠信、汪信君，商事法，元照出版有限公司，2004年6月，頁322。

第三章 本　票

第一節 概　論

案例1

> 　　甲水泥股份有限公司向A銀行開立甲種活期存款戶，甲公司向乙公司購買貨物，並簽發以A銀行為擔當付款人之本票交與乙公司，作為支付買賣之用途。試問乙公司於本票到期時，向A銀行提示請求付款遭拒絕，乙公司應如何主張本票之權利？

壹、本票之定義

　　所謂本票者（promissory note），係指發票人簽發一定之金額，而於指定之到期日，由自己無條件支付與受款人或執票人之票據（票據法第3條）。準此，本票為自付證券及信用證券[1]。

貳、本票之種類

一、以付款期限區分

（一）即期本票

　　所謂即期本票，係指見票後立即付款（payable at sight）之本票，其記載「見票即付」。未載到期日者（maturity date），視為見票即付。見票即付之本票，以提示日為到期日。

---

[1]　最高法院112年度台簡上字第11號民事判決。

（二）定期本票

所謂定期本票，係指定期日付款之本票。例如，到期日為2023年10月11日。

（三）計期本票

所謂計期本票，係指發票日後定期付款之本票。例如，發票日後3個月付款。

（四）註期本票

所謂註期本票，係指見票後定期付款之本票。例如，執票人提示見票後60日付款。

二、以記載形式區分

（一）記名式本票

所謂記名式本票者，係指在本票上記載受款人之姓名或商號之本票，其依據背書與交付方式轉讓票據權利。

（二）指示式本票

所謂指示式本票者，係指除在本票上記載受款人之姓名或商號外，並記載「或其指定人」文字之本票。其依據背書與交付方式轉讓票據權利。

（三）無記名本票

所謂無記名本票者，係指不在本票上記載受款人之姓名或商號之本票，僅依據交付方式轉讓票據權利即可。而見票即付之本票，倘不記載受款人，其金額須在新臺幣500元以上（票據法第120條第6項）。

參、甲存本票

一、甲存本票之定義

所謂甲存本票者，係指發票人委託其往來之金融業者為擔當付款人而簽

發之本票。金融業爲本票主債務人，即發票人之代理人，執票人應向金融業爲付款提示（票據法第69條第2項、第124條）。

二、甲存本票之實益

一般本票係由發票人自己於到期付款，執票人不得經由金融業爲票據交換。因甲存本票指定行庫爲擔當付款人，執票人應向金融業爲付款提示，故必須票據交換，在使用上較爲便利。

肆、準用匯票之規定（94、101、103律師；98司法官）

一、發　票

本票未載受款人者，執票人得於無記名本票之空白內，記載自己或他人爲受款人，變更爲記名本票（票據法第25條第2項）。發票人得於付款人外，記載一人，爲擔當付款人（票據法第26條第1項）。發票人得記載對於票據金額支付利息及其利率（票據法第28條第1項）。利率未經載明時，定爲年息6%（第2項）。利息自發票日起算。但有特約者，不在此限（第3項）。

二、背　書

票據法第二章第二節關於背書之規定，除第35條之預備付款人，其於本票準用之（票據法第124條）。

三、保　證

票據法第二章第五節關於保證之規定，本票準用之（票據法第124條）。因本票發票人所負責任，與匯票承兌人同（票據法第121條）。其有關承兌人字樣，而於本票準用時，應解釋爲發票人。

四、到期日

票據法第二章第六節關於到期日之規定，雖於本票準用之（票據法第124條）。惟票據法第67條規定之「承兌日」或「拒絕承兌證書」字樣，其於本

票準用時，應解釋為見票日或拒絕見票證書。

五、付　款

票據法第二章第七節關於付款之規定，除參加承兌（票據法第79條）或預備付款人外（票據法第82條第2項），均得準用之（票據法第124條）。

六、參加付款

票據法第二章第八節關於參加付款之規定，除第79條及第82條第2項有關參加承兌或預備付款人之規定外，均得準用之（票據法第124條）。

七、追索權

票據法第二章第九節關於追索權之規定，除第87條第1項、第88條及第101條有關承兌規定外，均得準用之（票據法第124條）。

八、拒絕證書

票據法第二章第十節關於拒絕證書之規定，其於本票準用之（票據法第124條）。

九、謄　本

票據法第二章第十二節關於謄本之規定，除第119條有關承兌之規定外，均得於本票準用之（票據法第124條）。

伍、案例解析——甲存本票

一、銀行為本票擔當付款人

甲水泥股份有限公司向A銀行開立甲種活期存款戶，甲公司向乙購買貨物，並簽發以A銀行為擔當付款人之本票交與乙公司，作為支付買賣之用途。依據票據法第124條準用第69條與第26條第1項規定，A銀行為甲公司之

擔當付款人，自屬有效。

二、付款提示

　　乙公司於本票到期時，依據票據法第124條準用第69條第2項規定，應向A銀行提示請求付款，倘乙公司向A銀行提示請求付款後遭拒絕，乙公司於作成拒絕證書後，向發票人甲公司請求付款。

第二節　發 票

案例2

　　甲於2019年1月1日簽發面額新臺幣200萬元、發票日為2019年2月1日之本票，交付乙作為清償借款之用途。試問乙遲於2023年10月11日始向甲提示請求付款，甲得否拒絕付款？

壹、本票發票之款式

一、應記載事項（94、100、101、103律師）

（一）絕對必要記載事項

　　本票應記載下列事項，由發票人簽名或蓋章（票據法第120條）：1.表明其為本票之文字（第1項第1款）；2.一定之金額（第1項第2款）。無記名之見票即付本票，其金額須在新臺幣500元以上（第6項）；3.無條件擔任支付（第1項第4款）；4.發票年、月、日（第1項第6款）。例如，本票之發票年、月、日係屬本票應記載之事項之一，欠缺票據法所規定票據上應記載事項之一者，其票據無效[2]。

---

[2]　最高法院92年度台上字第2942號刑事判決。

（二）相對必要記載事項

相對必要記載事項如後：1.受款人之姓名或商號（票據法第120條第1項第3款）。未載受款人者，以執票人為受款人（第3項）；2.發票地（第1項第5款）。未載發票地者，以發票人之營業所、住所或居所所在地為發票地（第4項）；3.付款地（第1項第7款）。未載付款地者，以發票地為付款地（第5項）；4.到期日（第1項第8款）。未載到期日者，視為見票即付（第2項）。

二、得記載事項

得記載事項如後：（一）擔當付款人（票據法第124條準用第26條第1項）；（二）利息與利率（interest rate）（票據法第124條準用第28條）；（三）禁止背書之記載（票據法第124條準用第30條第2項）；（四）見票或付款提示期限縮短或延長之特約（票據法第124條準用第45條第2項、第66條）；（五）有應給付金額種類之特約，則不許以付款地通用貨幣支付之特約（票據法第124條準用第75條第1項）；（六）免除拒絕事實通知之文句或免除作成拒絕證書之文句（票據法第124條準用第90條、第94條第1項）；（七）禁止發行回頭本票之特約（票據法第124條準用第102條第1項但書）。

三、不得記載事項

（一）不生票據上效力之事項

票據上記載本法所不規定之事項者。例如，違約金之約定或於本票上劃平行線，不生票據上之效力（票據法第12條）。

（二）記載本身無效

本票上記載無益事項，則該記載無效，但不影響本票之效力。例如，本票發票人所負責任，與匯票承兌人同（票據法第121條）。準此，本票上記載免除擔保付款之文句，該記載固屬無效，然本票仍為有效。

（三）記載導致本票無效

係指本票上記載與本票性質或法律相牴觸之事項，會導致該本票無效。例如，付款附記條件，因與無條件擔任支付（unconditional payment）之規定

相牴觸，導致本票無效。

貳、本票發票之效力

　　本票發票人所負責任，與匯票承兌人同（票據法第121條）。是發票人為本票之主債務人，應負絕對之付款責任（票據法第52條第1項）。執票人對於本票發票人之付款請求權之消滅時效為3年（票據法第22條第1項）。

參、案例解析──本票發票人責任

一、票據之時效

　　票據上之權利，對本票發票人，自到期日起算，3年間不行使，因時效而消滅（票據法第22條第1項）。甲於2019年1月1日簽發面額新臺幣200萬元、發票日為2019年2月1日，交付乙作為清償借款之用途。乙於2023年10月11日始向甲提示請求付款，自到期日起至提示日止，其已逾3年期間，甲得以已罹於時效為由拒絕給付票款。

二、票據之利益償還請求權

　　票據上之債權，雖依本法因時效或手續之欠缺而消滅，執票人對於發票人，於其所受利益之限度，得請求償還（票據法第22條第4項）[3]。利益償還請求權非票據上權利，其消滅時效期間，因票據法無明文規定，自應適用民法第125條所規定之15年[4]。其時效期間之起算點，應解為自票據權利消滅之日，即票據債權罹於時效或權利保全手續之欠缺，而無法對發票人或承兌人行使追索權之翌日開始計算[5]。準此，執票人乙得請求發票人甲，因本票上權利消滅而受有利益，請求甲返還其所受之利益。

---

[3]　最高法院110年度台上字第1817號民事判決。

[4]　最高法院96年度台上字第2716號民事判決。

[5]　司法院第3期司法業務研究會，1983年5月2日，民事法律專題研究2，頁347至348。

第三節　見　票

　　甲於2023年1月1日簽發見票後60日付款之本票，交付與乙作為支付貨款用途。乙背書轉讓與丙，丙於2023年7月7日向發票人為付款提示。試問甲拒絕見票，丙得否對甲、乙行使追索權？

壹、見票之定義

　　所謂見票者，係指執票人為確定見票後定期付款本票之「到期日」所為之提示，而「發票人」於本票上記載見票字樣及日期，並簽名或蓋章之行為。

貳、見票之程序

　　見票後定期付款之本票，應由執票人向發票人為見票之提示，請其簽名或蓋章，並記載見票字樣及日期，其提示期限，準用第45條規定（票據法第122條第1項）。其見票之提示期限如後：

一、法定見票期限

　　見票後定期付款之本票，應自發票日起6個月內為見票之提示。前開期限，發票人得以特約縮短或延長之。但延長之期限不得逾6個月（票據法第122條第1項準用第45條）。

二、未載見票日期者

　　本票未載見票日期者，應以所定提示見票期限之末日為見票日（票據法第122條第2項）。

參、見票之效力

一、發票人接受見票

發票人接受見票時，該見票行爲，對於見票後定期付款之本票，具有確定到期日之效力。

二、發票人拒絕見票

發票人於提示見票時，拒絕簽名者，執票人應於提示見票期限內，請求作成拒絕見票證書（票據法第122條第3項）。執票人依前開規定作成見票拒絕證書後，無須再爲付款之提示，亦無須再請求作成付款拒絕證書（第4項）。執票人不於第45條所定期限內，爲見票之提示或作拒絕證書者，對於發票人以外之前手喪失追索權（第5項）。

肆、案例解析──逾法定見票期限之效力

發票人於提示見票時，拒絕簽名者，執票人應於提示見票期限內，請求作成拒絕見票證書（票據法第122條第3項）。執票人依前開規定作成見票拒絕證書後，無須再爲付款之提示，亦無須再請求作成付款拒絕證書（第4項）。執票人不於第45條所定期限內，爲見票之提示或作拒絕證書者，對於發票人以外之前手喪失追索權（第5項）。準此，甲於2023年1月1日簽發見票後60日付款之本票，交付與乙作爲支付貨款用途。乙背書轉讓與丙，丙於2023年7月7日向發票人爲付款提示，其已逾見票後定期付款之本票，應自發票日起6個月內，爲見票之提示期間。甲拒絕見票後，執票人丙僅得對發票人甲行使追索權。

第四節　本票之強制執行

案例4

　　甲執有乙簽發、面額新臺幣（下同）100萬元、發票日2023年9月9日、到期日同年10月11日之本票一張，渠等未約定利率，並經丙背書與丁為丙保證，其上記載免除作成拒絕證書，詎於到期後經提示未獲付款。試問：（一）甲提出本票而聲請法院裁定准許對乙、丙及丁強制執行，法院應如何處理？（二）倘本票之票款已清償20萬元，裁定主文應如何諭知？

壹、立法理由

　　債權人依據債權關係，經由訴訟程序取得執行名義，除曠日廢時外，亦須支出相當之款項。準此，票據法為加強本票之獲償性，加重發票人責任，乃於票據法第123條規定，執票人得就本票發票人聲請法院裁定強制執行事件，使本票強制執行裁定成為簡便取得執行名義之方式[6]。聲請法院裁定許可對發票人強制執行（compulsory execution），係依據票據法第123條規定，其目的在於特別保護執票人、加強本票獲償及助長本票流通。

貳、本票強制執行之法律性質

一、形式審查主義

　　本票執票人依票據法第123條規定，聲請法院裁定許可對發票強制執行，係屬非訟事件（non-contentious business），採形式審查（formal examination）主義，此項聲請之法院裁定及抗告法院之裁定，僅依非訟事件程序，由法院審查強制執行許可與否，並無確定實體上法律關係存否之效力，發票人就票據債務之存否有爭執時，應由發票人提起確認之訴，以資解

---

[6] 所謂本票者，係發票人簽發一定金額，於指定之到期日，由自己無條件支付與受款人或執票人之票據（票據法第3條）。職是，本票為發票人自任付款人之票據。

決[7]。縱使法院調查結果，認有發生假債權之情事，仍不得爲實體審查後，而爲駁回裁定。

二、提起確認本票僞造或變造之訴

發票人主張本票係僞造、變造者，應於接到准予強制執行之本票裁定後20日之不變期間內，對執票人向爲裁定法院提起確認之訴（非訟事件法第195條第1項）。是發票人主張本票係僞造或變造提起訴訟時，執行法院始應停止執行，至於主張惡意取得者，則不包括在內[8]。發票人證明已提起前開訴訟時，執行法院應停止強制執行（第2項本文）。但得依執票人聲請，許其提供相當擔保，繼續強制執行，亦得依發票人聲請，許其提供相當擔保，停止強制執行（但書）。準此，本票發票人以執票人所持以發票人名義簽發之本票，均爲第三人所僞造，提起確認兩造間就該本票債權不存在之訴，雖逾20日之不變期間。惟本票發票人未於不變期間提起確認之訴，僅無執行法院應停止強制執行之適用，然得提起確認之訴[9]。

參、本票強制執行之程序

一、管轄法院

本票裁定強制執行事件之管轄，依據非訟事件法及票據法規定，除爲專屬管轄及先受理之法院管轄具有優先管轄外，其管轄之順序，依序爲票據付款地、發票地及發票人之營業所、住所或居所地。

（一）票據付款地

依非訟事件法第194條規定，由票據付款地之法院管轄。非訟事件法明訂係以票據付款地之法院爲管轄法院，則該事件自爲專屬管轄，且同法並無準用民事訴訟法第25條及第1條之明文規定，是本票強制執行事件之管轄，自無「應訴管轄」及「以原就被」規定之適用。

---

[7]　最高法院95年度台簡上字第26號民事判決。

[8]　非訟事件法令暨法律問題研究彙編2，司法院第一廳，1991年6月，頁329至330。

[9]　最高法院64年台抗字第242號民事裁定；最高法院106年台上字第1953號民事判決。

（二）票據發票地

本票未記載付款地，則依票據法第120條第5項規定，由發票地之法院管轄。因本票發票人票據債務之成立，應以發票人交付本票於受款人完成發票行為時日為準，其付款地及發票地自該時確定[10]。

（三）發票人之營業所、住所或居所地

本票均未記載付款地、發票地，依據票據法第120條第4項規定，由發票人之營業所、住所或居所地之法院管轄。法院得命聲請人提出債務人之戶籍謄本，以利核對聲請狀之債務人地址是否相符。

（四）先受理之法院管轄

所謂優先管轄，係指有共同發票人之場合，而無付款地及發票地之記載，其住所亦不在同一法院管轄地時，發票人之營業所、住居所所在地之地方法院，均有管轄權，依非訟事件法第3條第1項規定，由先受理之法院管轄[11]。

二、本票裁定強制執行之當事人

本票有無記名及記名兩種形式：（一）無記名之本票，以執票人為本票權利人；（二）記名式本票係有指定受款人之本票，應以受款人或經背書轉讓，第一背書人為受款人，且須形式上背書連續而取得本票之人（票據法第37條第1項）。是本票裁定強制執行之當事人，以本票權利人為聲請人，僅得對本票發票人（即相對人）聲請強制執行（票據法第123條）。此項特別規定，對本票保證人、背書人或其他票據債務人，均不適用之。準此，執票人對本票保證人、背書人或其他票據債務人，使與發票人負連帶清償責任之聲請，除發票人或共同發票人外，法院應將其聲請強制執行駁回之[12]。

---

[10]　最高法院67年第6次民事庭庭推總會議決議2。

[11]　最高法院64年度台抗字第224號民事裁定。非訟事件法令暨法律問題研究彙編2，司法院第一廳，1991年6月，頁344至345。

[12]　非訟事件法令暨法律問題研究彙編2，司法院第一廳，1991年6月，頁327至328。最高法院92年度台抗字第241號民事裁定。

三、請求之金額

（一）本票之面額

本票得請求之票款範圍有本票之面額、利息及必要費用（票據法第124條、第97條）。就本票面額而言，執票人得請求被拒絕付款之本票金額，其金額有全部票面金額或部分未清償之金額。而票面金額不得塗改，否則無效（票據法第11條第3項）。持票人持金額有修改之本票，聲請本票強制執行裁定時，法院應駁回其聲請。

（二）利　息

1. 利率計算

有約定利率者，即發票人有記載對於票據金額支付利息及利率，按其約定給付利息（票據法第124條、第28條第1項、第97條第1項第1款）。超過年息20%部分，則應駁回之（民法第205條）。未約定利息者，按年息6%計算利息（票據法第124條、第28條第2項、第97條第1項第2款）。

2. 利息起算日

有約定利息起算日，依其約定（票據法第124條、第28條第3項但書）。如無約定者，自到期日起算（票據法第97條第1項第2款）。未載到期日者，自發票日起算（票據法第28條第3項）。

（三）必要費用

執票人因作成拒絕證書與通知之支出及其他必要費用，均可請求（票據法第97條第1項第3款）。

（四）違約金

違約金之約定，非票據法所規定之法定事項，自不生票據上之效力（票據法第120條、第12條）。而於聲請本票強制執行裁定之場合，不可請求之，固無票據上之效力。然有通常法律上之效力，執票人自得另行向發票人請求約定之違約金[13]。

---

[13]　最高法院50年台上字第1372號民事判決。

（五）遲延利息

本票上記載面額若干元、利息為年利率10%，本息逾期時，除按上開約定利率支付利息外，自逾期之日起，按照上開利率10%加付遲延利息，該項約定載明係遲延利息，本票裁定係非訟事件，僅能自其形式觀之，不能為實體之探究，故應受其約定之拘束，應予准許[14]。惟有認為遲延利息原有違約金之性質，該項約定，係關於違約金之訂定，其形式上觀之，即能判斷其性質，自不應准許[15]。

肆、案例解析——本票裁定強制執行之當事人及請求金額

一、本票裁定強制執行之當事人

執票人向本票發票人行使追索權時，得聲請法院裁定後強制執行（票據法第123條）[16]。限定執票人甲向本票發票人乙行使追索權時，得聲請法院裁定後強制執行，故對於本票發票人以外之票據債務人，諸如背書人丙、保證人丁行使追索權時，不得適用該條規定，逕請裁定強制執行。

二、部分清償之本票請求金額

本票債務人已清償新臺幣（下同）20萬元時，法院自應扣除已清償之金額，是本票裁定主文應諭知：相對人（即發票人甲）於2023年9月9日簽發，到期日2023年10月11日之本票，內載憑票交付聲請人100萬元，其中之80萬元及自2023年10月11日起至清償日止，按年息6%計算之利息，准予強制執行[17]。

---

14 臺灣高等法院89年度抗字第60號、90年度抗字第2394號民事裁定。

15 臺灣高等法院90年度抗字第1772號民事裁定。

16 最高法院111年度台抗字第10號民事裁定。

17 林洲富，實用非訟事件法，五南圖書出版股份有限公司，2023年5月，14版1刷，頁327。

習 題

一、說明何謂甲存本票，其有何實益？

　　提示：票據法第69條第2項、第124條。

二、說明本票發票之效力為何。

　　提示：票據法第22條第1項、第52條第1項、第121條。

第四章　支　票

第一節　概　論

案例1

> 甲明知其於A商業銀行之支票存款不足，其基於不法所有之意圖，向乙購買機器，並簽發遠期支票與乙作為貨款之用途。試問乙屆期向A商業銀行提示而遭退票，甲有何責任？

壹、支票之定義

所謂支票者（check），係指發票人簽發一定之金額，委託金融業者於見票時，無條件支付與受款人或執票人之票據（票據法第4條第1項）。前項所稱金融業者，係指經財政部核准辦理支票存款業務之銀行、信用合作社、農會及漁會（第2項）。準此，支票係見票時無條件支付之票據，並係委託金融業者（financial institution）支付之委託證券。

貳、遠期支票（97津師）

所謂遠期支票（forward check），係指發票人之票載簽發日期，為後數日或數月之日期，而作為見票付款之日期，其票載日期在實際簽發日期後，以作為預開支票之用途（票據法第128條）[1]。

參、空頭支票

所謂空頭支票者（bad check）或芭樂票，係指發票人明知無存款或存款

---

[1]　最高法院111年度台上字第358號民事判決。

不足而簽發之支票。發票人於付款人處之存款有無或是否不足，係以提示付款時為準。

肆、支票準用匯票之規定（94律師；101司法官）

一、發　票

支票未載受款人者，執票人得於無記名支票之空白內，記載自己或他人為受款人，變更為記名支票（票據法第144條、第25條第2項）。

二、背　書

匯票關於背書之規定，第30條至第34條、第36條至第41條於支票準用之，而票據法第35條指定預備付款人，不準用之（票據法第144條）。

三、付　款

匯票關於付款之規定，除票據法第69條第1項付款提示期限、第2項擔當付款人之提示、第70條執票人同意延期付款、第72條到期日前之付款、第76條票據金額之提存外，均可準用之。

四、追索權（105高考三級法制）

匯票關於追索權之規定，除票據法第85條第2項第1款、第2款、第87條、第88條、第97條第1項第2款、第2項及第101條外，即除以承兌為基礎之事項、拒絕證書之作成期限、依據到期日為準之利息計算外，均準用之。

五、拒絕證書

關於拒絕證書之規定，除第108條第2項、第109條及第110條外，即複本、抄本與謄本等事項外，均於支票準用之。

伍、案例解析——發票人之責任

一、民事責任

支票不獲付款，屬民事債務不履行，執票人乙得依據票據關係、買賣關係，請求發票人甲給付票款（票據法第126條）及買受人交付約定之買賣價金（民法第367條）。

二、刑事責任

甲明知其於A銀行之支票存款不足，其基於不法所有之意圖，簽發遠期支票與乙作為貨款之用途，乙屆期向A銀行提示而遭退票，甲之行為該當於刑法詐欺取財罪，應依刑法規定處罰之（刑法第339條第1項）[2]。

第二節　發　票

案例2

> 甲於2023年1月1日簽發以A銀行為付款人、票面發票日記載同年12月9日。試問該支票流通至乙，執票人乙於同年10月11日向A銀行為付款提示，A銀行得否付款之？

壹、發票之款式

一、絕對必要記載事項（94律師）

（一）消費寄託與委任之混合契約

支票絕對必要記載事項如後：1.表明其為支票之文字（票據法第125條第

---

[2] 意圖為自己或第三人不法之所有，以詐術使人將本人或第三人之物交付者，處5年以下有期徒刑、拘役或科或併科50萬元以下罰金。

1項第1款）；2.一定之金額（第2款）；3.付款人之商號（第3款）。此處之商號係指金融業者。而支票存款往來契約，係支票存款戶與金融業者間消費寄託（consumption deposit）與委任（mandate）混合契約；4.無條件支付之委託（第5款）；5.發票年、月、日（第7款）。發票年月日之記載，僅須形式上記載即可，其與實際發票日期是否相同，在所不問；6.付款地（第8款）。付款地（place of disbursement）之記載，有認定提示期限之目的；7.發票人簽名（第1項）。目前金融實務上發票人之簽名，大多以蓋用留存於金融機構之印鑑章取代。

（二）授與發票行為之處理權或代理權者

支票為文義證券，應記載其為支票之文字、一定之金額、無條件支付之委託、發票年、月、日，由發票人簽名（票據法第125條第1項）。欠缺上開應記載事項之一者，依票據法第11條第1項前段，其票據無效。因支票之發票行為，依法應以文字為之法律行為，倘有對支票之發票行為，授與處理權或代理權者，其處理權或代理權之授與，應以文字為之。否則未依法定方式為之，自屬無效（民法第73條前段、第531條）[3]。

二、相對必要記載事項（94律師）

支票相對必要記載事項如後：（一）受款人之姓名或商號（票據法第125條第1項第4款）。未載受款人者，以執票人為受款人（第2項）；（二）發票地（第1項第6款）。未載發票地者，以發票人之營業所、住所或居所所在地為發票地（第3項）。

三、任意記載事項

支票任意記載事項如後：（一）平行線之記載（票據法第139條第1項、第2項）；（二）禁止背書之記載（票據法第144條準用第30條第2項）；（三）不許以付款地通用貨幣支付之特約（票據法第144條準用第75條）；（四）免除拒絕事由通知之記載（票據法第144條準用第90條）；（五）免除

---

[3] 最高法院103年度台簡上字第32號民事判決。

拒絕證書之記載（票據法第144條準用第94條）；（六）禁止發行回頭支票之特約（票據法第144條準用第102條第1項但書）；（七）自付款提示日起之利息與利率（票據法第133條）。

四、不得記載事項

（一）不生票據上效力

票據上記載本法所不規定之事項者，不生票據上之效力（票據法第12條）。例如，第三人於支票背面記載「連帶保證人」字樣，並簽名之，雖不生票據保證之效力，惟簽名者仍須負背書人之責任[4]。

（二）導致票據本身無效

有害記載會導致票據無效。例如，附有條件之支付委託或分期付款之記載，因與支票之本質不符，故有該等記載時，將導致該支票歸於無效。

（三）記載本身無效

無益之記載，僅該記載無效。例如，支票限於見票即付，有相反之記載者，其記載無效（票據法第128條第1項）。倘支票記載到期日者，該記載無效。

貳、發票之效力

一、對於發票人之效力

（一）擔保支票之支付 （105地方特考三等法制）

發票人應照支票文義擔保支票之支付，付款人未付款時，發票人應負償還責任，該責任屬第二次責任（票據法第126條）。執票人不於第130條所定期限內為付款之提示，或不於拒絕付款日或其後5日內，請求作成拒絕證書者，對於發票人以外之前手，喪失追索權（票據法第132條）。發票人雖於提示期限經過後，對於執票人仍負責任。但執票人怠於提示，致使發票人受損

---

[4] 司法院第3期司法業務研究會，民事法律專題研究2，1983年5月2日，頁353至354。

失時，應負賠償之責，其賠償金額，不得超過票面金額（票據法第134條）。

（二）撤銷付款委託之限制

發票人於第130條所定期限內，不得撤銷付款之委託，以保護執票人之權利，並維持票據之信用及流通（票據法第135條）。

二、對於保付支票付款人之效力

付款人於支票上記載照付或保付或其他同義字樣並簽名後，其付款責任，與匯票承兌人同。準此，付款人於支票上已為前開之記載時，發票人及背書人免除其責任（票據法第138條第1項、第2項）。

參、案例解析——遠期支票發票日之認定

支票雖應記載發票年月日，惟發票年月日之記載，僅須形式上記載即可，其與實際發票日期是否相同，在所不問（票據法第125條第1項第4款）。發票人簽發遠期支票，執票人應按照票載日期或票載日期以後為付款之提示者，票載日期當然為發票日，不得於票據以外，以當事人所證明之實際發票日期為發票日[5]。支票限於見票即付，有相反之記載者，其記載無效。支票在票載發票日期前，執票人不得為付款之提示（票據法第128條）。準此，甲於2023年1月1日簽發以A銀行為付款人、票面發票日記載同年12月9日，該支票流通至乙，執票人乙於同年10月11日向A銀行為付款提示，A銀行自得拒絕付款，乙不能行使追索權。

---

[5] 最高法院52年台上字第2365號民事判決。

第三節　付　款

案例3

　　甲簽發發票日為2022年10月10日、付款人A商業銀行之支票一張交與乙，執票人乙於2023年10月11日提示。試問A商業銀行應如何處理？依據為何？

壹、支票之付款提示

一、提示之期限（97、102律師；94、102司法官；105地方特考三等法制）

　　支票之執票人，應於下列期限內，為付款之提示（票據法第130條）：（一）發票地與付款地在同一省（市）區內者，發票日後7日內；（二）發票地與付款地不在同一省（市）區內者，發票日後15日內；（三）發票地在國外，付款地在國內者，發票日後2個月內[6]。

二、付款提示之當事人

　　付款提示之當事人有二：（一）提示人：付款提示之提示人為執票人（holder of bill）（票據法第130條）；（二）受提示人：付款提示之受提示人有付款人與票據交換所（票據法第144條準用第69條第3項）。

三、遵期提示之效力

（一）保全追索權（102律師；94司法官）

　　執票人必須遵期為付款之提示，始可保全對發票人以外之票據債務人之追索權。反之，執票人未遵期為付款之提示或未遵期作成拒絕證書，對於發

---

[6]　最高法院109年度台簡上字第35號民事判決。

票人以外之前手，喪失追索權（票據法第132條）[7]。

（二）行使直接訴權之前提要件

支票係有價證券、流通證券及無因證券，支票執票人於法定提示期間內向付款人爲付款之提示，倘發票人之存款或信用契約所約定之數，足敷支付支票金額時，付款人應負支付之責（票據法第143條）[8]。倘付款人無正當理由而拒絕付款時，執票人對付款人得行使直接訴權。

貳、支票之付款程序

一、支票付款之時期（105地方特考三等法制）

付款人於提示期限經過後，仍得付款。但有下列情事之一者，不在此限（票據法第136條）：（一）發票人撤銷付款之委託：發票人於第130條所定付款提示期限內，不得撤銷付款之委託（票據法第136條）。執票人未遵期提示時，發票人得撤銷付款之委託；（二）發行已滿1年：票據上之權利，對支票發票人自發票日起算，1年間不行使，因時效而消滅（票據法第22條第1項後段）。準此，發行已滿1年之支票，付款人不得再付款。

二、支票付款人之責任

執票人於提示期限內，爲付款之提示被拒，而付款人於發票人之存款或信用契約所約定之數，足敷支付支票金額時，且未收到發票人受破產宣告之通知者，執票人得直接對付款人起訴請求付款（票據法第143條）。

三、支票付款人之審查義務

付款人對於背書不連續之支票而付款者，應自負其責。付款人對於背書簽名或蓋章之眞僞，及執票人是否票據權利人，不負認定之責。但有惡意及重大過失時，不在此限（票據法第144條準用第71條）。

---

[7]　最高法院101年度台簡上字第18號民事判決。

[8]　最高法院85年度台簡上字第73號民事判決、87年度台簡聲字第2號民事裁定。

四、支票付款人之權利

（一）收回支票

付款人付款時，得要求執票人記載收訖字樣，簽名爲證，並交出支票[9]。付款人爲一部分之付款時，得要求執票人在票上記載所收金額，並另給收據（票據法第144條準用第74條）。以支票轉帳（transfer accounts）或抵銷者（offset），視爲支票之支付（票據法第129條）。

（二）一部付款

發票人之存款或信用契約所約定之數，不敷支付支票金額時，得就一部分支付之。前開情形，執票人應於支票上記明實收之數目（票據法第137條）。一部付款爲付款人之權利，執票人不得拒絕之。

五、支票業經通知止付

支票占有人依票據法第130條第2款所定期限，向付款人爲付款之提示，倘該支票業經通知止付，而於止付未失其效力前，該止付之金額固應由付款人留存，不得支付。惟嗣後該止付通知失其效力時，付款人即應將留存之金額支付支票占有人，不得以支票發行已滿1年爲由，援引該條款規定，拒絕付款[10]。

參、案例解析──支票付款期間

付款人於提示期限經過後，仍得付款。但發行已滿1年者，不得付款（票據法第136條第2款）。以日、星期、月或年定期間者，其始日不算入（民法第120條第2項）。期間不以星期、月或年之始日起算者，以最後之星期、月或年與起算日相當日之前1日，爲期間之末日（民法第121條第2項）。因票據法係民法之特別法，而票據法第22條明文規定自到期日、清償日起算，故起算日應算入。準此，甲簽發發票日爲2022年10月10日、付款人A銀行之支票交與乙，其1年之期間應自2022年10月10日起算，至2023年10月9日終止。執

---

[9] 最高法院48年台上字第1784號民事判決。

[10] 最高法院90年度台上字第1043號民事判決。

票人乙遲至2023年10月11日提示，A銀行應拒絕付款。

第四節 保付支票

案例4

　　甲簽發發票日為2022年10月10日、付款人A銀行之支票，並經A銀行於該支票上記載照付之字樣而簽名其上，執票人乙於2023年10月11日提示。試問A銀行以乙未遵期提示而拒絕付款，是否有理？

壹、保付支票之定義

　　所謂保付支票，係指付款人於支票上記載照付或保付或其他同義字樣並簽名後，其付款責任，即與匯票承兌人同（票據法第138條第1項）。職是，保付行為係支票之特有票據行為。

貳、保付支票之效力（94高考）

一、對於付款人

　　付款人於支票上記載照付或保付或其他同義字樣並簽名後，其付款責任，與匯票承兌人同，成為絕對之票據債務人。付款人不得為存款額外或信用契約所約定數目以外之保付，違反者應科以罰鍰。但罰鍰不得超過支票金額（票據法第138條第3項）。違反此規定，保付行為依然有效。經付款人保付之支票，縱使支票發行已滿1年，付款人仍應負付款責任（第4項）。

二、對於發票人及背書人

　　付款人於支票上已為照付或保付等字樣之記載時，發票人及背書人免除其責任（票據法第138條第2項）。縱使嗣後保付人不為付款，執票人亦不得

向發票人或背書人行使追索權。再者，支票經保付後，發票人不得撤銷付款之委託，縱使發票人受破產宣告，仍不影響保付之效力。

三、對於執票人

經付款人保付之支票，不適用第18條、第130條及第136條規定（票據法第138條第4項）。詳言之：（一）保付支票喪失：保付支票喪失時，執票人雖得向法院為公示催告及除權判決之聲請，惟不得為第18條之止付通知。因保付支票相當於現金支付，執票人應自負責任；（二）不受提示期限之限制：本法第130條規定之提示期限經過後，縱有本法第136條發票人撤銷付款之委託，或支票之發行已滿1年，付款人仍應付款，不受提示期限之限制。

參、案例解析──保付支票對於付款人之效力

保付支票之付款人責任既然與匯票承兌人相同，則保付支票之執票人對付款人之時效，與匯票執票人對於承兌人之時效，兩者均為3年期間。經付款人保付之支票，經過本法第130條規定之提示期限後，或發票人撤銷付款之委託，或支票之發行已滿1年，付款人仍應付款，不受提示期限之限制。準此，甲簽發發票日為2022年10月10日、付款人A銀行之支票，並經A銀行於該支票上記載照付之字樣，而簽名其上，執票人乙於2023年10月11日提示，是A銀行不得以乙未遵期提示而拒絕付款。

第五節　平行線支票

案例5

甲因商業交易，執有下列之支票，試問應如何提示取款：（一）乙所簽發以A商業銀行為付款人、面額新臺幣（下同）100萬元之普通平行線支票。（二）丙所簽發以B商業銀行為付款人、面額100萬元之特別平行線支票，其平行線內記載C商業銀行。

壹、平行線支票之定義及記載

所謂平行線支票（parallel check）、橫線支票或劃線支票，係指在支票正面劃平行線二道者，付款人僅得對金融業者支付票據金額（票據法第139條第1項）。平行線支票具有防止支票遺失或被竊遭人冒領之作用。平行線記載人包括發票人、背書人或執票人，均不須簽名或蓋章。

貳、平行線支票之種類

一、普通平行線支票

僅於支票正面劃平行線二道者，未於平行線內註明特定之金融業者（票據法第139條第1項）。劃平行線支票之執票人，倘非金融業者，應將該項支票存入其在金融業者之帳戶，委託其代為取款（第3項）。平行線支票僅得對金融業者支付之，其提示人亦僅以銀錢業者為限，否則不生提示之效力[11]。

二、特別平行線支票

支票上平行線內記載「特定金融業者」，付款人僅得對特定金融業者支付票據金額。但該特定金融業者為執票人時，得以其他金融業者為被背書人，背書後委託其取款（票據法第139條第2項）[12]。支票上平行線內，記載特定金融業者，應存入其在該特定金融業者之帳戶，委託其代為取款（第4項）。

參、平行線之變更與撤銷

一、平行線之變更

平行線是否得以變更，法無明文。是解釋普通平行線支票，得變更為特定平行線支票。而特別平行線支票，不得變更成普通平行線支票。

---

[11] 最高法院51年台上字第581號民事判決。

[12] 最高法院109年度台簡上字第17號民事判決。

二、平行線之撤銷

　　劃平行線之支票，得由發票人於平行線內記載照付現款或同義字樣，由發票人簽名或蓋章於其旁，支票上有此記載者，視為平行線之撤銷。但支票經背書轉讓者，則不得撤銷平行線（票據法第139條第5項）。

肆、平行線支票付款人之責任

　　平行線支票係為保護發票人、背書人及執票人而設，故付款人違反本法第139條之規定而付款者，應負賠償損害之責。但賠償金額不得超過支票金額（票據法第140條）。

伍、案例解析——平行線支票之提示取款

一、普通平行線支票之提示取款

　　僅於支票正面劃平行線二道者，未於平行線內註明特定之金融業者。劃平行線支票之執票人，如非金融業者，應將該項支票存入其在金融業者之帳戶，委託其代為取款。付款人僅得對金融業者支付票據金額。準此，甲執有乙所簽發以A商業銀行為付款人、面額新臺幣（下同）100萬元之普通平行線支票，執票人甲應將其存入甲開設於往來金融業者帳戶內，由該金融業者代甲向付款人A商業銀行提示付款。

二、特別平行線支票之提示取款

　　支票上平行線內記載特定金融業者，付款人僅得對特定金融業者支付票據金額。但該特定金融業者為執票人時，得以其他金融業者為被背書人，背書後委託其取款。支票上平行線內，記載特定金融業者，應存入其在該特定金融業者之帳戶，委託其代為取款（票據法第139條第4項）。準此，甲執有丙所簽發以B商業銀行為付款人、面額100萬元之特別平行線支票，其平行線內記載C商業銀行。執票人甲應將其存入甲開設於C商業銀行之帳戶，由該金融業者代甲向付款人B商業銀行提示付款。

第六節　追索權及拒絕證書

案例6

　　甲向乙借款，而於2022年7月4日簽發以A商業銀行為付款人、票載發票日2020年10月11日、票面金額為新臺幣100萬元之支票作為借款憑證，並經丙於支票背面簽名，記載保證人丙。甲於2022年10月12日向A商業銀行提示請求付款，經以存款不足之理由退票。試問執票人甲得向何人行使追索權？理由為何？

壹、追索權

一、追索權行使之原因（94司法官）

　　追索權行使之原因如後：（一）不獲付款：執票人於第130條所定提示期限內，為付款之提示而被拒絕時，對於前手得行使追索權（票據法第131條第1項本文）；（二）付款人受破產宣告（票據法第144條準用第85條第2項第3款）。

二、追索權行使之保全（102律師；94司法官）

　　執票人應於第130條所定期限內為付款之提示，或於拒絕付款日或其後5日內，請求作成拒絕證書者，否則對於發票人以外之前手，喪失追索權（票據法第132條）。發票人雖於提示期限經過後，對於執票人仍負責任。但執票人怠於提示，致使發票人受損失時，應負賠償之責，其賠償金額，不得超過票面金額（票據法第134條）。

三、追索權行使之金額

　　在票據上簽名者，依票上所載文義負責，發票人應照支票文義擔保支票之支付。且票據債權人行使追索權時，得請求自為付款提示日起之利息，如

無約定利率者，依年息6%計算（票據法第133條）。

貳、拒絕證書

一、拒絕證書之作成期限

執票人應於拒絕付款日或其後5日內，請求作成拒絕證書（票據法第131條第1項但書）。

二、拒絕證書之種類

（一）正式拒絕證書

拒絕證書應記載下列各款，由作成人簽名，並蓋作成機關之印章（票據法第107條）：1.拒絕者及被拒絕者之姓名或商號；2.對於拒絕者，雖為請求未得允許之意旨，或不能會晤拒絕者之事由或其營業所、住所或居所不明之情形；3.為前款請求或不能為前款請求之地及其年、月、日；4.於法定處所外作成拒絕證書時，當事人之合意；5.有參加承兌時，或參加付款時，參加之種類及參加人，並被參加人之姓名或商號；6.拒絕證書作成之處所及其年、月、日。

（二）略式拒絕證書

付款人於支票或黏單上記載拒絕文義及其年、月、日並簽名者，與作成拒絕證書，有同一效力（票據法第131條第2項）。例如，銀行之退票理由單。

參、案例解析——支票上為保證人之責任[13]

票據上記載本法所不規定之事項，不生票據上之效力。關於保證之規定，對於支票不在準用之列（票據法第12條、第144條）。是背書人空白背書支票，而於簽名蓋章上加寫「保證人」字樣，僅生背書之效力，不生民法上之保證責任。準此，甲向乙借款，而於2022年7月4日簽發以A商業銀行為付

---

[13] 最高法院53年台上字第1930號民事判決；最高法院63年度第6次民事庭會議決議。

款人、票載發票日2020年10月11日、票面金額為新臺幣100萬元之支票作為借款憑證,並經丙於支票背面簽名,記載保證人丙。甲於2022年10月12日向A銀行提示請求付款,經以存款不足之理由退票,執票人甲得向發票人乙與背書人丙行使追索權。

習 題

一、何謂遠期支票?何謂空頭支票?
   提示:參照第四章第一節所述之遠期支票與空頭支票。

二、說明支票之付款提示。
   提示:票據法第130條。

三、說明保付支票之定義與其效力。
   提示:票據法第138條。

四、何謂平行線支票?平行線支票之種類有幾種?
   提示:票據法第139條。

第三編

保險法

第一章　總　則

案例1

夫甲以自己為被保險人，而與A人壽保險股份有限公司訂立人壽保險契約，並約定其死亡時，由A保險公司給付新臺幣200萬元與其所約定之受益人妻乙。試問甲死亡時，應由何人領取保險金？

壹、保險與保險法之定義

一、保險之定義

所謂保險者（insurance），係指當事人約定，一方交付保險費於他方，他方對於因不可預料，或不可抗力之事故所致之損害，負擔賠償財物之行為（保險法第1條第1項）。依據前開所訂之契約，稱為保險契約（第2項）。

二、保險法之定義

所謂保險法者（insurance law），係指規範保險關係（legal relationship of insurance）及保險企業組織之一種商事法。

貳、保險制度之功能

保險制度係基於經濟上之需求，由多數人匯集金錢即保險費，針對可能發生之偶發事故，而於保險事故發生時，提供保險金給付，以滿足其經濟上之需求或填補其實際所生之損害。簡言之，個別發生之危險，由群體共同平均分擔。

參、案例解析——保險制度之目的

夫甲以自己爲被保險人,並與A人壽保險股份有限公司訂立人壽保險契約,經由保險人與多數人訂立契約,將其所收取之保險費,作爲將來保險事故發生時,充作給付保險金之資金來源。準此,甲死亡時,經由保險制度,由A保險公司給付新臺幣200萬元與受益人妻乙,以滿足被保險人所指定者之經濟上需求。而保險金額約定於被保險人死亡時,給付於其所指定之受益人者,其金額不得作爲被保險人之遺產[1]。

第二節　保險事故

案例2

> 夫甲以其妻乙為被保險人,向A人壽保險股份有限公司投保養老保險並附加意外死亡給付特約。嗣後乙因心肌梗塞導致猝死。試問保險人應否給付保險金?理由何在?

壹、保險事故之定義

所謂保險事故者(insurance accident),係指所保之危險(insurance perils)而言。詳言之,係指保險人對於保險契約之結果所負擔之事由。

貳、保險事故之特性

一、可能性

所謂可能性(possible),係指保險事故以將來可能發生之危險爲限,倘不可能發生或已發生者,則無保險可能。

---

[1] 最高法院87年度台上字第253號民事判決。

二、不確定性

所謂不確定者（uncertain），係指訂定保險契約之際，保險事故之發生或不發生尚未確定，或者不知其是否已確定。

三、非故意性

所謂非故意性（unintentional），係指保險事故係不可預料或不可抗力之事故，非因故意所導致，保險人因該不確定性，須承擔承保風險[2]。倘保險事故之發生，係由當事人之意思左右，則非所謂保險事故。

四、特定性

所謂特定性者（specific），係指保險事故之種類、性質與範圍須經特定，當事人之權利義務始能確定。

五、適法性

所謂適法性（legal），係指保險事故須適法，以不法之事故作為保險事故，即不適法（illegal）。

參、案例解析——保險事故之認定

所謂人壽保險附加意外死亡給付條款，係指被保險人因外來突發之意外事故，導致死亡結果，保險人應增加保險給付所為之約定。準此，甲以其妻乙為被保險人，向A人壽保險股份有限公司投保養老保險，並附加意外死亡給付特約。嗣後乙因心肌梗塞導致猝死，其係因自身疾病導致死亡，非屬意外死亡，故保險人就附加意外死亡部分，並無給付保險金之義務，僅有給付人壽保險之保險金義務。

---

[2]　最高法院104年度台上字第2433號民事判決。

第三節　保險利益

案例3

　　甲與乙為男女朋友關係，甲男以其女友乙為被保險人，而與人壽保險股份有限公司訂立人壽保險契約，並指定甲為受益人。試問該人壽保險契約之效力，是否有效？

壹、保險利益之定義與存在時期（93、94高考）

一、保險利益之定義

　　所謂保險利益（benefit of insurance），係指要保人或被保險人對於保險標的，有其利害關係，其所得享受之利益。保險利益為保險契約之有效及存續要件。準此，要保人或被保險人，對於保險標的物無保險利益者，保險契約失其效力（保險法第17條）[3]。

二、保險利益之存在時期（106高考三級法制）

　　在財產保險（property insurance）之場合，發生損害時，必須存在。而人身保險（personal insurance），其保險利益於訂約時，就必須存在。要保人或被保險人，對於保險標的物無保險利益者，保險契約失其效力（保險法第18條）。

貳、財產保險之保險利益（93、94高考）

一、財產上之現有與期待利益（107高考三級法制）

　　要保人對於財產上之現有利益，或因財產上之現有利益而生之期待利

---

[3]　最高法院108年度台上字第2257號民事判決。

益，有保險利益（保險法第14條）。凡對於特定財產有法律上之權利或利益，或因特定之法律關係而有可期待之利益，或因其損失或事故之發生將受損害者，均有財產上之保險利益[4]。例如，抵押權人對於抵押之房屋，有現有利益，抵押權人得以抵押物投保財產保險。

二、財產上之責任利益

運送人或保管人對於所運送或保管之貨物，以其所負之責任為限，有保險利益（保險法第15條）。例如，倉庫營業人對其保管之貨物所負責任，具有保險利益。

三、有效契約之利益（101司法官）

凡基於有效契約而生之利益，亦得為保險利益（保險法第15條）。因財產上保險利益，為金錢可得估計之經濟利益，故有效契約之利益，得為保險利益。例如，當事人所締結之有效買賣契約，係以某種財產為履行之對象，而該財產之毀損滅失，影響當事人一方因契約而生之利益者，契約當事人即得就該財產投保[5]。

參、人身保險之保險利益（93、94高考；95司法官）

一、本人或其家屬

要保人對於本人或其家屬之生命或身體，有保險利益（保險法第16條第1款）。所謂家屬（member of house），係指以永久共同生活為目的而同居一家之人而言（民法第1123條）。

二、生活費或教育費所仰給之人

要保人對於生活費或教育費所仰給之人，有保險利益（保險法第16條第2款）。其係指現實負有扶養義務之人及其他實際供給生活費或教育費之人。

---

[4]　最高法院88年度台上字第1362號民事判決。

[5]　最高法院92年度台上字第1403號民事判決。

三、債務人（107行政執行官）

要保人對於債務人之生命或身體，有保險利益，其保險金額不得逾債務之數額（保險法第16條第3款）。

四、為本人管理財產或利益之人

要保人對於本人管理財產或利益之人，有保險利益（保險法第16條第4款）。

肆、保險利益之移轉

一、被保險人死亡或保險標的物所有權移轉（106行政執行官；106高考三級法制）

被保險人死亡或保險標的物所有權移轉時，保險契約除另有訂定外，仍為繼承人（inheritor）或受讓人（transferee）之利益而存在（保險法第18條）。

二、合夥人或共有人

合夥人（partner）或共有人（co-owner）聯合為被保險人時，其中一人或數人讓與保險利益於他人者，保險契約不因之而失效（保險法第19條）。

三、要保人破產

要保人破產時（go bankrupt），保險契約仍為破產債權人（bankruptcy creditor）之利益而存在（保險法第28條本文）。

伍、案例解析——人身保險之保險利益

要保人對於本人或其家屬、生活費或教育費所仰給之人、債務人、為本人管理財產或利益之人，有保險利益（保險法第16條）。準此，甲以其女友乙為被保險人訂立人壽保險契約，並指定甲為受益人，因欠缺上揭之一定身

分關係，並無保險利益，縱使保險法第105條第1項規定，已得乙之同意，該人壽保險契約之效力，仍為無效[6]。

第四節　保險費

　　甲向乙借款，並以其所有之建物設定抵押權與乙，乙以甲所有建物，向產物保險股份有限公司投保火險。試問乙未依約給付保險費，保險人得否請求建物所有人甲交付保險費？

壹、保險費之定義

　　所謂保險費者（insurance premium），係指要保人交付保險人作為其負擔危險責任對價之金錢。保險契約為有償契約，倘保險契約無保險費之約定，則保險契約無效。

貳、交付保險費之義務人與交付方法

一、交付保險費之義務人

　　保險費應由要保人（proposer）依契約規定交付。信託業依信託契約有交付保險費義務者，保險費應由信託業代為交付之（保險法第22條第1項）。

二、保險費之交付方法（102司法官）

　　保險費分「一次交付」及「分期交付」兩種。保險契約規定一次交付，或分期交付之第一期保險費，應於契約生效前交付之，但保險契約簽訂時，保險費未能確定者，不在此限（保險法第21條）。

---

[6]　由第三人訂立之死亡保險契約，未經被保險人書面同意，並約定保險金額，其契約無效。

參、保險費之增減

一、危險減少時

危險減少時，被保險人得請求保險人重新核定保費，即減少保險費之給付數額（保險法第59條第4項）。

二、危險增加時

危險增加時，保險人得提議另定保險費。倘要保人對於另定保險費不同意者，其契約即為終止（保險法第60條第1項本文）。因保險人具相當專業知識之商業團體組織，其是否接受投保？接受投保之條件如何？是否將其接受投保之風險分散？以如何方式分散風險？本為其專業判斷之事項與權責，故除保險契約成立時，具有不可預料之情形發生，應不適用情事變更原則，調整保險費（民法第227條之2第1項）[7]。

三、增加危險之特別情形消滅

保險費依保險契約所載增加危險之特別情形計算者，其情形在契約存續期內消滅時，要保人得按訂約時保險費率，自其情形消滅時起算，請求比例減少保險費（保險法第26條第1項）。

肆、保險費之返還與不返還

一、保險費之返還

（一）善意複保險之保險費返還

以同一保險利益，同一保險事故，善意訂立數個保險契約，其保險金額之總額超過保險標的之價值者，在危險發生前，要保人得依超過部分，要求比例返還保險費（保險法第23條第1項）。

---

[7]　最高法院104年度台上字第2433號民事判決。

（二）危險已發生之保險費返還

簽訂保險契約時，僅保險人知危險已消滅者，要保人不受契約之拘束。保險契約因第51條第3項之情事，而要保人不受拘束時，保險人不得請求保險費及償還費用。其已收受者，應返還之（保險法第51條第3項、第24條第2項）。

（三）保險契約解除時保險費之返還（105地方特考三等法制）

1. 原　則

保險契約因第64條第2項之情事而解除時，要保人有為隱匿或遺漏不為說明，或為不實之說明，足以變更或減少保險人對於危險之估計者，經保險人解除契約（cancel a contract）情形時，保險人無須返還其已收受之保險費（保險法第25條）。

2. 例　外

本法第123條第2項及第146條第5項所稱投資型保險，係指保險人將要保人所繳保險費，依約定方式扣除保險人各項費用，並依其同意或指定之投資分配方式，置於專設帳簿中，而由要保人承擔全部或部分投資風險之人身保險（保險法施行細則第14條）。而投資型保險依保險法第146條第5項規定，應專設帳簿之資產，其保費屬於投資性質，非屬風險保費。職是，投資型保險不適用保險法第25條規定。

（四）危險增加而終止契約

保險契約因危險增加，保險人提議另定保險費，要保人不同意而終止者，除保險費非以時間為計算基礎者外，終止後之保險費已交付者，應返還之（保險法第24條第3項、第60條）。

（五）保險標的物全損時契約之終止

保險標的物非因保險契約所載之保險事故而完全滅失時，保險契約即為終止。除保險費非以時間為計算基礎者外，終止後之保險費已交付者，應返還之（保險法第24條第3項、第81條）。

（六）保險費之減少與契約終止時之返還

保險費依保險契約所載增加危險之特別情形計算者，其情形在契約存續期內消滅時，要保人得按訂約時保險費率，自其情形消滅時起算，請求比例減少保險費（保險法第26條第1項）。保險人對於前開減少保險費不同意時，要保人得終止契約。其終止後之保險費已交付者，應返還之（第2項）。

（七）保險人破產時契約終止保險費之返還

保險人破產時，保險契約於破產宣告（rendition of bankruptcy）之日終止，其終止後之保險費，已交付者，保險人應返還之（保險法第27條）。

（八）要保人破產時契約終止保險費之返還

要保人破產時，保險契約仍爲破產債權人之利益而存在，但破產管理人或保險人得於破產宣告3個月內終止契約。其終止後之保險費已交付者，應返還之（保險法第28條）。

二、保險費之不返還

（一）保險人不知複保險

複保險，除另有約定外，要保人應將他保險人之名稱及保險金額通知各保險人（保險法第36條）。要保人故意不爲前開之通知，或意圖不當得利而爲複保險者，其契約無效（保險法第37條）。保險人於不知情之時期內，仍取得保險費（保險法第23條第2項）。

（二）要保人知危險已發生者

保險契約訂約時，僅要保人知危險已發生者，保險人不受契約之拘束，保險人得請求償還費用。其已收受之保險費，無須返還（保險法第24條第1項、第51條第2項）。

（三）要保人違反告知義務

要保人故意隱匿，或因過失遺漏，或爲不實之說明，足以變更或減少保險人對於危險之估計者，保險人得解除契約；其危險發生後亦同。但要保人

證明危險之發生未基於其說明或未說明之事實時，不在此限。保險契約因前開之情事而解除時，保險人無須返還其已收受之保險費（保險法第25條、第64條第2項）[8]。

伍、案例解析──交付保險費之義務人

要保人對於財產上之現有利益，或因財產上之現有利益而生之期待利益，有保險利益（保險法第14條）。準此，甲向乙借款，並以其所有之建物設定抵押權與乙，乙對於其現有利益所附著之甲所有建物，具有保險利益，自得對該抵押物向產物保險股份有限公司投保火險。乙未依約給付保險費，因該建物所有人甲非要保人，保險人不得請求甲交付保險費，僅能請求要保人乙給付。

第五節　複保險

案例5

甲以其市價新臺幣（下同）500萬元之建物，分別向A與B產物保險股份有限公司投保火災險，保險金額分別為500萬元，並通知保險人知悉。試問嗣後於保險期間發生火災全毀，甲得否向A與B保險公司請求保險金給付？

壹、複保險之定義（102律師）

所謂複保險（plural insurance），係指要保人對於同一保險利益，同一保險事故，與數保險人分別訂立數個保險之契約行為（保險法第35條）。複保險之成立，應以要保人與數保險人分別訂立之數保險契約，並同時存在為必要。倘要保人先後與二以上之保險人訂立保險契約，先行訂立之保險契約，

---

[8]　最高法院111年度台上字第730號民事判決。

即非複保險，因其保險契約成立時，尚未呈複保險之狀態[9]。

貳、複保險僅適用財產保險（106司法官）

人身及生命之價值不能依市價估計，故性質上與財產保險以填補損失之保險性質不同，通常為定值保險，故複保險之規定僅適用於財產保險，人身保險不適用之[10]。

參、複保險之通知（99司法官）

複保險，除另有約定外，要保人應將他保險人之名稱及保險金額通知各保險人（保險法第36條）。要保人故意不為前開之通知，或意圖不當得利而為複保險者，其契約無效（保險法第37條）。準此，要保人係惡意複保險者，則保險契約當然無效[11]。

肆、複保險之賠償金額（99司法官）

善意之複保險，其保險金額之總額超過保險標的之價值者，除另有約定外，各保險人對於保險標的之全部價值，僅就其所保金額負比例分擔之責。但賠償總額，不得超過保險標的之價值（保險法第38條）。

伍、案例解析──善意複保險

善意之複保險，其保險金額之總額超過保險標的之價值者，原則上，各保險人對於保險標的之全部價值，僅就其所保金額負比例分擔之責。準此，甲以其市價新臺幣（下同）500萬元之建物，分別向A與B產物保險股份有限公司投保火災險，保險金額分別為500萬元，並已履行通知義務，嗣後於保險期間發生火災全毀，甲得依據投保金額比例，各向A與B保險公司請求250萬元之保險金。

9　最高法院76年台上字第1166號民事判決。

10　最高法院86年度台上字第322號、87年度台上字第1666號、87年度台上字第821號民事判決；大法官解釋字第576號。

11　最高法院91年度台上字第1992號民事判決。

第六節　再保險

案例6

甲以其所有建物向A產物保險股份有限公司投保火險，A保險公司以其所承保之危險，轉向B產物保險股份有限公司投保險。試問嗣後發生火災燒毀該建物，A保險公司喪失清償能力，甲得否逕向B保險公司求償？

壹、再保險之定義

所謂再保險（reinsure），係指保險人以其所承保之危險，轉向他保險人為保險之契約行為（保險法第39條）。再保險之性質，屬於分擔危險之責任保險契約（保險法第90條），再保險契約之保險人，其於再保險契約所約定之危險，原保險人依其與原被保險人間之保險契約而生之給付保險金義務發生時，應負給付保險金予原保險人，其為再保險契約之被保險人之義務[12]。

貳、再保險之保險利益

再保險之保險利益，係基於有效之原保險契約而生之利益（保險法第20條）。準此，有無再保險利益，應以原保險契約所訂者為依據。

參、再保險與原保險之關係屬各自獨立（98律師）

一、原被保險人與再保險人之關係

原保險契約之被保險人，對於再保險人（reinsurer）無賠償請求權（保險法第40條本文）。因再保險契約與原保險契約，分屬兩個契約而各自獨立。例外情形，原保險契約及再保險契約，另有約定者（但書）。

---

[12]　最高法院93年度台上字第2060號民事判決。

二、再保險人與原要保人之關係

再保險人不得向原保險契約之要保人，請求交付保險費（保險法第41條）。

三、原保險人與原被保險人之關係

原保險人不得以再保險人不履行再保險金額給付之義務為理由，拒絕或延遲履行其對於被保險人之義務（保險法第42條）。

肆、案例解析——再保險與原保險之關係

因再保險契約與原保險契約，分屬兩個契約而各自獨立，是原保險契約之被保險人，對於再保險人無賠償請求權。準此，甲以其所有建物向A產物保險股份有限公司投保火險，A保險公司以其所承保之危險，轉向B產物保險股份有限公司投保險，嗣後發生火災燒毀該建物，A保險公司雖喪失清償能力，甲仍不得逕向再保險人B保險公司請求給付保險金。

習題

一、說明複保險與再保險之定義，並比較兩者有何不同。
提示：保險法第35條、第39條。

二、試問複保險是否適用人身保險？
提示：參照本章第五節所述之複保險僅適用財產保險。

第二章　保險契約

第一節　概　論

案例1

> 甲以其所有房屋向A產物保險股份有限公司投保火險，保險人先向要保人甲先行收取保險費，而延後簽訂保險契約，而未簽訂保險契約前，發生火災導致該房屋燒毀。試問保險人以未簽訂保險契約而拒絕理賠，其是否有理？

壹、保險契約之定義

所謂保險契約者，係指當事人約定，一方交付保險費於他方，他方對於因不可預料，或不可抗力之事故所致之損害，負擔賠償財物或給付約定金額之契約（保險法第1條）。

貳、保險契約之性質

一、有名契約

以法律有無明文規定者區分，可分有名契約及無名契約。有名契約為典型契約，乃法律賦予一定名稱及規定其內容，保險契約係保險法明訂之契約[1]。

二、雙務契約

以雙方當事人是否互負有對價關係區分，可分雙務契約與單務契約。雙

---

[1]　包括兩種以上有名契約之內容者，稱為混合契約。

務契約者，係雙方當事人各須負擔有對價關係之債務契約。要保人有支付保險費之義務，保險人於事故發生時，有給付保險金額之義務，是保險契約為雙務契約。

三、有償契約

以雙方當事人是否各因給付而取得對價利益區分，可分有償契約與無償契約。有償契約者，係雙方當事人各因給付而取得對價利益之契約。要保人係以支付保險費換取保險人承擔危險之代價，故屬有償契約。

四、射倖性契約

所謂射倖性契約者，係指當事人之給付，繫於偶發事件而影響其契約關係。換言之，要保人之保險費給付義務固屬確定，然保險人之保險金之給付義務，係受偶發事件所決定。職是，保險契約係射倖性契約，重在保險事故之發生與發生時間是否繫於偶然。

五、要式契約

保險契約，應以保險單或暫保單為之（保險法第43條）[2]。保險契約應記載法定事項（保險法第55條），經保險人同意於要保人聲請後簽訂（保險法第44條）。準此，保險契約為要式契約。

六、誠信契約

訂立契約時，要保人對於保險人之書面詢問，應據實說明，負有先契約義務（preliminary duty）（保險法第64條第1項）[3]。要保人對於保險契約內所載增加危險之情形應通知者，應於知悉後通知保險人（保險法第59條第1項）。準此，保險人於簽約時，應為相當之查詢，以決定是否承保，而要保人亦應盡告知與通知義務，是保險契約注重當事人之誠實信用，並具有最大

---

[2]　最高法院104年度台上字第1110號民事判決。

[3]　最高法院98年度台上字第1745號民事判決。

善意原則之適用（the utmost good faith），當事人違反者，將導致契約無效（voidable）[4]。

參、案例解析——要式契約之緩和

保險契約之簽訂，原則上須與保險費之交付，同時為之（保險法施行細則第4條第1項）。倘保險人向要保人先行收取保險費，而延後簽訂保險契約；則在未簽訂保險契約前，發生保險事故，保險人竟可不負保險責任，未免有失公平。故財產保險之要保人在保險人簽發保險單或暫保單前，先交付保險費而發生應予賠償之保險事故時，保險人應負保險責任（第2項）。縱使當事人附以保險人「同意承保」之停止條件，使其發生溯及的效力。倘依據通常情形，保險人應同意承保，因見發生保險事故，竟不同意承保，希圖免其保險責任；是乃以不正當行為阻其條件之成就，依民法第101條第1項規定，視為條件已成就。此時保險人自應負其保險責任[5]。準此，甲以其所有房屋向A保險公司投保火險，保險人先向要保人甲先行收取保險費，而延後簽訂保險契約，而未簽訂保險契約前，發生火災導致該房屋燒毀，保險人不得以未簽訂保險契約而拒絕理賠。

第二節　保險契約之主體

案例2

夫甲以其妻乙為被保險人，向A人壽保險股份有限公司訂立人壽保險契約，並約定乙死亡時，由其所生之子丙為受益人。試問何人有繳納保險費之義務與受領保險金之權利？依據為何？

---

[4]　保險契約、繼續性契約與定型化契約。

[5]　最高法院69年台上字第3153號民事判決。

壹、保險契約當事人

一、保險人

所謂保險人者（insurer），係指經營保險事業之各種組織，在保險契約成立時，有保險費之請求權；在承保危險事故發生時，依其承保之責任，負擔賠償之義務（保險法第2條）。保險業之組織，原則上以股份有限公司或合作社為限（保險法第136條第1項本文）。但經主管機關核准者，不在此限（第1項但書）。

二、要保人

所謂要保人者（proposer），指對保險標的具有保險利益，向保險人申請訂立保險契約，並負有交付保險費義務之人，要保人得同時為被保險人與受益人（保險法第3條）[6]。

貳、保險契約關係人

一、被保險人

所謂被保險人（insurant），係指於保險事故發生時，遭受損害，享有賠償請求權之人；要保人亦得為被保險人（保險法第4條）。保險契約之被保險人，指因保險事故發生遭受損害，而原始取得賠償請求權之人。至受益人則係由於另經約定，自被保險人處間接繼受取得賠償請求權之人[7]。

二、受益人

所謂受益人者（insurance beneficiary），係指被保險人或要保人約定享有賠償請求權之人，要保人或被保險人均得為受益人（保險法第5條）。要保人得不經委任，為他人之利益訂立保險契約，此為第三人利益契約[8]。受益人

---

[6]　最高法院95年度台上字第1140號民事判決。

[7]　最高法院76年度台上字第226號民事判決。

[8]　最高法院110年度台上字第390號民事判決。

有疑義時，推定要保人爲自己之利益而訂立（保險法第45條）。

參、保險輔助人

一、保險代理人

所謂保險代理人（insurance agent），係指依據代理契約或授權書，向保險人收取費用，並代理經營業務之人（保險法第8條）。保險契約由代理人訂立者，應載明代訂之意旨（保險法第46條）。

二、保險業務員

所謂保險業務員，係指爲保險業、保險經紀人公司、保險代理人公司或兼營保險代理人或保險經紀人業務之銀行，從事保險招攬之人（保險法第8條之1）。

三、保險經紀人

所謂保險經紀人（insurance broker），係指基於被保險人之利益，洽訂保險契約或提供相關服務，而收取佣金或報酬之人（保險法第9條）。原則上準用民法居間（brokerage）規定。再者，保險經紀人應以善良管理人之注意義務，爲被保險人洽訂保險契約或提供相關服務，並負忠實義務（保險法第163條第6項）。保險經紀人爲被保險人洽訂保險契約前，而於主管機關指定之適用範圍，應主動提供書面之分析報告，向要保人或被保險人收取報酬者，應明確告知其報酬收取標準（第7項）。前項書面分析報告之適用範圍、內容及報酬收取標準之範圍，由主管機關定之（第8項）。

四、保險公證人

所謂保險公證人（insurance notary），係指向保險人或被保險人收取費用，爲其辦理保險標的之查勘，鑑定及估價與賠款之理算、洽商，而予證明之人（保險法第10條）。

肆、案例解析──保險契約當事人與關係人

夫甲以其妻乙為被保險人，向A人壽保險股份有限公司訂立人壽保險契約，並約定乙死亡時，由其所生之子丙為受益人。甲為要保人，其有繳納保險費之義務，倘乙於保險期間死亡時，A保險公司負有給付保險金與丙之義務，丙於保險事故發生，得請求給付保險金。

第三節 保險契約之類型

案例3

> 甲以自己為被保險人，與A人壽保險股份有限公司訂立人壽保險契約，並約定其死亡時，由A保險公司給付新臺幣200萬元與其所約定之受益人乙。同時另行附加投保疾病醫療保險，而於罹患疾病時，由保險人給付醫療費用。試問A保險公司於保險事故發生時，應給付之保險金數額為何？

壹、依據保險標的區分

保險契約之類型依據保險標的區分，保險分為財產保險及人身保險（保險法第13條第1項）。財產保險，包括火災保險、海上保險、陸空保險、責任保險、保證保險及經主管機關核准之其他保險（第2項）。人身保險，包括人壽保險、健康保險、傷害保險及年金保險（第3項）。

貳、依據保險利益之歸屬區分

一、為自己利益

所謂為自己利益之保險契約，係指要保人以自己名義，為自己利益所訂之保險契約，要保人兼為受益人。

二、爲他人利益

所謂爲他人利益之保險契約，係指要保人以自己名義，爲他人利益所訂之保險契約，要保人非受益人，要保人僅負支付保險費之義務。

三、爲自己與他人利益

（一）合夥人或共有人

保險契約由合夥人或共有人中之一人或數人訂立，而其利益及於全體合夥人或共有人者，應載明爲全體合夥人或共有人訂立之意旨（保險法第47條）。

（二）集合物之保險

就集合之物而總括爲保險者，被保險人家屬、受僱人或同居人之物，亦得爲保險標的，載明於保險契約，在危險發生時，就其損失享受賠償（保險法第71條第1項）。前開保險契約，視同並爲第三人利益而訂立，屬第三人利益契約（第2項）。

（三）被保險人所營事業之損失賠償責任

保險契約係爲被保險人所營事業之損失賠償責任而訂立者，被保險人之代理人、管理人或監督人所負之損失賠償責任，亦享受保險之利益，其契約視同並爲第三人之利益而訂立，亦屬第三人利益契約（保險法第92條）。

參、案例解析——定額保險與損害保險

一、定額保險

甲以自己爲被保險人，與A人壽保險股份有限公司訂立人壽保險契約，並約定其死亡時，由A保險公司給付新臺幣（下同）200萬元與其所約定之受益人乙。死亡保險爲人身保險，屬定額保險，倘甲於保險期間死亡，A保險公司應給付200萬元與受益人乙。

二、損害保險

甲同時另行附加投保疾病醫療保險，而於罹患疾病時，由保險人給付醫療費用，雖屬人身保險，然醫療費用之支出爲經濟上可得估計之損失。準此，A人壽保險股份有限公司於保險事故發生時，應依約給付實際支出之醫療費用，其與財產保險同屬損害保險。其有利得禁止或不當得利禁止原則之適用。

第四節　保險契約之成立

案例4

> 甲欲以所有車輛投保竊盜險，並與A產物保險股份有限公司達成保險內容之協議，當事人於未作成書面之前。試問該汽車遭竊，A保險公司應否給付保險金予甲？

壹、保險契約成立之實質要件

要保人申請及填寫要保申請書，就特定之保險標的投保，同意交付保險費，而保險人承諾承擔其危險，負擔賠償財物或給付特定金額，此爲保險契約成立之實質要件。

貳、保險契約成立之形式要件

保險契約，應以保險單或暫保單爲之（保險法第43條）。並應記載基本條款，其爲要式行爲（保險法第55條）。準此，要保人所爲投保之要約，其與保險所爲承保之承諾，縱使口頭合致，在雙方未訂書面之保險單或暫保單以前，仍難認其保險契約業已合法成立。況保險費應於契約生效前交付之，可見保險費之交付，亦爲保險契約之生效要件，倘未繳納保險費，保險契約

自不生效（保險法第21條本文）[9]。

參、案例解析——保險契約成立之形式要件

保險契約，應以保險單或暫保單為之，並應記載基本條款。故要保人所為投保之要約，與保險所為承保之承諾，縱使已達成合致，在當事人未訂書面前，仍難認其保險契約業已合法成立。況保險費之交付，亦為保險契約之生效要件。準此，甲欲以所有車輛投保竊盜險，並與A產物保險股份有限公司達成保險內容之協議，而於未作成書面前，該汽車遭竊，A保險公司不負給付保險金之義務。

第五節　保險單及暫保單

案例5

甲以被保險人之身分向A人壽保險股份有限公司投保人壽保險，而指定其長子乙為受益人，並先作為暫保單。嗣後改指定受益人為其長女丙，並記載於保險契約內。試問甲於保險期間死亡，何人得向保險人請求保險金？

壹、暫保單之定義

所謂暫保單（cover note），係指保險契約之當事人口頭約定之書面紀錄。嚴格而言，尚非保險單之本體。嗣正式保險單發出，暫保單失其效力。

貳、保險單之定義

保險單（insurance policy）之發給，為完成保險契約之最後手續，一切條件均以保險單之記載為憑。保險契約除人身保險外，得為指示式或無記名

---

[9]　最高法院70年度台上字第2818號民事判決。

式（保險法第49條第1項）。

參、案例解析——保險單及暫保單之關係

　　暫保單爲保險契約之當事人口頭約定之書面紀錄，嗣正式保險單發出，暫保單失其效力，一切條件均以保險單之記載爲憑。準此，甲以其被保險人向A人壽保險股份有限公司投保人壽保險，暫保單記載其長子乙爲受益人。嗣後保險契約內改記載受益人爲其長女丙，故甲於保險期間死亡，丙得向保險人請求保險金。

第六節　基本條款與特約條款

案例6

　　夫甲以其所有之車輛投保車體險，並與保險人約定，該車輛不得借與或出租與他人。甲於保險期間將車輛借與其妻乙使用，因他人之過失發生車禍，導致車體受損。試問保險人是否應賠償該車體之損失？依據為何？

壹、保險契約之基本條款

一、基本條款之定義

　　所謂基本條款（fundamental provisions），係指保險契約之法定記載事項，除保險法另有規定外，缺乏基本條款之記載，該保險契約應屬無效（民法第73條）。

二、基本條款之內容

　　保險契約，除保險法另有規定外，應記載下列各款事項（保險法第55條）：（一）當事人之姓名及住所；（二）保險之標的物；（三）保險事故

之種類；（四）保險責任開始之日時及保險期間；（五）保險金額；（六）保險費[10]；（七）無效及失權之原因；（八）訂約之年月日。

貳、保險契約之特約條款

一、特約條款之定義（103司法官）

　　所謂特約條款（special clause），係指爲當事人於保險契約基本條款外，承認履行特種義務之條款（保險法第66條）。是保險契約以特約條款約定，被保險人未履行該條款之特種義務，保險人對保險事故之損害不負賠償責任者[11]。

二、特約條款之內容（94司法官）

　　而與保險契約有關之一切事項，不問過去現在或將來，均得以特約條款定之（保險法第67條）。本法之強制規定（imperative provision），不得以契約變更之。但有利於被保險人之特約條款，不在此限（保險法第54條第1項）。保險契約之解釋，應探求契約當事人之眞意，不得拘泥於所用之文字；如有疑義時，以作有利於被保險人之解釋爲原則，此爲不明確條款解釋原則（第2項）[12]。

三、特約條款之效力

（一）積極效力（103司法官；110司律）

　　保險契約當事人之一方違背特約條款時，他方固得解除契約；其危險發生後亦同（保險法第68條第1項）。惟該解除契約權，自保險人知有解除之原因後，經過1個月不行使而消滅；或契約訂立後經過2年，即有可以解除之原因，亦不得解除契約（第2項）。

---

[10]　最高法院95年度台上字第1140號民事判決。

[11]　最高法院96年度台上字第394號民事判決。

[12]　最高法院109年度台上字第1198號民事判決。

（二）消極效力

關於未來事項之特約條款，而於未屆履行期前危險已發生，或其履行爲不可能，或在訂約地爲不合法而未履行者，保險契約不因之而失效（保險法第69條）。

參、共同保險條款

保險人得於約定保險標的物之一部分，應由要保人自行負擔由危險而生之損失（保險法第48條第1項）。準此，有共保條款（coinsurance clause）之約定時，要保人不得將未經保險之部分，另向他保險人訂立保險契約（第2項）。

肆、保險契約之解釋

一、有利於被保險人之解釋（94津師；94司法官）

（一）定型化契約

本法之強制規定，不得以契約變更之。但有利於被保險人者，不在此限（保險法第54條第1項）。保險契約之解釋，應探求契約當事人之眞意，不得拘泥於所用之文字；如有疑義時，以作有利於被保險人之解釋爲原則（第2項）。因保險契約爲定型化契約，被保險人少有依其要求變更契約約定。定型化契約有疑義，應爲有利於消費者之解釋（消費者保護法第11條第2項）。故定型化之保險契約，衡酌契約內容由保險人單方擬定，且保險人具有經濟上強勢地位與保險專業知識，要保人或被保險人多無法與之抗衡，不具對等之談判能力。參諸保險契約爲最大誠信契約，蘊含誠信善意及公平交易意旨，保險人於保險交易中不得獲取不公平利益，要保人、被保險人之合理期待應受保護。職是，解釋保險契約之定型化約款，應依一般要保人或被保險人之客觀合理瞭解或合理期待爲之，不得拘泥囿於約款文字[13]。

---

[13]　最高法院102年度台上字第2185號、105年度台上字第413號民事判決。

（二）探求保險之本質與機能

因社會之變遷，保險市場之競爭，各類保險推陳出新，故於保險契約之解釋，應本諸保險之本質及機能爲探求，並應注意誠信原則之適用，倘有疑義時，應爲有利於被保險人之解釋，以免保險人變相限縮其保險範圍，逃避應負之契約責任，獲取不當之保險費利益，致喪失保險應有之功能，並影響保險市場之正常發展。例如，意外傷害保險乃相對於健康保險，健康保險係承保疾病所致之損失；意外傷害保險則在承保意外傷害所致之損失。人之傷害或死亡之原因，其一來自內在原因，另一則爲外在事故即意外事故。內在原因所致之傷害或死亡，係指被保險人因罹犯疾病、細菌感染、器官老化衰竭等身體內部因素所致之傷害或死亡。至外來事故即意外事故，係指內在原因以外之一切事故而言，其事故之發生爲外來性、偶然性，而不可預見，除保險契約另有特約不保之事項外，意外事故均屬意外傷害保險所承保之範圍。簡言之，基於公平原則應減輕受益人之舉證責任，倘被保險人非老化、病死及細菌感染，原則上即應認係意外[14]。

二、約定無效之事由

保險契約中有下列情事之一，依訂約時情形顯失公平者，該部分之約定無效：（一）免除或減輕保險人依本法應負之義務者；（二）使要保人、受益人或被保險人拋棄或限制其依本法所享之權利者；（三）加重要保人或被保險人之義務者；（四）其他於要保人、受益人或被保險人有重大不利益者[15]。

伍、案例解析——特約條款之積極效力

保險契約當事人之一方違背特約條款時，他方得解除契約；其危險發生後亦同。該解除契約權，自保險人知有解除之原因後，經過1個月不行使而消滅；或契約訂立後經過2年，即有可以解除之原因，亦不得解除契約。準此，甲以其所有之車輛投保車體險，並與保險人約定，該車輛不得借與或出租與

---

[14] 最高法院102年度台上字第1023號、103年度台上字第1465號民事判決。
[15] 最高法院97年度台上字第752號民事判決。

他人。甲於保險期間將車輛借與其妻乙使用,因他人之過失發生車禍,導致車體受損,保險人得於上開期間解除契約,免除賠償該車體損失之責任。

第七節　當事人之通知義務

案例7

> 　　甲為其汽車投保車體損失險,嗣後於保險期間內,不慎發生車禍致車體毀損,甲於事故發生之30日後,始通知保險人知悉,並申請保險金給付。試問保險人得否以甲遲延通知,解除保險契約?

壹、法定通知義務

一、危險發生通知義務（103津師；97司法官）

　　要保人、被保險人或受益人,遇有保險人應負保險責任之事故發生時,除契約或保險法另有規定外,應於知悉後5日內通知保險人(保險法第62條)。倘要保人或被保險人怠於通知,不於限期內為通知者,對於保險人因此所受之損失,應負賠償責任(保險法第58條、第63條)。

二、危險增加通知義務（95、107津師）

　　要保人對於保險契約內所載增加危險之情形應通知者,應於知悉後通知保險人(保險法第59條第1項)[16]。危險增加,由於要保人或被保險人之行為所致,其危險達於應增加保險費或終止契約之程度者,要保人或被保險人應先通知保險人(第2項)。危險增加,不由於要保人或被保險人之行為所致者,要保人或被保險人應於知悉後10日內通知保險人(第3項)。不於限期內

---

[16] 最高法院95年度台上字第624號民事判決:醫師之檢查是否正確,有時需賴被保險人之據實說明,不能因保險人指定醫院體檢,或被保險人授權保險人查閱其就醫資料,即認被保險人可免除據實說明義務。

為通知者，對於保險人因此所受之損失，應負賠償責任（保險法第63條）。

貳、通知義務之免除

一、危險增加通知義務之例外

危險增加有下列情形之一時，免除通知義務（保險法第61條）：（一）損害之發生不影響保險人之負擔者；（二）為防護保險人之利益者；（三）為履行道德上之義務者。

二、不負通知義務者

當事人之一方對於下列各款，不負通知之義務（保險法第62條）：（一）為他方所知者；（二）依通常注意為他方所應知，或無法諉為不知者；（三）一方對於他方經聲明不必通知者。

參、案例解析——危險發生之通知義務

要保人遇有保險人應負保險責任之事故發生時，除契約或保險法另有規定外，應於知悉後5日內通知保險人。倘要保人怠於通知，不於限期內為通知者，對於保險人因此所受之損失，應負賠償責任。準此，甲為其汽車投保車體損失險，嗣後於保險期間內，不慎發生車禍致車體毀損，甲雖於事故發生之30日後，始向保險人通知，並申請保險金給付，保險人不得以甲遲延通知而解除保險契約，僅得請求增加危險堪估費用、未能向第三人代位請求等損失。

第八節　保險人之責任與代位權

第一項　保險人之責任

案例8

甲以其配偶乙為被保險人，投保鉅額人壽保險，並指定其子丙為受益人。試問甲或丙為圖謀該保險金，竟故意殺害乙，保險人是否應給付保險金？

壹、保險人之契約上責任（97、98、103司法官）

保險人對於由不可預料或不可抗力之事故所致之損害，負賠償責任。但保險契約內有明文限制者，不在此限（保險法第29條第1項）[17]。申言之，保險所擔當者為危險，在客觀上係不可預料或不可抗力之事故，在主觀上為對災害所懷之恐懼及因災害而受之損失，故危險之發生不僅須不確定，並非故意，且危險及其發生須為適法。因保險契約，為最大之善意契約，以避免道德危險之發生，凡契約之訂立及保險事故之發生，有違背善意之原則者，保險人得據以拒卻責任或解除契約[18]。

貳、保險人之法律上責任

一、責任之免除（97、98、103司法官）

保險人對於由要保人或被保險人之過失所致之損害，雖應負賠償責任。然出於要保人或被保險人之故意者，不在此限（保險法第29條第2項）。

---

[17] 最高法院102年度台上字第297號民事判決。

[18] 最高法院86年度台上字第2141號、90年度台上字第1257號民事判決。

二、道義損害之責任（98司法官）

保險人對於因履行道德上之義務（the discharge of a moral obligation）所致之損害，應負賠償責任（保險法第30條）。

三、受僱人或動物所致損害之責任

保險人對於因要保人，或被保險人之受僱人，或其所有之物或動物所致之損害，應負賠償責任（保險法第31條）。

四、兵險責任

保險人對於因戰爭所致之損害，除契約有相反之訂定外，應負賠償責任（保險法第32條）。

五、減免損害費用之償還責任

保險人對於要保人或被保險人，爲避免或減輕損害之必要行爲所生之費用，負償還之責。其償還數額與賠償金額，合計雖超過保險金額，仍應償還（保險法第33條第1項）。保險人對於前開費用之償還，以保險金額對於保險標的之價值比例定之（第2項）。

六、賠償金額之給付期限

保險人應於要保人或被保險人交齊證明文件後，而於約定期限內給付賠償金額。無約定期限者，應於接到通知後15日內給付之（保險法第34條第1項）。保險人因可歸責於自己之事由，致未在前開規定期限內爲給付者，應給付遲延利息年利率10%（第2項）[19]。

七、通知義務

被保險人之死亡保險事故發生時，要保人或受益人應通知保險人。保險人接獲通知後，應依要保人最後所留於保險人之所有受益人住所或聯絡方

---

[19] 最高法院96年度台上字第889號民事判決。

式，主動爲通知（保險法第29條第3項）。

參、案例解析——保險人之責任免除

一、要保人之故意行爲

保險人對於要保人或被保險人之故意行爲不負賠償責任。準此，甲以其配偶乙爲被保險人，投保人壽保險，並指定其子丙爲受益人，倘要保人甲故意殺害乙，保險人免給付保險金。

二、受益人之故意行爲

受益人丙故意殺害乙，丙雖喪失其受益權。然保險人之給付義務不因此免除，此際該保險金作爲被保險人乙之遺產，得由其夫甲繼承之。

第二項　保險人之代位權

案例9

甲為其所有之車輛，向A產物保險股份有限公司投保車體碰撞保險，嗣後於保險期間與乙駕駛之車輛相撞，甲與乙之過失各為50%。試問保險人依保險契約給付保險金新臺幣10萬元與甲後，得否向乙請求賠償？

壹、法定代位權定義與對象（97、98、101、102律師；95司法官）

一、法定代位權之定義

被保險人因保險人應負保險責任之損失發生，而對於第三人有損失賠償請求權者，保險人得於給付賠償金額後，代位行使被保險人對於第三人之請

求權；但其所請求之數額，以不逾賠償金額爲限（保險法第53條第1項）[20]。前開第三人爲被保險人之家屬或受僱人時，保險人無代位請求權。但損失係由其故意所致者，不在此限（第2項）。詳言之，損害賠償僅應塡補被害人實際損害，保險人代位被保險人請求損害賠償時，法院應調查被保險人實際所受之損失，其實際損害額超過或等於保險人已給付之保險金額時，保險人得就其給付保險金額之範圍，代位被保險人請求賠償；倘其實際損害額小於保險人給付之保險金額，保險人所得代位請求賠償者，應以該損害額爲限，此爲保險法上利得禁止原則之強行規定[21]。

二、代位權之行使對象

保險人代位權（subrogation right），其行使之對象，不以侵權行爲（tort）之第三人爲限。倘被保險人因保險人應負保險責任之損失發生，而對於第三人有損失賠償請求權者，保險人即得於給付賠償金額後，代位行使被保險人對於第三人之請求權[22]。

貳、代位權之性質

保險制度之目的，在於保護被保險人，非爲減輕損害事故加害人之責任。保險給付請求權之發生，係以定有支付保險費之保險契約爲基礎，其與因侵權行爲所生之損害賠償請求權，並非出於同一原因。後者之損害賠償請求權，殊不因受領前者之保險給付而喪失，兩者除有保險法第53條關於代位行使之關係外，並不生損益相抵問題[23]。

參、案例解析——代位權之行使

甲爲其所有之車輛，向A產物保險股份有限公司投保車體碰撞保險，嗣後於保險期間與乙駕駛之車輛相撞，甲與乙之過失各爲50%，保險人給付保

---

[20] 最高法院112年度台上字第1466號民事判決。

[21] 最高法院106年度台上字第439號民事判決。

[22] 最高法院96年度台上字第767號民事判決。

[23] 最高法院103年度台上字第1121號民事判決。

險金新臺幣（下同）10萬元與甲後，得向乙請求其應負5萬元之損害賠償責任。

第九節　保險契約之時效

案例10

> 　　甲以其所有骨董投保火災定值保險，並約定發生保險事故後，而於30日內檢附證明，保險人應給付保險金。嗣後於保險期間發生火災全部燒毀。試問甲於3年後，始向保險人請求賠償損失，保險人得否拒絕給付？

壹、短期消滅時效（103津師）

由保險契約所生之權利，自得爲請求之日起，經過「2年」不行使而消滅，此爲短期之消滅時效（extinctive prescription）（保險法第65條）。例如，時效完成後，保險人取得拒絕給付保險金之抗辯權[24]。

貳、時效之起算基準（103津師）

一、期限起算日

有下列各款情形之一者，其期限之起算，依各該款之規定（保險法第65條）：（一）要保人或被保險人對於危險之說明，有隱匿、遺漏或不實者，自保險人知情之日起算；（二）危險發生後，利害關係人能證明其非因疏忽而不知情者，自其知情之日起算；（三）要保人或被保險人對於保險人之請求，係由於第三人之請求而生者，自要保人或被保險人受請求之日起算[25]。

---

[24]　最高法院104年度台上字第2434號民事判決。

[25]　最高法院91年度台上字第1258號民事判決。

二、消滅時效爲強制規定

保險法第65條規定，保險契約所生之權利，自得爲請求之日起，經過2年不行使而消滅，此項消滅時效之規定，屬強制規定，不得因當事人合意延長或縮短之，且保險金給付請求權應自保險事故發生時，開始起算其時效期間，不因請求權人對此權利之存在，主觀上知悉與否，而有所影響[26]。

參、案例解析——2年消滅時效期間

保險人應於要保人或被保險人交齊證明文件後，而於約定期限內給付賠償金額。無約定期限者，應於接到通知後15日內給付之（保險法第34條第1項）。甲以其所有骨董投保火災定值保險，並約定發生保險事故後，而於30日內檢附證明，保險人應給付保險金。嗣後於保險期間發生火災全部燒毀，而於定值保險之場合，發生全部損失時，損失無須估計，而甲於3年後，始向保險人請求賠償損失，已罹於2年時效，保險人得拒絕給付保險金。

第十節　保險契約之無效、解除、終止

第一項　保險契約之無效

案例11

甲以其所有之建物投保火災保險，雖其投保金額爲新臺幣（下同）300萬元，惟其價值僅150萬元。試問於保險期間發生火災而全毀，保險人應給付若干保險金？

---

[26] 最高法院75年度台上字第2028號民事判決。

壹、違反法定事項而無效

一、危險已發生或已消滅之契約

保險契約訂立時，保險標的之危險已發生或已消滅者，其契約無效。但為當事人雙方所不知者，不在此限（保險法第51條第1項）。訂約時，僅要保人知危險已發生者，保險人不受契約之拘束（第2項）。訂約時，僅保險人知危險已消滅者，要保人不受契約之拘束（第3項）。

二、惡意複保險（99司法官）

複保險，除另有約定外，要保人應將他保險人之名稱及保險金額通知各保險人（保險法第36條）。要保人故意不為前開之通知，或意圖不當得利而為複保險者，其契約無效（保險法第37條）。

三、超額保險

保險金額超過保險標的價值之契約，係由當事人一方之詐欺而訂立者，他方得解除契約。倘有損失，並得請求賠償。無詐欺情事者，除定值保險外，其契約僅於保險標的價值之限度內為有效（保險法第76條第1項）。

四、他人死亡保險契約代訂之限制

由第三人訂立之死亡保險契約（mortality insurance），未經被保險人書面同意，並約定保險金額，其契約無效（保險法第105條第1項）。

貳、無保險利益而無效

要保人或被保險人，對於保險標的物無保險利益者（benefit of insurance），保險契約失其效力（保險法第17條）。

參、案例解析——超額保險之效果

保險金額超過保險標的價值之契約，係由當事人一方之詐欺而訂立者，

他方得解除契約。如有損失，並得請求賠償。無詐欺情事者，除定值保險外，其契約僅於保險標的價值之限度內為有效。準此，甲以其所有之建物投保火災保險，其投保金額為新臺幣（下同）300萬元，因其價值僅150萬元，倘無詐欺之行為，而於保險期間發生火災導致全毀，保險人應給付甲之損失範圍，即150萬元之保險金。反之，甲有詐欺之行為，保險人得解除契約。如有損失，並得請求賠償之。

第二項　保險契約之解除

案例12

> 　　甲以自己為被保險人，其於訂立契約前明知其罹患高血壓，為避免A人壽保險股份有限公司拒絕承保或加費承保，故意不為告知，向A保險公司投保免體檢之人壽保險。甲於契約訂立1年後，因車禍而身亡。試問A保險公司得否以甲違反告知義務而解除契約，免除保險金之給付義務？

壹、怠於通知之解約

　　當事人之一方對於他方應通知之事項，而怠於通知者，除不可抗力之事故外，不問是否故意，他方得據為解除保險契約之原因（保險法第57條）。

貳、違反告知義務（96、101、106律師；100、104司法官；109司津）

一、解除契約之原則與例外

　　訂立契約時，要保人對於保險人之書面詢問，應據實說明（保險法第64條第1項）。要保人有為隱匿或遺漏不為說明，或為不實之說明，足以變更或減少保險人對於危險之估計者，保險人得解除契約；其危險發生後亦同。但要保人證明危險之發生未基於其說明或未說明之事實時，不在此限（第2項）。前開解除契約權，自保險人知有解除之原因後，經過1個月不行使而

消滅;或契約訂立後經過2年,即有可以解除之原因,亦不得解除契約(第3項)。

二、足以變更或減少保險人對於危險之估計

保險法第64條之立法目的,係保險制度之最大善意、對價平衡及誠實信用等基本原則之體現,當要保人或被保險人因故意、過失違反據實說明義務,致保險人無法正確估計危險,倘要保人或被保險人未告知或不實說明之事項與保險事故發生有相關聯,而足以變更或減少保險人對於危險之估計時,縱使保險事故已發生,保險人仍得解除契約。惟要保人或被保險人具有違反誠信原則之事實,而此事實經證明並未對保險事故之發生具有影響,即對特定已發生之保險事故,未造成額外之負擔,對價平衡原則未受破壞時,保險人不得解除契約。職是,保險法第64條第2項但書規定,須保險事故與該未據實說明者完全無涉,始有適用。倘未說明之事項與保險事故之發生有關聯、牽涉、影響或可能性時,即無但書規定之適用,保險人依該條項解除契約,自不以未告知或說明之事項與保險事故之發生,有直接之因果關係為限[27]。

參、違背特約條款 (103司法官)

保險契約當事人之一方違背特約條款時,他方得解除契約;其危險發生後亦同(保險法第68條第1項)。

肆、超額保險 (93、99律師;101司法官)

保險金額超過保險標的價值之契約,係由當事人一方之詐欺而訂立者,他方得解除契約。如有損失,並得請求賠償。無詐欺情事者,除定值保險外,其契約僅於保險標的價值之限度內為有效(保險法第76條第1項)。

---

[27] 最高法院104年度台上字第844號民事判決。

伍、案例解析——告知義務違反之效果

甲以自己爲被保險人，於訂立契約前明知其罹患高血壓，爲避免A人壽保險股份有限公司拒絕承保或加費承保，雖故意不爲告知，向A保險公司投保免體檢之人壽保險，足以變更保險人對於危險之估計，其爲重要事實。然甲於契約訂立1年後，因車禍而身亡並無因果關係，甲之繼承人得舉證證明事故之發生與未說明事項間，並無因果關係（causality），限制保險公司以甲違反告知義務而解除契約。準此，A保險公司應負給付保險金與繼承人之義務。

第三項　保險契約之終止

案例13

甲以其所有之房屋與A產物保險股份有限公司訂立住宅火災保險契約。嗣後甲使用該住宅經營餐飲事業，其未將變更事實通知A保險公司。試問保險人得否終止保險契約？理由爲何？

壹、行使終止權

一、危險減少

保險費依保險契約所載增加危險之特別情形計算者，其情形在契約存續期內消滅時，要保人得按訂約時保險費率，自其情形消滅時起算，請求比例減少保險費。保險人對於前開減少保險費不同意時，要保人得終止契約（保險法第26條）。

二、要保人破產

要保人破產時，保險契約仍爲破產債權人之利益而存在，但破產管理人或保險人得於破產宣告3個月內終止契約（保險法第28條）。

三、危險增加

保險契約存續期間，倘危險增加時，保險人得終止契約（保險法第60條第1項）。

四、要保人或被保險人拒絕修復保險標的物

保險人有隨時查勘保險標的物之權，如發現全部或一部分處於不正常狀態，經建議要保人或被保險人修復後，再行使用。要保人或被保險人不接受建議時，保險人得以書面通知終止保險契約或其有關部分（保險法第97條）。

五、保險費未付（108司津）

人壽保險之保險費到期未交付者，除契約另有訂定外，經催告到達後逾30日，仍不交付時，保險契約之效力停止。保險人於前開所規定之期限屆滿後，有終止契約之權（保險法第116條第1項、第4項）。

貳、當然終止

一、保險人破產

保險人破產時，保險契約於破產宣告（rendition of bankruptcy）之日終止（保險法第27條）。

二、危險增加

保險契約存續期間，倘有危險增加之情形，保險人得終止契約，或提議另定保險費。要保人對於另定保險費不同意者，其契約即為終止（保險法第60條第1項）。

三、保險標的物全損

保險標的物（insured subject matter）非因保險契約所載之保險事故

（insurance accident），而完全滅失時，保險契約即為終止（保險法第81條）。

參、案例解析——危險增加之效果

一、終止契約權與損害賠償請求權

甲以其所有之房屋與A人壽保險股份有限公司訂立住宅火災保險契約。嗣後甲使用該住宅經營餐飲事業，導致危險增加，倘為保險契約所載，應負通知義務之事項，甲應將變更事實通知A保險公司，否則保險人得終止保險契約。或者提議另定保險費，要保人對於另定保險費不同意者，其契約即為終止（保險法第60條第1項本文）。因該危險增加，係由於甲之行為所致，而其危險達於應增加保險費或終止契約之程度者，甲未先通知保險人，倘保險人有損失，並得請求賠償（第1項但書）。

二、契約繼續有效

保險人甲知悉危險增加後，仍繼續收受保險費，或於危險發生後給付賠償金額，或其他維持契約之表示者，保險人喪失終止契約與損害賠償請求權（保險法第60條第2項）。

習題

一、說明保險契約之當事人與關係人為何。
　　提示：保險法第2條至第5條。

二、甲車與乙車發生碰撞，甲並無過失，甲之損害為新臺幣（下同）10萬元，甲車之保險人賠償甲5萬元，甲請求乙賠償10萬元，乙得否主張扣除保險給付？
　　提示：保險法第53條。

三、告知義務之義務人為何？違反告知義務之效力如何？
　　提示：保險法第64條。

第三章　財產保險

案例1

> 甲以其價值新臺幣（下同）150萬元之建物投保火災保險，乙為抵押權人，其抵押債權為50萬元，保險金額為100萬元。嗣後發生火災，該建物之實際損失係60萬元。試問保險人應給付若干保險金？如何計算？

壹、火災保險之定義與種類

一、火災保險之定義

　　所謂火災保險者（fire insurance），係指火災保險人對於由火災所致保險標的物之毀損或滅失，除契約另有訂定外，負賠償之責（保險法第70條第1項）。因救護保險標的物，致保險標的物發生損失者，視同所保危險所生之損失（第2項）。所謂保險標的物之毀損或滅失，視同火災所致之毀損或滅失，係指因火災發生，致保險標的物被燒毀受損或保險標的物已消滅而不存在之情形。倘僅為被第三人取去，移轉占有者，自不包括在內[1]。

二、火災保險之種類

（一）不定值與定值火災保險契約 （99律師）

　　不定值火災保險契約（unvalued insurance），為保險契約上載明保險標的之價值，須至危險發生後估計而訂之保險契約（保險法第50條第2項）。而

---

[1] 最高法院75年度台上字第1103號民事判決。

定值火災保險契約（valued insurance），為保險契約上載明保險標的一定價值之保險契約（第3項）。

（二）火險之集中保險

就集合之物而總括為保險者，被保險人家屬、受僱人或同居人之物，亦得為保險標的，載明於保險契約，在危險發生時，就其損失享受賠償（保險法第71條第1項）。前開保險契約，視同並為第三人利益而訂立（第2項）。

貳、保險價額與保險金額

一、保險價額與保險金額之定義

所謂保險價額者（insurable value），係指保險標的物於特定時期內，得以金錢估計之價值總額。所謂保險金額者（insurance amount），係指保險事故發生時，保險人對於要保人或被保險人應給付之金額。

二、保險價額與保險金額之關係

（一）全部保險

所謂全部保險（full insurance），係指以保險價額之全部，作為保險金額，保險價額同等保險金額。

（二）一部保險（101司法官；105高考三級法制）

所謂一部保險（partial insurance），係指保險金額不及保險標的物之價值者，除契約另有訂定外，保險人之負擔，以保險金額對於保險標的物之價值比例定之（保險法第77條）。

（三）超額保險（93、99律師；101司法官）

保險人應於承保前，應查明保險標的物之市價，不得為超額承保（excess insurance）。保險金額為保險人在保險期內，所負責任之最高額度（保險法第72條）。保險金額超過保險標的價值之契約，係由當事人一方之詐欺而訂立者，他方得解除契約。如有損失，並得請求賠償。無詐欺情事

者，除定值保險外，其契約僅於保險標的價值之限度內爲有效（保險法第76條第1項）。無詐欺情事之保險契約，經當事人一方將超過價值之事實通知他方後，保險金額及保險費，均應按照保險標的之價值比例減少（第2項）。

參、火災保險契約之效力

一、保險人之義務

（一）損失賠償義務（93、99津師；101司法官）

1. 定值保險

保險標的以約定價值爲保險金額者，發生全部損失或部分損失時，均按約定價值爲標準計算賠償（保險法第73條第2項）。保險標的物不能以市價估計者，得由當事人約定其價值。賠償時從其約定（保險法第75條）。所稱全部損失，係指保險標的全部滅失或毀損，達於不能修復或其修復之費用，超過保險標的恢復原狀所需者（保險法第74條）。

2. 不定值保險（105高考三級法制）

保險標的未經約定價值者，發生損失時，按保險事故發生時實際價值爲標準，計算賠償，其賠償金額，不得超過保險金額（保險法第73條第3項）。

3. 賠償金額之給付期限

保險人應於要保人或被保險人交齊證明文件後，而於約定期限內給付賠償金額。無約定期限者，應於接到通知後，15日內給付之（保險法第34條第1項）。保險人因可歸責於自己之事由，致未在前開規定期限內爲給付者，應給付遲延利息年息10%（第2項）。

4. 損失估計遲延之責任

損失之估計，因可歸責於保險人之事由而遲延者，應自被保險人交出損失清單1個月後加給利息。損失清單交出2個月後，損失尚未完全估定者，被保險人得請求先行交付其所應得之最低賠償金額（保險法第78條）。

（二）費用償還義務

1. 減免損害費用之償還

保險人對於要保人或被保險人，為避免或減輕損害之必要行為所生之費用，負償還之責。其償還數額與賠償金額，合計雖超過保險金額，仍應償還（保險法第33條第1項）。保險人對於前項費用之償還，以保險金額對於保險標的之價值比例定之（第2項）。

2. 估計損失費用之負擔

保險人或被保險人為證明及估計損失所支出之必要費用，除契約另有訂定外，由保險人負擔之（保險法第79條第1項）。保險金額不及保險標的物之價值時，保險人對於前項費用，本法依第77條規定比例負擔之（第2項）。

（三）要保人之義務

要保人除有交付保險金與危險通知義務（保險法第22條、第58條、第59條）外，而於損失未估定前，要保人或被保險人除為公共利益或避免擴大損失外，非經保險人同意，對於保險標的物不得加以變更（保險法第80條）。

肆、火災保險契約之終止

一、當然終止

保險標的物非因保險契約所載之保險事故而完全滅失時，保險契約即為終止（保險法第81條）。除保險費非以時間為計算基礎者外，終止後之保險費已交付者，保險人應返還之（保險法第24條第3項）。

二、任意終止

保險標的物受部分之損失者，保險人與要保人均有終止契約之權。終止後，已交付未損失部分之保險費應返還之（保險法第82條第1項）。前開終止契約權，其於賠償金額給付後，經過1個月不行使而消滅（第2項）。保險人終止契約時，應於15日前通知要保人（第3項）。要保人與保險人均不終止契約時，除契約另有訂定外，保險人對於以後保險事故所致之損失，其責任以

賠償保險金額之餘額為限（第4項）。

伍、案例解析──抵押權人之火災保險金請求權

一、一部保險

在一部保險之場合，除契約另有訂定外，保險人之負擔，以保險金額對於保險標的物之價值比例定之。準此，甲以其價值新臺幣（下同）150萬元之建物投保火災保險，保險金額為100萬元。嗣後發生火災，保險人應按比例給付保險金，即保險金額與保險標的之價值與之比例為2：3，該建物之實際損失係60萬元，保險公司應給付保險金40萬元。

二、抵押權之物上代位性

抵押權，因抵押物滅失而消滅。但因滅失得受之賠償金，應按各抵押權人之次序分配之（民法第881條）。準此，抵押物雖滅失，然有確實之賠償義務人者，該抵押權即移存於得受之賠償金之上，此為抵押權之代物擔保性。保險金為賠償金之一種，所謂賠償金，並未設有任何限制，無論其係依法律規定取得，或依契約取得，均不失其為賠償金之性質，故保險金解釋上應包括在內。賠償金為抵押權效力所及，抵押權人乙自得就該項賠償金行使權利，是以抵押權人得逕向賠償義務人即保險人請求給付，保險人有對抵押權人乙給付新臺幣40萬元之義務[2]。

---

[2]　最高法院83年度台上字第1345號民事判決。

第二節　陸空保險

案例2

> 甲將其貨物交予乙運送，並投保貨物保險，運送至目的地時，受貨人於收貨前，暫置於乙之倉庫保管，因乙之過失發生火災，導致該批貨物燒毀。試問保險人應否負損失賠償責任？何人得請求賠償責任？

壹、陸空保險之定義與種類

所謂陸空保險者，係指陸上、內河及航空保險人，對於保險標的物，除契約另有訂定外，因陸上、內河及航空一切事變及災害所致之毀損、滅失及費用，負賠償責任之財產保險契約（保險法第85條）。其分為陸上運送保險（land transportation）、內河運送保險（inland river transportation）及航空運送保險（transport aviation）。

貳、保險期間與契約條款

一、保險期間

關於貨物之保險（cargo insurance），除契約另有訂定外，自交運之時以迄於其目的地收貨之時為其期間（保險法第86條）。

二、保險契約應記載事項

貨物運送保險契約，除記載本法第55條規定事項外，並應載明下列事項（保險法第87條）：（一）運送路線及方法；（二）運送人姓名及商號名稱；（三）交運及取貨地點；（四）運送有期限者，其約定期限。

參、陸空保險之效力

一、暫停或變更運送路線或方法

因運送上之必要，暫時停止或變更運送路線或方法時，保險契約除另有訂定外，仍繼續有效（保險法第88條）。

二、陸空保險人之責任

陸上、內河及航空保險人，對於保險標的物，除契約另有訂定外，因陸上、內河及航空一切事變及災害所致之毀損、滅失及費用，負賠償之責（保險法第85條）。

肆、案例解析——貨物保險期間

關於貨物之保險，除契約另有訂定外，自交運之時以迄於其目的地收貨之時為其期間。準此，甲將其貨物交予乙運送，並投保貨物保險，運送至目的地時，暫置於乙之倉庫保管，其於受貨人於收貨前，因乙之過失發生火災，導致該批貨物燒毀，除契約另有規定外，保險人應對甲負損失賠償責任。

第三節　責任保險

案例3

甲就其所有之汽車向A產物保險股份有限公司訂立汽車保險，其包括車體損失險、竊盜險及對於第三人之責任保險。試問甲因過失駕駛，該車導致行人乙受傷，乙得否向A保險公司請求保險金？

壹、責任保險之意義（97、103律師；96司法官）

所謂責任保險者（liability insurance），係指責任保險人於被保險人對於第三人，依法應負民事賠償責任，而受賠償之請求時，負賠償之責（保險法第90條）。例如，保險契約規定被保險人在施工處所或毗鄰地區，而於保險期間內，因營建本保險契約承保工程發生意外事故，致第三人體傷、死亡或財物受有損害，被保險人依法應負賠償責任而受賠償請求時，保險人負賠償責任[3]。

貳、事業責任保險

保險契約係為被保險人所營事業之損失賠償責任而訂立者，被保險人之代理人、管理人或監督人所負之損失賠償責任，亦享受保險之利益，其契約視同並為第三人之利益而訂立（保險法第92條）。

參、責任保險之效力

一、賠償責任之負擔

責任保險人於被保險人對於第三人，依法應負賠償責任，而受賠償之請求時，責任保險人於約定之保險金額限度內，應負賠償之責任。

二、訴訟及必要費用之負擔（96司法官）

被保險人因受第三人之請求而為抗辯，所支出之訴訟上或訴訟外之必要費用，除契約另有訂定外，由保險人負擔之。被保險人亦得請求保險人墊給前開費用（保險法第91條）。

三、保險金額之給付（97、104律師；96司法官）

保險人於第三人由被保險人應負責任事故所致之損失，未受賠償以前，不得以賠償金額之全部或一部給付被保險人（保險法第94條第1項）。其僅為

---

[3]　最高法院95年度台上字第2100號民事判決。

保障該事故之第三人得確實獲得賠償而設，並非免除保險人之給付責任，被保險人亦得將其對保險人之請求給付保險金債權讓與他人（民法第294條第1項前段）[4]。而被保險人對第三人應負損失賠償責任確定時，第三人得在保險金額範圍內，依其應得之比例，直接向保險人請求給付賠償金額（保險法第94條第2項）。保險人得經被保險人通知，直接對第三人為賠償金額之給付（保險法第95條）。

肆、保險人之參與權（100律師）

　　保險人得約定被保險人對於第三人就其責任所為之承認、和解或賠償，未經其參與者，不受拘束。僅就被保險人對於第三人依法應負賠償責任，而於保險金額範圍內負賠償之責。但經要保人或被保險人通知保險人參與，而無正當理由拒絕或藉故遲延者，不在此限（保險法第93條）。例如，被保險人與第三人於法院和解、調解，或經鄉鎮市調解委員會調解成立，本質上仍為當事人互相讓步而成立之合意，倘未經保險人參與，保險人自不受拘束[5]。

伍、強制汽車責任保險法（91司法官）

　　因汽車交通事故致受害人傷害或死亡者，不論加害人有無過失，請求權人得依本法規定向保險人請求保險給付或向財團法人汽車交通事故特別補償基金（下稱特別補償基金）請求補償（強制汽車責任保險法第7條）。本法所稱請求權人，指下列得向保險人請求保險給付或向特別補償基金請求補償之人：（一）因汽車交通事故遭致傷害者，為受害人本人；（二）因汽車交通事故死亡者，為受害人之遺屬（強制汽車責任保險法第11條第1項、第2項）[6]。其立法原則有四：無過失主義、強制保險、直接請求權及賠償基金。

陸、案例解析──責任保險金之給付

　　甲就其所有之汽車向A產物保險股份有限公司訂立汽車保險，其包括車

---

[4]　最高法院96年度台上字第2868號民事判決。
[5]　最高法院87年度台上字第2331號、95年度台上字第2820號民事判決。
[6]　最高法院96年度台上字第1800號民事判決。

體損失險、竊盜險及對於第三人之責任保險。車體損失險與竊盜險屬財產保險，而甲之過失駕駛該車導致行人乙受傷，A保險公司於被保險人甲對於乙，依法應負賠償責任，受賠償之請求時，其於約定之保險金額限度內，應負賠償之責任。準此，甲對乙應負損失賠償責任確定時，乙得在保險金額範圍，依其應得之比例，直接向A保險公司請求給付賠償金額。A保險公司亦得經甲通知，直接對乙為賠償金額之給付。

第四節　保證保險

案例4

> 甲股份有限公司與保險人訂定「員工誠實保證保險基本條款」之「承保範圍」約定，保險人對於甲公司之受僱人即被保險人乙其所有依法應負責任或以任何名義保管之財產，在乙被保證期間內，因單獨或共謀之不誠實行為所致之直接損失，負賠償之責任。試問乙於保險期間監守自盜而挪用公款，保險人應否負賠償責任？

壹、保證保險之定義（103司法官）

所謂保證保險者（guaranty insurance），係指保證保險人於被保險人因其受僱人（employee）之不誠實行為或其債務人（obligor）之不履行債務所致損失，負賠償之責（保險法第95條之1）。例如，工程履約保證。

貳、保證保險契約應記載之事項

一、受僱人之不誠實行為

以受僱人之不誠實行為為保險事故之保證保險契約，除記載本法第55條規定事項外，並應載明下列事項（保險法第95條之2）：（一）被保險人之姓名及住所；（二）受僱人之姓名、職稱或其他得以認定為受僱人之方式。

二、債務人之不履行債務

以債務人之不履行債務（default）為保險事故之保證保險契約，除記載本法第55條規定事項外，並應載明下列事項（保險法第95條之3）：（一）被保險人之姓名及住所；（二）債務人之姓名或其他得以認定為債務人之方式。

參、案例解析──受僱人之不誠實行為

保證保險人於被保險人因其受僱人之不誠實行為或其債務人之不履行債務所致損失，負賠償之責。所謂不誠實行為，係指被保證員工之強盜、搶奪、竊盜、詐欺、侵占或其他不法行為而言[7]。準此，甲股份有限公司與保險人訂定保證保險，甲公司之受僱人即被保險人乙於保險期間監守自盜而挪用公款，有不誠實行為之發生，保險人自應負賠償責任。

第五節　其他財產保險

案例5

甲以其所有古董向A產物保險股份有限公司投保竊盜保險，保險契約中約定，古董必須放置金融機構之保管箱或有保全設備之場所。詎甲未遵守約定，將該古董放置於無保全設備之住處，導致遭第三人竊取。試問保險人拒絕給付保險金？有無理由？

壹、其他財產保險之定義

所謂其他財產保險者，係指不屬於火災保險、海上保險、陸空保險、責任保險及保證保險之範圍，而以財物或無形利益為保險標的之各種保險（保

---

[7] 最高法院109年度台上字第2621號民事判決。

險法第96條）。例如，汽車保險、信用保險、竊盜保險。

貳、保險人之權利

保險人有隨時查勘保險標的物之權，倘發現全部或一部分處於不正常狀態，經建議要保人或被保險人修復後，再行使用。倘要保人或被保險人不接受建議時，得以書面通知終止保險契約或其有關部分（保險法第97條）。

參、要保人之責任

要保人或被保險人，對於保險標的物未盡約定保護責任所致之損失，保險人不負賠償之責（保險法第98條第1項）。危險事故發生後，經鑑定係因要保人或被保險人未盡合理方法保護標的物，因而增加之損失，保險人不負賠償之責，此為損害防阻義務（第2項）。因保險制度之目的，在於自助互助，共同分擔危險。倘未於保險契約具體約定要保人或被保險人之保護責任者，應依保險法第54條第2項規定，以作有利於被保險人之解釋為原則[8]。

肆、保險契約之變動

保險標的物受部分之損失，經賠償或回復原狀後，保險契約繼續有效。但與原保險情況有異時，得增減其保險費（保險法第99條）。

伍、案例解析——損害防阻義務

要保人或被保險人，對於保險標的物未盡約定保護責任所致之損失，保險人不負賠償之責。準此，甲以其所有古董向A產物保險股份有限公司投保竊盜保險，保險契約中約定必須放置金融機構之保管箱或有保全設備之場所。因甲未遵守約定，導致遭第三人竊取，違反損害防阻義務，保險人得拒絕給付保險金。

---

[8]　最高法院92年度台上字第2066號民事判決。

習 題

一、何謂保險價額與保險金額？兩者有何關聯？

　　提示：保險法第72條、第76條、第77條。

二、甲就其所有之汽車向A保險公司投保第三人責任保險，某日甲駕車肇事，其與被害人乙達成和解，試問乙得否向A保險公司請求賠償金？

　　提示：保險法第93條至第95條。

第四章　人身保險

第一節　人壽保險

案例1

> 甲以其成年之子乙為被保險人，而與人壽保險股份有限公司訂立人壽保險契約，並約定甲為受益人。試問乙於保險期間死亡，保險人有無給付保險金予甲之義務？

壹、人身保險之範圍

所謂人身保險（personal insurance），係指當事人約定一方支付保險費於他方，他方對於其人或第三人之生命或身體，而於保險事故發生時，給付一定保險金之保險契約。人身保險，包括人壽保險、健康保險、傷害保險及年金保險。

貳、人壽保險之定義與種類

所謂人壽保險（life insurance）或壽險，係指人壽保險人於被保險人在契約規定年限內死亡，或屆契約規定年限而仍生存時，依照契約負給付保險金額之責（保險法第101條）[1]。人壽保險之保險金額，依保險契約之所定（保險法第102條）。其均屬定值保險，無所謂之實際損害問題。其種類有生存保險（endowment insurance）、死亡保險（mortality insurance）、生死混合保險。

---

[1] 最高法院94年度台上字第1809號民事判決。

參、人壽保險契約之訂立

一、保險契約當事人

（一）保險人

保險業之組織，以股份有限公司（company limited by shares）或合作社（cooperative）為限。但經主管機關核准設立者，不在此限（保險法第136條第1項）。

（二）要保人

要保人僅要對被保險人具有保險利益，並負有交付保險費義務。再者，保險法對要保人資格並未設限，此與保險人應具備一定資格者，兩者不同。

二、保險契約關係人

（一）被保險人（91律師；95、106、107司法官）

1. 代訂死亡保險契約之限制

人壽保險契約，雖得由本人或第三人訂立之（保險法第104條）。然他人死亡保險契約代訂時，保險法設有限制。詳言之，由第三人訂立之死亡保險契約，未經被保險人書面同意，並約定保險金額，其契約無效（保險法第105條第1項）。被保險人依前開所為之同意，得隨時撤銷之。其撤銷之方式，應以書面通知保險人及要保人（第2項）。被保險人依前開規定行使其撤銷權者（right of rescission），視為要保人終止保險契約（第3項）。

2. 死亡保險契約被保險人年齡之限制

以未滿15歲之未成年人為被保險人訂立之人壽保險契約，除喪葬費用之給付外，其餘死亡給付之約定於被保險人滿15歲之日起發生效力（保險法第107條第1項）。前項喪葬費用之保險金額，不得超過遺產及贈與稅法第17條有關遺產稅喪葬費扣除額之一半（第2項）。前2項於其他法律另有規定者，從其規定（第3項）。

3. 他人人壽保險契約代訂之限制

由第三人訂立之人壽保險契約，其權利之移轉（transfer）或出質（lien），非經被保險人以書面承認者，不生效力（保險法第106條）。

（二）受益人

1. 指定受益人（91高考；95律師；95司法官）

要保人得通知保險人，以保險金額之全部或一部，給付其所指定之受益人一人或數人（保險法第110條第1項）。前開指定之受益人，以於請求保險金額時生存者爲限（第2項）。反之，受益人於發生保險事故時，已死亡則不得請求保險金額。例如，被保險人與受益人搭乘同一班機，失事遇難，未能證明孰先死亡，其屬同時死亡，無法請求保險金額。

2. 受益人之變更

受益人經指定後，要保人對其保險利益，除聲明放棄處分權者外，仍得以契約或遺囑處分之（保險法第111條第1項）。要保人行使前項處分權，非經通知，不得對抗保險人（第2項）[2]。

3. 法定受益人（95司法官）

死亡保險契約未指定受益人者，其保險金額作爲被保險人遺產（inheritance）（保險法第113條）。倘受益人有疑義時，推定要保人爲自己之利益而訂立（保險法第45條第2項）。

三、受益人之權利與受益權之喪失

（一）取得保險金額（95律師）

保險金額約定於被保險人死亡時給付於其所指定之受益人者，其金額不得作爲被保險人之遺產（保險法第112條）[3]。

---

[2]　最高法院97年度台上字第752號民事判決。

[3]　最高行政法院101年度判字第376號行政判決。

（二）保險當事人破產之效果

保險人破產時，受益人對於保險人得請求之保險金額之債權，以其保單價值準備金按訂約時之保險費率比例計算之。要保人破產時，保險契約訂有受益人者，仍為受益人之利益而存在（保險法第123條第1項）。投資型保險契約之投資資產，非各該投資型保險之受益人不得主張，亦不得請求扣押或行使其他權利（第2項）。

（三）受益權之轉讓

受益人非經要保人之同意，或保險契約載明允許轉讓者（transfer），不得將其利益轉讓他人（保險法第114條）。

（四）保險人之免責事由

受益人故意致被保險人於死或雖未致死者，喪失其受益權（保險法第121條第1項）。前開情形，如因該受益人喪失受益權，而致無受益人受領保險金額時，其保險金額作為被保險人遺產（第2項）。要保人故意致被保險人於死者，保險人不負給付保險金額之責。保險費付足2年以上者，保險人應將其保單價值準備金給付與應得之人，無應得之人時，應解交國庫（第3項）。

四、人壽保險契約之記載事項

人壽保險契約，除記載本法第55條規定之基本條款事項外，並應載明下列事項（保險法第108條）：（一）被保險人之姓名、性別、年齡及住所；（二）受益人姓名及與被保險人之關係或確定受益人之方法；（三）請求保險金額之保險事故及時期；（四）依本法第118條規定之減少保險金額或年金辦法，其減少保險金額之條件者，應記載該條件。

肆、人壽保險契約之效力

一、對保險人效力

（一）保險金額之給付

人壽保險人於被保險人在契約規定年限內死亡，或屆契約規定年限而仍

生存時，依照契約負給付保險金額之責（保險法第101條）。

（二）人壽保險人代位之禁止

人壽保險之保險人，不得代位行使要保人或受益人因保險事故所生對於第三人之請求權，此與財產保險之保險人有法定代位權不同（保險法第103條）。

（三）保險人之免責事由

1. 被保險人故意自殺（92高考）

被保險人故意自殺者，保險人不負給付保險金額之責任。但應將保險之保單價值準備金返還於應得之人（保險法第109條第1項）。保險契約載有被保險人故意自殺，保險人仍應給付保險金額之條款者，其條款於訂約2年後，始生效力。恢復停止效力之保險契約，其2年期限應自恢復停止效力之日起算（第2項）。至於被保險人見義勇為因而喪生者，例如，見路人落水，奮不顧身跳入河中相救，因不識水性而溺斃，其非屬故意自殺之範圍，保險人不得就此主張免除賠償責任。

2. 被保險人因犯罪處死或拒捕或越獄致死

被保險人因犯罪處死或拒捕或越獄致死者，保險人雖不負給付保險金額之責任。然保險費已付足「2年以上」者，保險人應將其保單價值準備金返還於應得之人（保險法第109條第3項）。

3. 受益人有致被保險人於死之故意行為

受益人故意致被保險人於死或雖未致死者，喪失其受益權（保險法第121條第1項）。前開情形，倘因該受益人喪失受益權，而致無受益人受領保險金額時，其保險金額作為被保險人遺產（第2項）。

4. 要保人故意致被保險人於死

要保人故意致被保險人於死者，保險人不負給付保險金額之責。保險費付足2年以上者，保險人應將其保單價值準備金給付與應得之人，無應得之人時，應解交國庫（保險法第121條第3項）。

（四）保單價值準備金之返還

1. 責任準備金之提存與比率

保險業於營業年度屆滿時，應分別保險種類，計算其應提存之各種準備金，記載於特設之帳簿，以供日後履行保險義務之用（保險法第145條第1項）。前開所稱各種準備金之提存比率與計算方式，由主管機關即財政部定之（第2項）。

2. 返還原因

保單價值準備金返還之原因如後：(1)被保險人故意自殺者，保險人雖不負給付保險金額之責任。然應將保險之保單價值準備金返還於應得之人（保險法第109條第1項）；(2)被保險人因犯罪處死或拒捕或越獄致死者，保險人不負給付保險金額之責任。但保險費已付足2年以上者，保險人應將其保單價值準備金返還於應得之人（第3項）；(3)要保人故意致被保險人於死者，保險人不負給付保險金額之責。保險費付足2年以上者，保險人應將其保單價值準備金給付與應得之人（保險法第121條第3項）；(4)保險契約終止時，保險費已付足2年以上者，保險人應返還其保單價值準備金（保險法第117條第3項）。

（五）解約金之償付（112司津）

要保人終止保險契約，而保險費已付足1年以上者，保險人應於接到通知後1個月內償付解約金；其金額不得少於要保人應得保單價值準備金之四分之三（保險法第119條第1項）[4]。償付解約金之條件及金額，應載明於保險契約（第2項）。

二、對要保人效力

（一）交付保險費之義務

保險費應由要保人依契約規定交付（保險法第22條第1項）。利害關係人（interested person），均得代要保人交付保險費（保險法第115條）。惟保險人對於保險費，不得以訴訟請求交付（保險法第117條第1項）。

---

[4]　最高法院民事大法庭108年度台抗大字第897號民事裁定。

（二）欠費之效果

1. 契約效力之停止（108司津）

人壽保險之保險費到期未交付者，除契約另有訂定外，經催告到達後逾30日，仍不交付時，保險契約之效力停止（保險法第116條第1項）。該30日稱爲寬限期間。停止效力之保險契約，其於停止效力之日起6個月內，清償保險費、保險契約約定之利息及其他費用後，翌日上午零時起，開始恢復其效力。要保人於停止效力之日起6個月後申請恢復效力者，保險人得於要保人申請恢復效力之日起5日內，要求要保人提供被保險人之可保證明，除被保險人之危險程度有重大變更已達拒絕承保外，保險人不得拒絕其恢復效力（第3項）。

2. 契約之終止（108司津）

保險契約所定申請恢復效力之期限，自停止效力之日起不得低於2年，並不得遲於保險期間之屆滿日（第4項）。保險人於申請恢復效力之期限屆滿後，有終止契約之權（termination power）（第5項）。

3. 保險金或年金之減少

保險人對於保險費，不得以訴訟請求交付（保險法第117條第1項）。以被保險人終身爲期，不附生存條件之死亡保險契約，或契約訂定於若干年後給付保險金額或年金者，如保險費已付足2年以上而有不交付時，於申請恢復效力之期限屆滿後，保險人僅得減少保險金額或年金（第2項）。

4. 減少保險金額或年金之辦法

保險人依約定，或因要保人請求，得減少保險金額或年金。其條件及可減少之數額，應載明於保險契約（保險法第118條第1項）。減少保險金額或年金，應以訂原約時之條件，訂立同類保險契約爲計算標準。其減少後之金額，不得少於原契約終止時已有之保單價值準備金，減去營業費用，而以之作爲保險費一次交付所能得之金額（第2項）。營業費用以原保險金額1%爲限（第3項）。保險金額之一部，係因其保險費全數一次交付而訂定者，不因其他部分之分期交付保險費之不交付，而受影響（第4項）。

（三）保險契約之質借權利

保險費付足「1年以上」者，要保人得以保險契約為質，向保險人借款（保險法第120條第1項）。保險人於接到要保人之借款通知後，得於1個月以內之期間，貸給可得質借之金額（第2項）。向保險人借款，係保險法賦予要保人之權利，保險人不得拒絕[5]。

（四）被保險人年齡不實之效果

被保險人年齡不實，而其真實年齡已超過保險人所定保險年齡限度者，其契約無效，保險人應退還所繳保險費（保險法第122條第1項）。因被保險人年齡不實，致所付之保險費少於應付數額者，要保人得補繳短繳之保險費或按照所付之保險費與被保險人之真實年齡比例減少保險金額。但保險事故發生後，且年齡不實之錯誤不可歸責於保險人者，要保人不得要求補繳短繳之保險費（第2項）。因被保險人年齡不實，致所付之保險費多於應付數額者，保險人應退還溢繳之保險費（第3項）。

伍、投資型保險

所謂投資型保險，係指保險人與要保人約定，由保險人將要保人所繳保險費，按約定方式扣除保險人各項費用，並依要保人同意或指定之投資分配方式，置於專設帳簿中，而由要保人承擔全部或部分投資風險之人身保險，其非以人壽為保險標的；雙方雖約定被保險人於契約有效期間內死亡，且經要保人指定受益人，由保險人依約定方式計算給付受益人身故保險金，然因其非以人壽為保險標的，該保險金額，自不在遺贈稅法第16條第9款與保險法第112條不列入被保險人遺產[6]。職是，投資型保險之身故保險金，應列入被保險人遺產。

陸、案例解析——死亡保險契約之限制

由第三人訂立之死亡保險契約，未經被保險人書面同意，並約定保險金

---

[5]　最高法院64年度台上字第1214號民事判決。

[6]　高雄高等行政法院100年度訴字第360號行政判決。

額，其契約無效。甲以其子乙為被保險人訂立人壽保險契約，並約定甲為受益人，乙於保險期間死亡，倘經被保險人乙書面同意，並約定保險金額，保險人應依約給付保險金。未經同意者，該保險契約無效，保險人無給付保險金之義務。

第二節　健康保險

案例2

甲向人壽保險股份有限公司投保健康保險，約定甲因疾病住院時，由保險人就其實際支付之醫療費用加以填補；或者因疾病而死亡，保險人應給付保險金。試問因醫療人員丙之過失，導致甲死亡，保險人給付保險金後，得否代位向醫療人員丙請求損害賠償？

壹、健康保險之定義與準用

一、健康保險之定義

所謂健康保險者（health insurance），係指當事人約定，要保人支付保險費，保險人於被保險人疾病、分娩及其所致殘廢或死亡時，負給付保險金額之責（保險法第125條）。保險人於訂立保險契約前，對於被保險人得施以健康檢查（保險法第126條第1項）。前開檢查費用，由保險人負擔（第2項）。

二、人壽保險之準用

本法第102條至第105條、第115條、第116條、第122條至第125條，規範保險金額、代位禁止、契約之代訂、當事人破產之效果及保險費之代付等事項，健康保險均準用之（保險法第130條）。

貳、基本條款之補充規定

被保險人不與要保人為同一人時，保險契約除載明本法第55條規定事項外，並應載明下列各款事項（保險法第129條）：（一）被保險人之姓名、年齡及住所；（二）被保險人與要保人之關係。

參、健康保險契約之效力

一、對保險人之效力

（一）保險金額之給付

健康保險人於被保險人疾病、分娩及其所致殘廢或死亡時，負給付保險金額之責（保險法第125條）。

（二）保險人之免責事由（108司津）

保險契約訂立時，被保險人已在疾病或妊娠情況中者，保險人對該項疾病或分娩，不負給付保險金額之責（保險法第127條）。被保險人故意自殺或墮胎所致疾病、殘廢、流產或死亡，保險人不負給付保險金額之責（保險法第128條）。

（三）健康保險人代位之禁止

健康保險之保險人，不得代位行使要保人或受益人因保險事故所生對於第三人之請求權（保險法第103條、第130條）。

二、對要保人之效力

利害關係人，均得代要保人交付健康保險之保險費（保險法第115條、第130條）。

肆、案例解析——準用人壽保險之規定

人壽保險之保險人，不得代位行使要保人或受益人因保險事故所生對於第三人之請求權。健康保險準用之。準此，甲投保健康保險，約定甲因疾病

住院時，由保險人就其實際支付之醫療費用加以填補；或者因疾病而死亡，保險人應給付保險金。因醫療人員丙之過失，導致甲死亡，保險人給付保險金後，不得代位向丙請求損害賠償，此為代位求償之禁止。

第三節　傷害保險

案例3

> 　　父甲以其12歲之子乙為被保險人，而與人壽保險股份有限公司簽訂意外傷害險，並約定於乙死亡時由保險人給付新臺幣1,000萬元予父甲。試問該保險契約之效力何？理由為何？

壹、傷害保險之定義與準用

一、傷害保險之定義

　　所謂傷害保險者（injury insurance），係指傷害保險人於被保險人遭受意外傷害及其所致殘廢或死亡時，負給付保險金額之責（保險法第131條第1項）。前開意外傷害，指非由疾病引起之外來突發事故所致者（第2項）。

二、準用人壽保險之規定

　　本法第102條至第105條、第107條、第110條至第116條、第123條及第124條有關人壽保險之規定，傷害保險準用（保險法第135條）。

三、意外傷害保險

　　意外傷害保險係相對於健康保險而言：（一）健康保險係承保疾病所致之損失；（二）意外傷害保險在承保意外傷害所致之損失。人之傷害或死亡之原因，其一來自內在原因，另一則為外在事故即意外事故。申言之：

（一）所謂內在原因所致之傷害或死亡，係指被保險人因罹患疾病、細菌感染、器官老化衰竭等身體內部因素所致之傷害或死亡；（二）所謂意外事故，係指內在原因以外之一切事故而言，其事故之發生為外來性、偶然性，而不可預見，除保險契約另有特約不保之事項外，意外事故均屬意外傷害保險所承保之範圍[7]。

貳、傷害保險契約應記載事項與免責事由

一、傷害保險契約應記載事項

傷害保險契約，除記載本法第55條規定事項外，並應載明下列事項（保險法第132條）：（一）被保險人之姓名、年齡、住所及與要保人之關係；（二）受益人之姓名及與被保險人之關係或確定受益人之方法；（三）請求保險金額之事故及時期。

參、法定免責事由

一、被保險人之故意行為

被保險人故意自殺，或因犯罪行為，所致傷害、殘廢或死亡，保險人不負給付保險金額之責任（保險法第133條）。

二、受益權之喪失與撤銷

受益人故意傷害被保險人者，無請求保險金額之權（保險法第134條第1項）。受益人故意傷害被保險人未遂時（abortive），被保險人得撤銷其受益權利（第2項）。

---

[7]　最高法院92年度台上字第2710號民事判決。

肆、傷害保險人代位

一、傷害保險人代位之禁止

傷害保險之保險人，不得代位行使要保人或受益人因保險事故所生對於第三人之請求權（保險法第103條、第135條）。

二、傷害保險人代位

全民健康保險法第82條規定，保險對象因汽車交通事故，經本保險提供醫療給付者，本保險之保險人得向強制汽車責任保險之保險人代位請求該項給付。全民健康保險法爲保險法之特別法，依特別法優於普通法之原則，全民健康保險法第82條應優先於保險法第135條、第103條規定而爲適用。職是，全民健康保險之被保險人因汽車交通事故，經全民健康保險提供醫療給付者，全民健康保險之保險人自得向強制汽車責任保險之保險人代位請求該項給付[8]。

伍、案例解析——準用人壽保險之規定

訂立人壽保險契約時，以未滿15歲之未成年人爲被保險人，其死亡給付於被保險人滿15歲之日起發生效力，傷害保險準用之（保險法第107條第1項前段、第135條）。準此，甲以其12歲之子乙爲被保險人訂立意外傷害險，並約定於乙死亡時，由保險人給付新臺幣1,000萬元，其死亡給付部分於被保險人滿15歲之日起發生效力。

---

[8] 最高法院88年度台上字第353號民事判決。

第四節　年金保險

案例4

甲為其子乙向保險人投保年金保險，約定於保險期間，保險人應每3年給付教育年金新臺幣10萬元與乙，而乙於保險期間死亡。試問保險人是否應繼續負給付年金之義務？理由為何？

壹、年金保險定義

所謂年金保險者（annuity），係指年金保險人於被保險人生存期間或特定期間內，依照契約負一次或分期給付一定金額之責（保險法第135條之1）[9]。

貳、年金保險契約應記載事項與受益人

一、年金保險契約應記載事項

年金保險契約，除記載本法第55條規定事項外，並應載明下列事項（保險法第135條之2）：（一）被保險人之姓名、性別、年齡及住所；（二）年金金額或確定年金金額之方法；（三）受益人之姓名及與被保險人之關係；（四）請求年金之期間、日期及給付方法；（五）依本法第118條規定，有減少年金之條件者，其條件。

二、年金保險契約之受益人

受益人於被保險人生存期間，為被保險人本人（保險法第135條之3第1項）。保險契約載有於被保險人死亡後給付年金者，其受益人準用第110條至第113條規定（第2項）。

---

[9]　最高法院110年度台上字第3240號民事判決。

參、案例解析──年金保險之給付

　　甲為其子乙向保險人投保年金保險，約定於保險期間，保險人應每3年給付教育年金新臺幣10萬元與乙。此保險契約所保障者，為兒童因其教育計畫過程中應支出費用，其對兒童而言應屬生存保險。故依此契約，被保險人死亡，並非保險條款所約定之保險事故，倘被保險人於保險契約有效期間內死亡者，保險人無須繼續負給付年金之義務。

習題

一、人壽保險之種類有幾種？
　　提示：保險法第101條至第102條。

二、甲向A保險公司投保人壽保險，並指定其妻乙為受益人，甲於2年內自殺，試問乙得否請求保險金額？
　　提示：保險法第109條。

第四編

海商法

第一章 通 則

甲所有私人用遊艇於日月潭（Sun Moon Lake）發生火災，導致遊艇上之乘客受傷及財物損失。試問甲主張海商法船舶所有人之限制責任，是否有理？

壹、海商法之定義

海商法係以海上企業為規範對象之商事法（commercial law），其為海上企業特有之法律，以規定船舶在海上航行，或在與海相通水面或水中航行所生私法上（private law）權利義務關係為主（海商法第1條）。海商事件，依本法規定，本法無規定者，適用其他法律規定（海商法第5條）。

貳、海商法之特性

一、人法之特性

所謂人法之特性，係指對「船舶所有人」設有限制責任之規定，而與一般所有人之責任不同。海商法對「船舶經理人」與民法經理人之規定，亦有不同處。

二、物法之特性

所謂物法之特性，係指海商法之船舶所有權移轉，不同於民法上之動產或不動產之移轉。「船舶抵押權」亦與一般抵押權相異，海商法有其獨特之海事優先權制度。

三、行爲法之特性

所謂行爲法之特性，係指海商法之海上運送契約與民法上之運送契約有別。海商法之載貨證券亦與民法之提單不同。而船舶碰撞、海難救助、共同海損等法律關係，雖具有侵權行爲、無因管理之性質，惟海商法有特殊規定，應優先適用。

參、案例解析——海商法適用之範圍

海商法係以規範船舶在海上航行，或在與海相通水面或水中航行所生私法上之權利義務關係爲主（海商法第1條、第3條）。準此，甲之私人用遊艇於日月潭上發生火災，因日月潭未與海洋相通，其屬內陸湖泊，是甲不得主張海商法船舶所有人之限制責任，渠等責任應適用民法之侵權行爲之法律關係，倘有故意或過失者，應負無限責任。

習題

一、試問海商法與民法之關係。
　　提示：海商法第5條。

二、駕舟於澄清湖上，發生船舶碰撞，應適用民法或海商法？
　　提示：海商法第1條、第3條。

第二章　海上企業組織

第一節　船　舶

案例1

　　甲為總噸位未滿20噸之動力海上漁船之船員，其受僱於A漁業有限公司。試問甲本於僱傭契約所生之債權，對A漁業有限公司主張有優先受償之權，有無理由？

壹、船舶之定義

一、廣義之船舶

　　廣義之船舶者，係指具有「航行設備」之建造物，即水面或水中供航行之船舶（船舶法第4條本文）。職是，無航行設備之水上漂流物，即非船舶。

二、狹義之船舶

（一）海商法之船舶

　　狹義之船舶者，係專指海商法上（maritime law）之船舶，即在海上航行，或在與海相通水面或水中航行之船舶（海商法第1條）。再者，下列船舶除因碰撞外，不適用海商法之規定（海商法第3條）：1.船舶法所稱之小船；2.軍事建制之艦艇；3.專用於公務之船舶；4.第1條規定以外之其他船舶。

（二）船舶法之小船

　　所謂小船者，係指總噸位未滿50之非動力船舶，或總噸位未滿20之動力船舶（船舶法第3條第1款）。所謂動力船舶，係指裝有機械用以航行之船舶

（第3款）。例如，漁船之總噸數僅有5噸，依海商法第3條第1款規定，即不得認係海商法上之船舶，而應視為民法上之動產。其權利之取得，不以作成書面，並經主管官署蓋章證明為要件[1]。

貳、船舶之特性

一、人格性

船舶類似自然人（natural person），有名稱（name）、國籍（nationality）及船籍港（port of registry）。詳言之：（一）稱中華民國船舶，謂依中華民國法律，經航政機關核准註冊登記之船舶（船舶法第5條第1項）；（二）船名，由船舶所有人自定，不得與他船船名相同（船舶法第12條）；（三）船舶所有人應自行認定船籍港或註冊地（船舶法第13條）。

二、不動產性

船舶雖為動產，然具有不動產性（海商法第6條）。詳言之：（一）登記制度：海商法船舶之所有權、抵押權及租賃權之取得、設定、喪失及變更，均須向航政主管機關登記（registration of ships）（海商法第9條、第36條）；（二）強制執行：關於海商法船舶之強制執行（compulsory execution），準用不動產強制執行之規定（強制執行法第114條）。因海商法船舶之價值常高於不動產之價值，非一般之動產可比。

參、船舶所有權

一、船舶所有權之範圍

除給養品外，凡於航行上或營業上必需之一切設備及屬具，均視為船舶之一部（海商法第7條）。此為民法第68條就主物（principal thing）與從物

---

[1]　最高法院51年台上字第2242號民事判決。

（accessories）關係之特別規定，應優先適用[2]。

二、船舶所有權之讓與

（一）書面及蓋印證明

船舶所有權或應有部分之讓與，非作成書面並依下列之規定，不生效力（海商法第8條）。是船舶所有權之讓與，係以作成書面與蓋印證明為生效要件之要式行為：1.在中華民國，應申請讓與地或船舶所在地航政主管機關蓋印證明；2.在外國，應申請中華民國駐外使領館、代表處或其他外交部授權機構蓋印證明。

（二）登記制度

船舶所有權之移轉（transfer of ownership），非經登記，不得對抗第三人（海商法第9條）。以完成登記為對抗第三人之要件，其不同於一般動產以交付為生效要件之規定（民法第761條）。

肆、案例解析──海商法之船員

所謂小船，係指總噸位未滿20噸之動力船舶（船舶法第3條第1款）。所謂動力船舶，係指裝有機械用以航行之船舶（第3款）。該船舶除碰撞外，不適用海商法之規定（海商法第3條第1款）。準此，甲為總噸位未滿20噸之動力海上漁船之船員（shipman），其本於僱傭契約所生之債權，自不得就海事優先權擔保之債權，主張有優先受償之權（海商法第24條第1項第1款）。

---

[2]　民法第68條規定：非主物之成分，常助主物之效用，而同屬於一人者，為從物。但交易上有特別習慣者，依其習慣。主物之處分，及於從物。

第二節 海上企業人

第一項 船舶所有人

案例2

甲所有A輪船出租與乙經營海上運送，因A輪船發生海難沉沒，經丙所有之B貨船打撈上岸。試問：（一）B貨船之所有人丙如何請求打撈費用？（二）本件海難事故，係因乙操作船舶過失所致，乙對於所造成之人員傷亡及財物毀損滅失之損害賠償，得否主張責任之限制？

壹、船舶所有人之定義

所謂船舶所有人（owner of ship）船主或船東，係指以自己之船舶經營海上運送之人，其與船舶承租人、船舶共有人同為海上企業之主體。

貳、船舶所有人之有限責任（90、92高考）

一、立法理由

有鑑於海上運送之風險特多，船長與海員之航行行為，船舶所有人難以直接指揮監督，為發展航海事業，獎勵航業之投資，自有制定船舶所有人有限責任（limited of liability of owner of ship）之必要。

二、立法主義[3]

（一）委付主義

所謂委付主義（system of abandonment）或法國主義，係指依據法國法律

---

[3] 賴源河，實用商事法精義，五南圖書出版股份有限公司，2015年9月，12版1刷，頁373至374。

規定，船舶所有人對於船舶業務活動所生之債務，原則上應以其全部財產，負人之無限責任（unlimited liability）。例外情形，船舶所有人於法律所規定之條件下，得委付其船舶與運費予債權人，而免除其責任，其負物之有限責任。

（二）執行主義

所謂執行主義或德國主義，係指依據德國舊海商法規定，船舶所有人因船舶業務活動所生之債務，僅以本次航行之船舶及運費，負物之有限責任。因德國於1972年修訂海商法，改採金額主義，故執行主義已成為歷史名詞。

（三）船價主義

所謂船價主義或美國主義，係指依據美國法律規定，運送人對於船舶業務活動所生之債務，原則上應以本次航行之船舶價值及運費之收益之數額內，就其全部財產，雖負人之有限責任。然船舶所有人得不提出船舶價值，而委付其船舶與運費與債權人。而對於生命及身體之損害兼採金額主義。

（四）金額主義

所謂金額主義或英國主義，係指船舶所有人於每次海上事故發生時，按其損害係對人之損害或對物之損害不同，依據船舶登記之噸位，依據法律規定之數額，計算船舶所有人應行負責之金額。

三、限制責任之債務 （105、107高考三級法制；107律師）

船舶所有人對下列事項所負之責任，以本次航行之船舶價值、運費及其他附屬費為限（海商法第21條第1項）：（一）在船上、操作船舶或救助工作直接所致人身傷亡或財物毀損滅失之損害賠償（第1款）[4]；（二）船舶操作或救助工作所致權益侵害之損害賠償。但不包括因契約關係所生之損害賠償（第2款）；（三）沉船或落海之打撈移除所生之債務。但不包括依契約之報酬或給付。依據契約關係所約定之報酬或給付，係由當事人合意為之，自應依約履行，故船舶所有人不得於事後主張限制責任，圖謀不當之利益或

---

[4]　最高法院110年度台抗字第438號民事裁定。

減免契約責任（第3款）；（四）爲避免或減輕前二款責任所負之債務（第4款）。

四、限制責任之財產

船舶所有人僅以船舶財產爲限，負物之有限責任，其範圍以本次航行之船舶價值、運費及其他附屬費爲限。船舶所有人，包括船舶所有權人、船舶承租人、經理人及營運人（海商法第21條第2項）。

（一）船舶價值

所謂本次航行，係指船舶自一港至次一港之航程（海商法第21條第3項前段）。船舶所有人，如依本法第21條規定限制其責任者，對於本次航行之船舶價值應證明之（海商法第23條第1項）。船舶價值之估計，以下列時期之船舶狀態爲準（第2項）：1.因碰撞或其他事變所生共同海損之債權，及事變後以迄於第一到達港時所生之一切債權，其估價依船舶於到達第一港時之狀態（第1款）；2.關於船舶在停泊港內發生事變所生之債權，其估價依船舶在停泊港內事變發生後之狀態（第2款）；3.其於貨載之債權或本於載貨證券而生之債權，除前二款情形外，其估價依船舶於到達貨物之目的港時，或航行中斷地之狀態，倘貨載應送達於數個不同之港埠，而損害係因同一原因而生者，其估價依船舶於到達該數港中之第一港時之狀態（第3款）；4.關於第21條所規定之其他債權，其估價依船舶航行完成時之狀態（第4款）。

（二）運　費

所謂運費者（freight），係指本次航行之總運費而言，不包括依法或依約不能收取之運費及票價（海商法第21條第3項中段）。

（三）附屬費

所謂附屬費者，係指本次航行，船舶因受損害應得之賠償而言，但不包括保險金（insurance compensation）（海商法第21條第3項後段）。

五、責任限制額之標準

　　船舶所有人所負之責任，雖以本次航行之船舶價值、運費及其他附屬費為限。惟其責任限制數額如低於下列標準者，船舶所有人應補足之（海商法第21條第4項）。船舶登記總噸不足300噸者，以300噸計算。職是，我國海商法關於船舶所有人限制責任之規定，係兼採船價主義與金額主義：

（一）財物損害之賠償

　　對財物損害之賠償，以船舶登記總噸，每一總噸為國際貨幣基金，特別提款權54計算單位，計算其數額。

（二）人身傷亡之賠償

　　對人身傷亡之賠償，以船舶登記總噸，每一總噸特別提款權162計算單位計算其數額。

（三）財物損害及人身傷亡同時發生之賠償

　　財物損害及人身傷亡同時發生者，以船舶登記總噸，每一總噸特別提款權162計算單位計算其數額。但人身傷亡應優先以船舶登記總噸，每一總噸特別提款權108計算單位計算之數額內賠償，如此數額不足以全部清償時，其不足額再與財物之毀損滅失，共同在現存之責任限制數額內，比例分配之。

六、責任限制之例外 （105高考三級法制；107律師）

　　船舶所有人之責任限制規定，其於下列情形不適用之，其應負無限責任：（一）本於船舶所有人本人之故意或過失所生之債務；（二）本於船長、海員及其他服務船舶之人員之僱用契約所生之債務；（三）救助報酬及共同海損分擔額；（四）船舶運送毒性化學物質或油污所生損害之賠償；（五）船舶運送核子物質或廢料發生核子事故所生損害之賠償；（六）核能動力船舶所生核子損害之賠償（海商法第22條）。

參、案例解析──船舶所有人之限制責任

一、限制責任之債務

　　非因依契約之報酬或給付，船舶所有人對其沈船或落海之打撈移除所生之債務所負之責任，以本次航行之船舶價值、運費及其他附屬費為限（海商法第21條第1項第3款）。船舶所有人，包括船舶所有權人、船舶承租人、經理人及營運人（第2項）。甲所有A輪船出租與乙經營海上運送，因A輪船發生海難沉沒，經丙所有之B貨船打撈上岸，B貨船之所有人得向乙請求打撈費用。而乙為船舶承租人與營運人，其屬船舶所有權人，就非依據契約而生之打撈報酬，自得主張僅以船舶財產為限，負物之有限責任。

二、限制責任之例外

　　船舶所有人之責任限制規定，其基於本人之故意或過失所生之債務，不適用之，自應負無限責任（海商法第22條第1款）。準此，本件海難事故，係因乙操作船舶過失所致，乙對於所造成之人員傷亡及財物毀損滅失之損害賠償，應負無限之損害賠償責任。

第二項　其他海上企業人

案例3

　　甲、乙、丙成立海運有限公司，並共有A貨輪，渠應有部分均為三分之一。丁係該貨輪之經理人，丁經甲、乙之口頭委任，為擔保海運有限公司向戊借款新臺幣1,000萬元而設定抵押權，其並未辦理登記。試問該公司屆清償期日不依約清償借款，戊得否向A貨輪主張抵押權？

壹、船舶共有人

一、內部關係

（一）共同利益事項

共有船舶之處分及其他與共有人（joint owner of a ship）共同利益有關之事項，應以共有人過半數，並其應有部分之價值合計過半數之同意為之（海商法第11條）。

（二）個人利益事項

船舶共有人有出賣其應有部分時，其他共有人，得以同一價格儘先承買（海商法第12條第1項）。因船舶共有權一部分之出賣，致該船舶喪失中華民國國籍時，應得共有人全體之同意（第2項）。船舶共有人，以其應有部分供抵押時，應得其他共有人過半數之同意（海商法第13條）。

二、外部關係

船舶共有人，對於利用船舶所生之債務，就其應有部分，負比例分擔之責（海商法第14條第1項）。共有人對於發生債務之管理行為，曾經拒絕同意者，關於此項債務，得委棄其應有部分於他共有人而免其責任（第2項）。

三、共有關係之消滅

（一）共有關係之退出

船舶共有人為船長而被辭退或解任時，得退出共有關係，並請求返還其應有部分之資金（海商法第15條第1項）。前開資金數額，依當事人之協議定之，協議不成時，由法院裁判之（第2項）。前開規定退出共有關係之權，自被辭退之日起算，經1個月不行使而消滅，該期間為除斥期間（第3項）。

（二）共有關係之終止

船舶共有關係，因標的物之消滅而歸於消滅。然共有關係（coowner-ship），不因共有人中一人之死亡、破產或受監護宣告而終止（海商法第16

條）。

四、共有船舶經理人

（一）經理人之選任

　　船舶共有人，應選任共有船舶經理人，經營其業務，共有船舶經理人之選任，應以共有人過半數，並其應有部分之價值合計過半數之同意為之（海商法第17條）。

（二）經理人之權限

　　經理人之權限，其中有關代表權與處分權，海商法有特別規定：1.所謂代表權（delegacy），係指共有船舶經理人關於船舶之營運，在訴訟上或訴訟外代表共有人（海商法第18條）；2.所謂處分權（dispose），係指共有船舶經理人，非經共有人依第11條規定之書面委任，不得出賣或抵押其船舶[5]。船舶共有人，對於共有船舶經理人權限所加之限制，不得對抗善意第三人（海商法第19條）。

（三）經理人之義務

　　共有船舶經理人，應於每次航行完成後，將其經過情形，報告於共有人，共有人亦得隨時檢查其營業情形，並查閱帳簿（海商法第20條）。

貳、船舶承租人

一、船舶承租人之定義

　　船舶承租人（lessee）有廣義與狹義之區分：（一）廣義者係指支付租金而使用他人船舶之人；（二）狹義者係指支付租金而使用他人（lessor）船舶，並以之從事海商企業活動之人而言。海商法之船舶承租人，係指狹義之船舶承租人而言。

---

[5]　共有船舶之處分及其他與共有人共同利益有關之事項，應以共有人過半數並其應有部分之價值合計過半數之同意為之。

二、船舶承租人與第三人間之關係

　　船舶承租人係海商企業活動主體，因此係船長、海員等之僱用人（employer），船舶承租人應依據民法第224條及第188條為受僱人（employee）之行為負責。船舶承租人亦為運送人，其應適用海商法有關運送人（carrier）之責任[6]。

參、案例解析──船舶設定抵押權之要件

一、船舶共有人內部共同利益事項

　　共有船舶之處分及其他與共有人共同利益有關之事項，應以共有人過半數並其應有部分之價值合計過半數之同意為之（海商法第11條）。甲、乙、丙共有A貨輪，渠應有部分均為三分之一，經甲、乙同意時，自得就A貨輪設定抵押權。

二、共有船舶之經理人權限

　　共有船舶經理人（manager），非經共有人依本法第11條規定之書面（written form）委任，不得抵押其船舶（海商法第19條）。丁係A貨輪之經理人，丁雖經甲、乙之口頭委任，為擔保海運有限公司向戊借款新臺幣1,000萬元而設定抵押權。惟未經書面委任，其設立抵押權之法律行為，未成立生效（民法第73條本文）。職是，該公司屆清償期日，不依約清償借款，戊不得就A貨輪主張抵押權。

---

[6]　王文宇、林國全、王志誠、許忠信、汪信君，商事法，元照出版有限公司，2004年6月，頁410。

第三節　船舶債權人

第一項　海事優先權人

案例4

> 　　甲以所有A輪船為乙設定抵押權，並向其借款新臺幣（下同）1,000萬元，其於運送丙託運之貨物時，因船長過失而碰撞丁所有之B船，須分別賠償丙、丁800萬元及500萬元。嗣乙持拍賣抵押物裁定強制執行A輪船，經拍賣得款2,000萬元。試問應如何分配價金於相關之人？依據為何[7]？

壹、海事優先權之定義

　　所謂海事優先權或船舶優先權（maritime liens），係指船舶之特定債權，債權人就該船舶及其收益，有優先受償之權。其為法定擔保（statutory guarantee）物權，不以占有或登記為要件。

貳、海事優先權之債權及標的（104律師）

一、海事優先權之債權

　　下列各款為海事優先權擔保之債權，有優先受償之權，該等海事優先權之位次，在船舶抵押權（mortgage of ship）之前（海商法第24條第1項）[8]：（一）船長、海員及其他在船上服務之人員，本於僱傭契約所生之債權（第1款）；（二）因船舶操作直接所致人身傷亡，對船舶所有人之賠償請求（第2款）[9]；（三）救助之報酬、清除沉船費用及船舶共同海損分擔額之賠償請求

---

[7]　王通顯、阮祺祥、吳錦堭、游鉦添，實用商事法，華立圖書股份有限公司，2004年9月，4版1刷，頁391。

[8]　最高法院55年台上字第1648號、55年台上字第2588號、77年度台上字第325號民事判決。

[9]　最高法院109年度台抗字第1197號民事裁定。

（第3款）；（四）因船舶操作直接所致陸上或水上財物毀損滅失，對船舶所有人基於侵權行為之賠償請求（第4款）；（五）港埠費、運河費、其他水道費及引水費（第5款）。

二、海事優先權之標的

海事優先權之債權，得優先受償之標的如下（海商法第27條）：（一）船舶、船舶設備及屬具或其殘餘物；（二）在發生優先債權之航行期內之運費。海商法第28條規定，船長、海員及其他在船上服務之人員，本於僱傭契約（employment contract）所生之債權，得就同一僱傭契約期間內所得之全部運費，優先受償，不受本款之限制；（三）船舶所有人因本次航行中船舶所受損害，或運費損失應得之賠償；（四）船舶所有人因共同海損應得之賠償；（五）船舶所有人在航行完成前，為施行救助所應得之報酬。海事優先權，不因船舶所有權之移轉而受影響（海商法第31條）。

參、海事優先權之位次

一、同次航行

屬於同次航行之海事優先權，其位次依第24條各款規定（海商法第29條第1項）。一款中有數債權者，不分先後，比例受償（第2項）。救助之報酬、清除沉船費用及船舶共同海損分擔額之賠償請求，如有二個以上屬於同一種類，其發生在後者優先受償。救助報酬之發生應以施救行為完成時為準（第3項）。共同海損之分擔，應以共同海損行為發生之時為準（第4項）。因同一事變所發生第24條第1項各款之債權，視為同時發生之債權（第5項）。

二、異次航行

不屬於同次航行之海事優先權，其後次航行之海事優先權，先於前次航行之海事優先權（海商法第30條）。準此，後發生者，其優先權在前，採後航次優先原則。

肆、海事優先權之消滅

第24條第1項海事優先權自其債權發生之日起，經1年而消滅。但船長、海員及其他在船上服務之人員，本於僱傭契約所生之債權之賠償，自離職之日起算（海商法第32條）。

伍、案例解析——海事優先權與船舶抵押權之受償次序

海事優先權之位次，在船舶抵押權之前（海商法第24條第2項）。因船舶操作直接所致陸上或水上財物毀損滅失，對船舶所有人基於侵權行為之賠償請求，均屬海事優先權（第1項第4款）。屬於同次航行之海事優先權，其位次依第24條各款之規定（海商法第29條第1項）。同款中有數債權者，不分先後，比例受償（第2項）。準此，甲以所有A輪船為乙設定抵押權，並向其借款新臺幣（下同）1,000萬元，其於運送丙託運之貨物時，因船長過失而碰撞丁所有之B船，須分別賠償丙、丁800萬元及500萬元。嗣乙持拍賣抵押物裁定強制執行A輪船，經拍賣得款2,000萬元，丙、丁之債權優先於抵押權受償，丙、丁可各分得800萬元及500萬元，抵押權人僅得就餘款700萬元受償。

第二項　船舶抵押權人

案例5

甲向乙借款新臺幣（下同）1,000萬元，雖以所有A輪船為乙設定抵押權，渠等有訂定設定抵押權之書面契約，惟並未辦理登記。甲另積欠丙借款500萬元，至清償期未還，丙取得民事勝訴判決後，向地方法院聲請就A輪船強制執行，經拍賣所得價金為1,200萬元。試問乙基於抵押權人之地位主張優先受償，是否有理？

壹、船舶抵押權之定義

所謂船舶抵押權（mortgage of ship），係指債務人或第三人不移轉占有

而提供船舶作債權之擔保，除海商法另有規定外，得就其賣得價金優先受償之權利。

貳、船舶抵押權之設定

一、設定人

（一）船舶所有人或受特別委任之人

船舶抵押權之設定，除法律別有規定外，僅船舶所有人或受其特別委任之人始得為之（海商法第35條）。

（二）共有船舶經理人

共有船舶經理人，經共有人依應以共有人過半數並其應有部分之價值合計過半數之同意為之書面委任，得抵押其船舶（海商法第19條第1項）。

二、設定方式

船舶抵押權之設定，應以書面為之。此為要式行為，未以書面為之，則屬無效（海商法第33條）。船舶抵押權之設定，非經登記，不得對抗第三人（海商法第36條）。船舶抵押權之設定，以登記為對抗要件，而非生效要件（come into effect）。

三、設定之標的物

船舶抵押權之標的除以船舶抵充之外，亦得就建造中之船舶加以設定（create），俾於融通造船之資金與保障船舶定造人所投入之資金（海商法第34條）。

參、船舶抵押權之效力

船舶共有人中一人或數人，就其應有部分所設定之抵押權，不因分割或出賣而受影響（海商法第37條）。海商事件依本法規定，倘無規定者，得適用民法規定。準此，船舶抵押權相互間之順位，依據登記之先後定之。

肆、案例解析——設定船舶抵押權之對抗要件

　　船舶抵押權之設定，非經登記，不得對抗第三人（海商法第36條）。即船舶抵押權之設定，以登記為對抗要件。甲向乙借款新臺幣（下同）1,000萬元，並以所有A輪船為乙設定抵押權，甲與乙有訂定設定抵押權之書面契約。甲另積欠丙借款500萬元，至清償期未還，丙取得民事勝訴判決後，強制執行A輪船，經拍賣所得價金為1,200萬元，因抵押權並未辦理登記，乙不得基於抵押權人之地位，對抗丙而主張優先受償。準此，乙、丙應依據債權比例分配拍賣價金，各得800萬元及400萬元[10]。

習題

一、說明海商法上之船舶定義。
　　提示：海商法第1條。

二、海事優先權與船舶抵押權同時並存，其清償順位為何？
　　提示：海商法第24條。

---

[10] 林洲富，實用強制執行法精義，五南圖書出版股份有限公司，2023年2月，17版1刷，頁296。

第三章　海上企業活動

第一項　概　說

案例1

> 託運人甲將每件價值新臺幣1萬元之珠寶，計100件，與A船舶運送人乙訂立件貨運送契約，經聲明貨物價值，因船員丙之過失，導致貨物毀損。試問運送人乙應否賠償託運人甲之損失？依據為何？

壹、海上貨物運送契約之定義

所謂海上貨物運送契約（contract of carriage of goods by sea），係指以運送貨物為標的而受收運費，由運送人與託運人間所訂立之契約。倘以第三人為受貨人，則具有向第三人為給付之契約或第三人利益契約（third party beneficiary contract），第三人得請求運送人交付貨物（民法第269條）。

貳、海上貨物運送契約之種類與訂立

一、件貨運送契約

所謂件貨運送契約或搭載契約，係指以貨物之件數之運送為目的者而訂立之契約（海商法第38條第1款）。件貨運送契約之訂立，海商法無明文規定，解釋上得適用民法規定，屬不要式契約（民法第622條）。

二、傭船契約

所謂傭船契約（charter-party），係指以船舶之全部或一部供運送為目的者，其可分全部傭船契約或一部傭船契約（海商法第38條第2款）。該等運送之契約，不因船舶所有權之移轉而受影響（海商法第41條）。傭船契約應以書面為之（海商法第39條）。該運送契約應載明下列事項：（一）當事人姓名或名稱，及其住所、事務所或營業所；（二）船名及對船舶之說明；（三）貨物之種類及數量；（四）契約期限或航程事項；（五）運費。

參、海上貨物運送契約之解除

一、法定解除

運送人所供給之船舶有瑕疵，不能達運送契約之目的時，託運人得解除契約，不須經運送人同意（海商法第42條）。對船舶於一定時間內，供運送或為數次繼續航行所訂立之傭船契約，僅得依據法定解除事由解除契約（海商法第45條）。

二、任意解除

（一）全部傭船

以船舶之全部供運送時，託運人於發航前得解除契約。但應支付「運費三分之一」，其已裝載貨物之全部或一部者，並應負擔因裝卸所增加之費用（海商法第43條第1項）。倘為往返航程之約定者，託運人於返程發航前要求終止契約時，應支付「運費三分之二」（第2項）。前開之規定，對於當事人之間，關於延滯費之約定不受影響（第3項）。

（二）一部傭船

解除一部傭船可分：1.單獨解除：以船舶之一部供運送時，託運人於發航前，非支付其「全部運費」，不得解除契約。如託運人已裝載貨物之全部或一部者，並應負擔因裝卸所增加之費用及賠償加於其他貨載之損害（海商法第44條第1項）；2.全體解除：託運人均為契約之解除者，各託運人僅負全

部傭船之解約責任（第2項）。

肆、案例解析——運送人就件貨運送契約之損害賠償責任

一、件貨運送契約

件貨運送契約，係以貨物之件數之運送為目的者而訂立之契約（海商法第38條第1款）。件貨運送契約之訂立，海商法無明文規定，解釋上得適用民法之規定，屬不要式契約（民法第622條）。是託運人甲將每件價值新臺幣1萬元之珠寶，計100件，其與A船舶運送人乙訂立件貨運送契約，其性質屬件貨運送契約，倘海商法無明文規範，自得適用民法規定。

二、損害賠償請求權

運送人對於運送物之喪失、毀損或遲到，應負責任（民法第634條本文）。金錢、有價證券、珠寶或其他貴重物品，除託運人於託運時報明其性質及價值者外，運送人對於其喪失或毀損，不負責任。價值經報明者，運送人以所報價額為限，負其責任（民法第639條）。本件運送之珠寶貨物經託運人甲聲明貨物價值，因船員丙之過失，導致貨物毀損，甲自得向運送人乙請求報價新臺幣100萬元。

第二項　運送人

案例2

我國出口商甲將所有之貨物一批交予A輪船公司運送至美國，A輪船公司並簽發載貨證券交予甲。該貨物運至美國後，卸載於當地之海關倉庫。試問美國進口商乙偽造載貨證券而領取貨物，甲得否向A輪船公司求償？

壹、運送人之權利

一、運費請求權

運費請求權（claim of freight）係運送人之主要權利，而運費亦為傭船契約應記載之事項（海商法第40條第5款）。

二、交還載貨證券請求權

載貨證券持有人請求交付運送人所運送之貨物時，應將載貨證券返還運送人（海商法第60條第1項；民法第628條、第630條）。

三、損害賠償請求權

裝卸期間自通知裝貨或卸貨送達之翌日起算，期間內不工作休假日及裝卸不可能之日不算入。但超過合理裝卸期間者，船舶所有人得按超過之日期，請求合理之補償（海商法第52條第2項）。運送人或船長發見未經報明之貨物，得在裝載港將其起岸，或使支付同一航程同種貨物應付最高額之運費，如有損害並得請求賠償（海商法第65條第1項）。

四、貨物寄存權

（一）寄存要件

受貨人怠於受領貨物時，運送人或船長得以受貨人之費用，將貨物寄存於港埠管理機關或合法經營之倉庫，並通知受貨人（海商法第51條第1項）。受貨人不明或受貨人拒絕受領貨物時，運送人或船長得依前項規定辦理，並通知託運人及受貨人（第2項）。

（二）拍賣貨物

運送人對於前開貨物有下列情形之一者，得聲請法院裁定准予拍賣（auction），而於扣除運費或其他相關之必要費用後，提存（lodge）其價金之餘額（海商法第51條第3項）：1.不能寄存於倉庫；2.有腐壞之虞；3.顯見其價值不足抵償運費及其他相關之必要費用。

貳、運送人之義務（92司法官；106高考三級法制）

一、船舶應具備勘航能力之義務（107律師；109司津）

（一）義務內容

運送人或船舶所有人於發航前及發航時，對於下列事項，應為必要之注意及措置（海商法第62條第1項）：1.使船舶有安全航行之能力；2.配置船舶相當船員、設備及供應；3.使貨艙、冷藏室及其他供載運貨物部分適合於受載、運送與保存[1]。再者，船舶於發航後因突失航行能力所致之毀損或滅失，運送人不負賠償責任（第2項）。運送人或船舶所有人為免除前開責任之主張，應負舉證之責（第3項）。

（二）船舶之安全航行能力

船舶是否具有安全航行之能力（seaworthiness），應依該船舶是否具備適於航行之結構強度、船舶穩度與推進機器或工具及設備有無經檢查合格等情形認定之（船舶法第23條第2項、第3項）[2]。船舶有無安全航行之能力，為事實問題，雖不得因船舶曾經依船舶法第26條規定為定期檢查，逕得謂船舶之適航性絕無問題。惟船舶經航政主管機關施行檢查，其檢查結果，當事人自得以之為證據方法而主張之[3]。

二、貨物管理之義務（108司津）

運送人對於承運貨物之裝載、卸載、搬移、堆存、保管、運送及看守，應為必要之注意及處置（海商法第63條）。倘運送人未盡必要之注意及處置，縱使運送契約或載貨證券有記載運送人之免責規定，仍不生效力[4]。

---

[1] 最高法院110年度台上字第2721號民事判決。

[2] 最高法院91年度台上字第1090號民事判決。

[3] 臺灣高等法院86年度海商上字第12號民事判決。

[4] 最高法院110年度台上字第2569號民事判決。

三、有關載貨證券之義務

運送人或船長於貨物裝載後，因託運人之請求，應發給載貨證券（海商法第53條）。載貨證券之發給人，對於依載貨證券所記載應爲之行爲，均應負責（海商法第74條第1項）。前開發給人，對於貨物之各連續運送人（several successive carriers）之行爲，應負保證之責。但各連續運送人，僅對於自己航程中所生之毀損滅失及遲到負其責任（第2項）。

四、貨物運達通知之義務

貨物運達後，運送人或船長應即通知託運人指定之應受通知人或受貨人（海商法第50條）。

五、拒絕運送禁運與偷運貨物之義務

運送人知悉貨物爲違禁物（contraband）或不實申報物者，應拒絕載運。其貨物之性質足以毀損船舶或危害船舶上人員健康者亦同。但爲航運或商業習慣所許者，不在此限（海商法第64條第1項）。運送人知悉貨物之性質具易燃性、易爆性或危險性，並同意裝運後，倘此貨物對於船舶或貨載有危險之虞時，運送人得隨時將其起岸、毀棄或使之無害，運送人除由於共同海損者外，不負賠償責任（第2項）。

六、甲板裝載貨物之責任

原則上運送人或船長將貨物裝載於甲板上時，致生毀損或滅失時，應負賠償責任（海商法第73條本文）。例外情形，係經託運人之同意並載明於運送契約或航運種類或商業習慣所許者，不在此限（但書）[5]。因運送人對於承運貨物之裝卸、搬移、堆存、保管、運送及看守，應爲必要之注意及處置，係運送人應盡注意義務（海商法第63條）。貨物裝載於甲板時，對於第63條所定之注意義務，運送人仍應遵守，不得免除。縱以運送契約約定，運送人對甲板裝載之貨物，致生毀損或滅失時，不負賠償責任。然不盡該注意義

5　最高法院107年度台上字第1660號民事判決。

務，應屬無效（海商法第61條）[6]。準此，運送人就貨物裝載於甲板上時，致生毀損或滅失時，仍應負賠償責任[7]。

參、運送人之責任範圍 （104、107律師；107高考三級法制；110司律）

一、原　則

除貨物之性質及價值於裝載前，已經託運人聲明，並註明於載貨證券者外，運送人或船舶所有人對於貨物之毀損滅失，其賠償責任，以每件「特別提款權666.67單位」或每公斤「特別提款權2單位」計算所得之金額，兩者較高者為限（海商法第70條第2項）。前開所稱件數，係指貨物託運之包裝單位。其以貨櫃（container）、墊板或其他方式併裝運送者，應以載貨證券所載其內之包裝單位為件數。但載貨證券未經載明者，以併裝單位為件數。其使用之貨櫃由託運人提供者，貨櫃本身得作為一件計算（第3項）。

二、例　外

由於運送人或船舶所有人之故意或重大過失（intentional or gross negligent acts）所發生之毀損或滅失，運送人或船舶所有人不得主張本法第70條第2項單位限制責任之利益（海商法第70條第4項）。

肆、運送人之免責事由 （92律師）

一、一般規定

（一）託運人故意虛報貨物之性質或價值

託運人於託運時故意虛報貨物之性質或價值，運送人或船舶所有人對於其貨物之毀損或滅失，不負賠償責任（海商法第70條第1項）。

---

[6] 海商法第61條規定：以件貨運送為目的之運送契約或載貨證券記載條款、條件或約定，以減輕或免除運送人或船舶所有人，對於因過失或本章規定應履行之義務而不履行，致有貨物毀損、滅失或遲到之責任者，其條款、條件或約定不生效力。

[7] 最高法院71年度台上字第290號、93年度台上字第115號民事判決。

（二）救助海上人命、財產或因其他正當理由偏航

為救助或意圖救助海上人命、財產，或因其他正當理由偏航者，不得認為違反運送契約，其因而發生毀損或滅失時，船舶所有人或運送人不負賠償責任（海商法第71條）。

（三）未經船長或運送人之同意裝載者

貨物未經船長或運送人之同意而裝載者，運送人或船舶所有人，對於其貨物之毀損或滅失，不負責任（海商法第72條）。

二、列舉事由（108、109司律）

因下列事由所發生之毀損或滅失，運送人或船舶所有人不負賠償責任（海商法第69條）[8]：（一）船長、海員、引水人或運送人之受僱人，於航行或管理船舶之行為而有過失；（二）海上或航路上之危險、災難或意外事故；（三）非由於運送人本人之故意或過失所生之火災；（四）天災；（五）戰爭行為；（六）暴動；（七）公共敵人之行為；（八）有權力者之拘捕、限制或依司法程序之扣押；（九）檢疫限制；（十）罷工或其他勞動事故；（十一）救助或意圖救助海上人命或財產；（十二）包裝不固。（十三）標誌不足或不符；（十四）因貨物之固有瑕疵、品質或特性所致之耗損或其他毀損滅失；（十五）貨物所有人、託運人或其代理人、代表人之行為或不行為；（十六）船舶雖經注意仍不能發現之隱有瑕疵；（十七）其他非因運送人或船舶所有人本人之故意或過失及非因其代理人、受僱人之過失所致者。

三、民法第635條之適用

運送物因包皮有易見之瑕疵而喪失或毀損時，倘運送人於接收該物時，不為保留者，應負責任（民法第635條）。海商法並無此規定，依該法第5條可知，民法第635條規定於海商事件亦有適用。所謂保留，係指須明確具體指出運送物包皮易見之瑕疵情形，始足當之。倘載貨證券記載對棧板內貨物之

---

[8]　最高法院110年度台上字第2721號民事判決。

包裝及數量不負責任等語，並未具體指出貨物包皮有何易見之瑕疵，自不該當於該條所稱之保留陳述。例如，貨物吊耳外露未妥適包覆，而有包裝不固情形，因致鏽損，倘係易見之瑕疵，運送人於接收貨物時，未爲保留，即應負責任，不適用海商法第69條第12款之免責規定[9]。

四、件貨運送或載貨證券之免責條款效力（107律師；109司律）

以件貨運送爲目的之運送契約或載貨證券記載條款、條件或約定，以減輕或免除運送人或船舶所有人，對於因過失或本章規定應履行之義務而不履行，致有貨物毀損、滅失或遲到之責任者，其條款、條件或約定不生效力（海商法第61條）[10]。

伍、對履行輔助人之責任（104律師；90司法官；107高考三級法制）

一、履行輔助人

所謂履行輔助人，係指依照運送人之指示，輔助運送人履行債務者。其包括受僱人、代理人、獨立承攬人及輔助履行運送契約者等。

二、喜馬拉雅條款

所謂喜馬拉雅條款，係指履行輔助人得同享運送人之抗辯及利益。有關運送人因貨物滅失、毀損或遲到對託運人或其他第三人所得主張之抗辯及責任限制之規定，對運送人之代理人或受僱人亦得主張之。但經證明貨物之滅失、毀損或遲到，係因代理人或受僱人故意或重大過失所致者，不在此限（海商法第76條第1項）。前項規定，對從事商港區域內之裝卸、搬運、保管、看守、儲存、理貨、穩固、墊艙者，亦適用之（第2項）。

---

[9] 最高法院106年度台上字第71號民事判決。
[10] 最高法院106年度台上字第418號民事判決。

陸、案例解析——運送人之注意義務與倉庫之法律地位

一、運送人之注意義務（108司律）

　　受貨人受領運送物並支付運費及其他費用不爲保留者，運送人之責任消滅（民法第648條第1項）。運送人對於承運貨物之裝載、卸載、搬移、堆存、保管、運送及看守，應爲必要之注意及處置（海商法第63條）。準此，在貨物未交付受貨人之前，運送人應盡善良管理人之注意義務（care of a good administrator）。

二、倉庫之法律地位（91高考；106高考三級法制）

　　貨物卸載後寄倉之場合，究以進倉時視爲貨物交付時，或以受貨人或其受任人實際領取貨物時，始爲貨物交付時，應視該倉庫（warehouse）之法律地位而定。關於倉庫之法律地位，海商法並無明文規定，依據法理推論如後：

（一）倉庫為運送人所有

　　倉庫爲運送人所有者，此時之倉庫應視爲船舶之延長，貨物之進倉不得視爲貨物之交付，貨物必須俟受貨人或其受任人實際爲領受時，始得認爲交付。故未交付前，運送人對於承運貨物，仍應負海商法第63條規定，應爲必要之注意及處置之義務。

（二）依據受貨人或其受任人之指示者

　　貨物之寄倉係依受貨人或其受任人之指示者，此時之倉庫應視爲受貨人之代理人，貨物於進倉寄存之時，即已發生交付之效力，貨物寄倉期間之危險，自當由受貨人負擔。

（三）寄倉係根據當地法令之規定

　　貨物之寄倉係依據當地法令之規定時，貨物寄倉中之危險，亦應由受貨人負擔之。準此，倉庫應視爲受貨人之代理人（agent），而非船舶之延

長[11]。例如，當地之海關倉庫。

三、危險負擔由受貨人負擔

我國出口商甲將所有之貨物一批與A輪船公司運送至美國，A輪船公司並簽發載貨證券交與甲，該貨物運至美國後，卸載於當地海關倉庫，係依據法令規定寄存，視爲A輪船公司已交付貨物，危險負擔應由受貨人負擔。職是，美國進口商乙僞造載貨證券而領取貨物，甲不得向A輪船公司求償。

第三項　託運人

案例3

甲將A牌車輛100輛交與乙輪船股份有限公司託運，因甲之過失將交運之車輛誤通知爲110輛，乙輪船公司據此發給載貨證券與甲，甲將之背書轉讓與丙。試問丙依據載貨證券之記載請求乙輪船公司交付A牌車輛110輛，是否有理？

壹、託運人之權利

一、請求運送權

以船舶之全部於一定時期內供運送者，託運人得以約定或以船舶之性質而定之方法，使運送人發航，並爲其運送貨物（海商法第46條）。

二、請求發給載貨證券

託運之貨物經運送人或船長裝載後，託運人（sender）有請求發給載貨證券之權利（海商法第53條）。

---

[11]　最高法院77年度台上字第1963號民事判決。

貳、託運人之義務

一、遵期裝卸貨物之義務

以船舶之全部或一部供運送者，運送人於船舶完成裝貨或卸貨準備時，得簽發裝貨或卸貨準備完成通知書，託運人對該通知之期間應遵守之（海商法第52條第1項）。

二、合理補償之義務

裝卸期間自運送人通知送達之翌日起算，期間內不工作休假日及裝卸不可能之日不算入。但超過合理裝卸期間者，船舶所有人得按超過之日期，請求合理之補償（海商法第52條第2項）。前開超過裝卸期間，休假日及裝卸不可能之日，亦算入併計（第3項）。

參、託運人之責任

一、應負責事由

託運人對於交運貨物之名稱、數量，或其包裝之種類、個數及標誌之通知，應向運送人保證其正確無訛，其因通知不正確所發生或所致之一切毀損、滅失及費用，由託運人負賠償責任（海商法第55條第1項）。運送人不得以前開託運人應負賠償責任之事由，對抗託運人以外之載貨證券持有人，以保護載貨證券之持有人（第2項）。

二、免責事由

運送人或船舶所有人所受之損害，非由於託運人本人或其代理人受僱人之過失所致者，託運人不負賠償責任（海商法第57條）。

肆、運費之負擔

一、發生事故時

（一）因不可抗力而運回貨物

船舶發航後，因不可抗力（force majeure）不能到達目的港而將原裝貨物運回時，縱其船舶約定爲去航及歸航之運送，託運人僅負擔去航運費（海商法第66條）。

（二）因海上事故而提前取貨

船舶在航行中，因海上事故（maritime casualty）而須修繕時，如託運人於到達目地港前提取貨物者，應付全部運費（海商法第67條）。

（三）遭難或不能航行而轉運

船舶在航行中遭難或不能航行，而貨物仍由船長設法運到目地港時，如其運費較低於約定之運費者，託運人減支兩運費差額之半數（海商法第68條第1項）。倘新運費等於約定之運費，託運人不負擔任何費用，而新運費較高於約定之運費，其「增高額」由託運人負擔之（第2項）。

（四）船舶可使用期間

以船舶之全部於一定時期內供運送者，其託運人僅就船舶可使用之期間，負擔運費（海商法第47條第1項本文）。

（五）因航行事變導致船舶停止

因航行事變所生之停止，仍應繼續負擔運費（海商法第47條第1項但書）。前開船舶之停止，係因運送人或其代理人之行爲或因船舶之狀態所致者，託運人不負擔運費，如有損害，並得請求賠償（第2項）。

（六）船舶行蹤不明時

船舶行蹤不明時（missing cargo），託運人以得最後消息之日爲止，負擔運費之全部，並自最後消息後，以迄於該次航行通常所需之期間應完成之日，負擔運費之半數（海商法第47條第3項）。

二、貨物卸裝時

以船舶之全部或一部供運送者，託運人所裝載貨物，不及約定之數量時，仍應負擔「全部之運費」。但應扣除船舶因此所「減省費用之全部」、因另裝貨物所取得運費四分之三（海商法第48條）。

三、解除契約時

（一）全部傭船契約

以船舶之全部供運送時，託運人於發航前得解除契約。但應支付「運費三分之一」，其已裝載貨物之全部或一部者，並應負擔因裝卸所增加之費用（海商法第43條第1項）。倘為往返航程之約定者，託運人於返程發航前要求終止契約時，應支付運費三分之二（第2項）。

（二）一部傭船契約

以船舶之一部供運送時，託運人於發航前，非支付其運費之全部，不得解除契約。倘託運人已裝載貨物之全部或一部者，並應負擔因裝卸所增加之費用及賠償加於其他貨載之損害（海商法第44條第1項）。倘託運人均為契約之解除者，各託運人應僅負全部傭船契約之責任（第2項）。託運人因解除契約，應付全部運費時，得扣除運送人因此減省「費用之全部」，暨另裝貨物所得「運費四分之三」（海商法第49條）。

伍、案例解析──託運人之責任

託運人對於交運貨物之名稱、數量，或其包裝之種類、個數及標誌之通知，應向運送人保證其正確無訛，其因通知不正確所發生或所致之一切毀損、滅失及費用，由託運人負賠償責任（海商法第55條第1項）。運送人不得以前開託運人應負賠償責任之事由，對抗託運人以外之載貨證券持有人（第2項）。準此，甲將A牌車輛100輛交與乙輪船股份有限公司託運，因甲之過失將交運之車輛誤通知為110輛，乙輪船公司據此發給載貨證券與甲，甲將之背書轉讓與丙，丙自得依據載貨證券之記載，請求乙輪船公司交付A牌車輛110輛，運送人乙輪船公司僅得另向託運人甲請求損害賠償。

第四項　受貨人

案例4

> 　　出口商甲將貨物一批交與A輪船股份有限公司運送至日本，該公司簽發載貨證券與甲，甲將載貨證券背書轉讓與日本之進口商乙。該批貨物運至日本之目的港時發生部分毀損，乙於2022年1月1日受領貨物。試問如後情形，乙得否向A輪船公司請求損害賠償：（一）乙於提貨當時，以口頭將毀損情形通知A輪船公司知悉。（二）乙於提貨當時，曾以書面將毀損情形通知A輪船公司，其嗣後於2023年2月1日起訴請求A輪船公司賠償。

壹、受貨人之權利

一、貨物受領權

（一）運送契約

　　貨物經有受領權利人受領，視為運送人已依照載貨證券之記載，交清貨物，此為海上運送人義務消滅之特別原因（海商法第56條第1項）。所稱受領權利人，在運送人或船長未簽發載貨證券之情形，受貨人在一定要件下，可為受領權利人。詳言之，託運人對於運送人，因運送契約（contract of carriage）所生之權利，須於運送物達到目的地，並經受貨人請求交付後，受貨人即取得其權利，而為受領權利人（民法第644條）[12]。

（二）載貨證券

　　載貨證券具有換取、繳還或物權移轉證券之性質，運送貨物，經發給載貨證券者，貨物之交付，須憑載貨證券為之。故在簽發記名式載貨證券之情形，載貨證券上所記載之受貨人，並非當然為海商法第56條第1項所稱之有受領權利人，必該受貨人兼持有載貨證券，始得成為有受領權利人，運送人亦須交付貨物與該有受領權利人後，其貨物交清之責任，始能謂為終了（海商

---

[12]　最高法院87年度台上字第2067號民事判決。

法第60條第1項；民法第629條、第630條）[13]。

二、損害賠償請求權（112司津）

（一）成立要件

原則上貨物經有受領權利人受領，推定運送人已依照載貨證券之記載，交清貨物[14]。例外情形，即有下列情事之一者，不在此限（海商法第56條第1項）：1.提貨前或當時，受領權利人已將毀損滅失情形，以書面通知運送人者；2.提貨前或當時，毀損滅失經共同檢定，作成公證報告書者（survey report）；3.毀損滅失不顯著而於提貨後3日內，以書面通知運送人者；4.在收貨證件上註明毀損或滅失者。所謂書面通知（written notice），並無一定格式。例如，當地港務局之出貨報告，而該出貨報告上，並經港口理貨人員、海關人員及當事人之代理人共同簽章，自可認為已有書面通知[15]。

（二）短期消滅時效

貨物之全部或一部毀損、滅失者，自貨物受領日或自應受領日起，「1年內」未起訴者，運送人或船舶所有人解除其責任（海商法第56條第2項）。該短期消滅時效而於貨物全部滅失之情形，亦有適用之列[16]。

貳、受貨人之義務

一、遵期裝卸貨物之義務

以船舶之全部或一部供運送者，運送人於船舶完成裝貨或卸貨準備時，得簽發裝貨或卸貨準備完成通知書，受貨人對該通知期間應遵守之（海商法第52條第1項）。

---

[13] 最高法院97年度台上字第1669號民事判決。

[14] 最高法院109年度台上字第2729號民事判決。

[15] 最高法院69年度台上字第971號民事判決。

[16] 最高法院88年台上字第751號民事判決。

二、合理補償之義務

裝卸期間自運送人通知送達之翌日起算，期間內不工作休假日及裝卸不可能之日不算入。但超過合理裝卸期間者，船舶所有人得按超過之日期，請求合理之補償（海商法第52條第2項）。前開超過裝卸期間，休假日及裝卸不可能之日，亦算入之（第3項）。

參、案例解析──受貨人之損害賠償請求權

一、成立要件

貨物經有受領權利人受領，推定運送人已依照載貨證券之記載，交清貨物。而提貨前或當時，受領權利人已將毀損滅失情形，以書面通知運送人者（海商法第56條第1項第1款）。出口商甲將貨物一批交與A輪船股份有限公司運送至日本，該公司簽發載貨證券與甲，甲將載貨證券背書轉讓與日本之進口商乙，該批貨物運至日本之目的港時發生部分毀損，乙雖於提貨當時，以口頭將毀損情形通知A輪船公司知悉，惟不符書面通知之法定要件（statutory requirement），其不得向A輪船公司請求損害賠償。

二、短期消滅時效（110司津）

貨物之全部或一部毀損、滅失者，自貨物受領日或自應受領日起，1年內未起訴者，運送人或船舶所有人解除其責任（海商法第56條第2項）。乙於2022年1月1日受領貨物，並於提貨當時，固以書面將毀損情形通知A輪船公司，惟遲至2023年2月1日始起訴請求A輪船公司賠償。是A輪船公司得以損害賠償請求權已罹於時效（completion of prescription）為由，拒絕賠償之（民法第144條第1項）。

第五項　載貨證券

案例5

> 甲將散裝之小米一批交與乙海運股份有限公司所有A輪船運送，並約定可將貨物裝載於甲板上。而乙海運公司發給載貨證券時，並未清點貨物重量，僅依據甲所稱重量，即在載貨證券上記載據告重100噸。試問：（一）A輪船到達目的港卸貨時，經秤重為98噸，託運人甲得否請求運送人乙海運公司賠償？（二）A輪船於航行途中，因船長之過失未將貨物捆繫牢固，導致貨物發生毀損，託運人甲得否請求運送人乙海運公司賠償？

壹、載貨證券之定義及功能

一、載貨證券之定義（93、94高考）

所謂載貨證券（Bill of Lading，簡稱B/L），係指海上運送人（carrier）或船長（shipmaster）於貨物裝載後（loaded），應託運人（sender）之請求，而發給託運人作為受領及處分運送物品之有價證券（海商法第53條）[17]。

二、載貨證券之功能

載貨證券有如後功能：（一）為運送契約之證明；（二）為收受貨物之收據；（三）為表彰運送物所有權之物權證券[18]。

---

[17] 最高法院105年度台上字第105號民事判決。

[18] 最高法院77年度台上字第2535號民事判決。

貳、載貨證券之特性

一、要式性

載貨證券之作成，應具備一定之款式，海商法有規定應記載事項，其為要式證券（海商法第54條）。

二、獨立性

載貨證券所生之法律關係，係獨立於原運送契約之外，運送契約之約定內容，不當然拘束載貨證券之持有人（海商法第60條第1項；民法第627條）。換言之，以船舶之全部或一部供運送為目的之運送契約，另行簽發載貨證券者，運送人與託運人以外載貨證券持有人間之關係，依載貨證券之記載（海商法第60條第2項）。

三、背書性

載貨證券為有價證券，縱為記名式，除有禁止背書之記載者外，均得以背書移轉於他人，故載貨證券原則上具有流通性（海商法第60條第1項；民法第628條）[19]。海運實務上所稱之電報放貨（Telex Release），係附麗於載貨證券而存在，該提貨之方式，是貨物比載貨證券較早到達目的港時，由託運人提供擔保，繼而由運送人通知其在目的港之代理人，准許受貨人提出電報放貨之通知單，即可換取小提單（D/O），而不須交付載貨證券以提領貨物之方法。電報放貨之通知單，僅為不得轉讓之單據證明，其與已取得物權效力而得以背書轉讓之載貨證券，兩者不同[20]。

四、文義性 （93高考）

載貨證券簽發後，運送人對於載貨證券持有人應依載貨證券之記載負其責任，是載貨證券為文義證券（海商法第60條第1項；民法第627條）。

---

[19] 最高法院91年度台上字第627號、97年度台上字第1669號民事判決。

[20] 最高法院104年度台上字第643號民事判決。

五、繳回性

載貨證券具有換取或繳還證券之性質，運送貨物經發給載貨證券者，貨物之交付，應憑載貨證券為之，即使為運送契約所載之受貨人，倘不將載貨證券提出及交還，自不得請求交付運送物（海商法第60條第1項；民法第630條）[21]。

參、載貨證券之發行（94高考）

一、法定應記載事項

載貨證券，應載明下列各款事項，由運送人或船長簽名（海商法第54條第1項）：（一）船舶名稱；（二）託運人之姓名或名稱；（三）依照託運人書面通知之貨物名稱、件數或重量，或其包裝之種類、個數及標誌；（四）裝載港及卸貨港；（五）運費交付；（六）載貨證券之份數；（七）填發之年月日[22]。

二、任意記載與免責事項（112司津）

以件貨運送為目的之運送契約或載貨證券記載條款、條件或約定，以減輕或免除運送人或船舶所有人，對於因過失或本章規定應履行之義務而不履行，致有貨物毀損、滅失或遲到之責任者，其條款、條件或約定不生效力（海商法第61條）。反之，海上運送之運送人免責事由，除海商法有規定外，得在不違反海商法第61條規定，由運送契約之當事人以特約定之[23]。職是，載貨證券記載條款、條件或約定，非免除運送人或船舶所有人對於因過失或海商法規定應履行之義務而不履行者，其條款、條件、約定，應屬有效[24]。

---

[21] 最高法院86年台上字第2509號、92年度台上字第2310號、93年度台上字第14號民事判決。

[22] 最高法院102年度台上字第864號民事判決。

[23] 最高法院58年度台上字第3092號民事判決。

[24] 最高法院106年度台上字第418號民事判決。

三、不知條款 （91律師；93司法官）

依照託運人書面通知之貨物名稱、件數或重量，或其包裝之種類、個數及標誌，倘與所收貨物之實際情況有顯著跡象，疑其不相符合，或無法核對時，運送人或船長得在載貨證券內載明其事由或不予載明（海商法第54條第2項）。載貨證券依託運人之書面記載者，推定運送人依其記載爲運送（第3項）。運送人或船長於其發給之載貨證券，就貨物重量爲「據告稱」（said to be）或「據告重」（said to weight）之記載者，並無意義，應視爲海商法第54條第1項第3款所爲之記載，運送人仍有核對載貨證券之義務，負載貨證券上之責任。至於自然損耗及磅差等因素，足以導致重量不符之原因，既無法避免其發生，則卸載之重量，較之載貨證券記載之重量，如有短少者，衡諸之一般情理，在某種範圍內之短少，可認爲非因運送人或其代理人、受僱人對於承運貨物之裝卸、搬移、堆存、保管、運送及看守，依海商法第63條規定，應爲必要注意及處置，有所欠缺所致者，運送人就該範圍內短少之重量，應不負賠償責任[25]。

肆、載貨證券之效力

一、物權效力

（一）所有權移轉

交付載貨證券於有受領貨物權利之人時，其交付就貨物所有權移轉之關係，與貨物之交付，有同一之效力（海商法第60條第1項；民法第629條）[26]。

（二）發行一份以上之載貨證券

1. 貨物目的港

載貨證券有數份者，在貨物目的港請求交付貨物之人，縱僅持有載貨證

---

[25] 最高法院92年度第7次民事庭會議；最高法院66年度台上字第108號民事判決：運送人不得以載貨證券記載「據告稱重」而對受貨人主張免責。67年度台上字第1774號民事判決：載貨證券上註明「重量不知之效力」與海商法第54條第2項之「不予載明」，兩者並不相當。

[26] 最高法院76年台上字第771號、93年度台上字第1896號民事判決。

券一份，運送人或船長仍不得拒絕交付（海商法第58條第1項前段）。

2.貨物目的港

不在貨物目的港時，運送人或船長非接受載貨證券之全數，不得為貨物之交付（海商法第58條第1項後段）。

3.數人持有載貨證券

二人以上之載貨證券持有人請求交付貨物時，運送人或船長應即將貨物按照本法第51條規定寄存，並通知曾為請求之各持有人，運送人或船長，已依本法第58條第1項規定，交付貨物之一部後，他持有人請求交付貨物者，對於其賸餘之部分亦同（海商法第58條第2項）。

4.先交付貨物之效力

載貨證券之持有人有二人以上者，其中一人先於他持有人受貨物之交付時，他持有人之載貨證券對運送人失其效力（海商法第58條第3項）。

5.持有先受發送或交付者

載貨證券之持有人有二人以上，而運送人或船長尚未交付貨物者，其持有先受發送或交付之證券者，得先於他持有人行使其權利（海商法第59條）。

二、債權效力

載貨證券之發給人，對於依載貨證券所記載應為之行為，均應負責（海商法第74條第1項）。前開發給人，對於貨物之各連續運送人之行為，應負保證之責。但各連續運送人，僅對於自己航程中所生之毀損滅失及遲到負其責任（第2項）。所謂各連續運送人，係指次運送人以下之運送人而言，各連續運送人僅對於自己航程中所生之毀損、滅失及遲到負其責任。各連續運送人，限定為次運送人，不包括發給載貨證券之第一運送人在內，第一運送人應負有保證之責任[27]。

---

[27] 最高法院64年度台上字第252號、91年度台上字第2120號民事判決。

三、載貨證券適用之準據法

載貨證券所載之裝載港或卸貨港爲中華民國港口者，其載貨證券所生之法律關係，依涉外民事法律適用法所定應適用法律（海商法第77條本文）。是載貨證券背面記載有關準據法之約款，對於託運人、運送人及載貨證券持有人，均有拘束力[28]。但依本法中華民國受貨人或託運人保護較優者，應適用本法規定（海商法第77條但書）。其目的在保護我國受貨人或託運人，增加我國海商法之適用機會。申言之，載貨證券所載之裝載港或卸貨港爲我國港口時，應先適用涉外民事法律適用法選定準據法。倘選法結果我國法爲準據法時，自應適用我國海商法。如選定外國法爲準據法時，應就個案實際適用該外國法與我國海商法之結果爲比較，倘適用我國海商法對我國受貨人或託運人保護較優者，應以我國海商法爲準據法[29]。

伍、案例解析——不知條款與甲板運送之效力

一、運送人有核對載貨證券之義務

依照託運人書面通知之貨物名稱、件數或重量，或其包裝之種類、個數及標誌，如與所收貨物之實際情況有顯著跡象，疑其不相符合，或無法核對時，運送人或船長得在載貨證券內載明其事由或不予載明，將運送物之部分空白（海商法第54條第2項）。故載貨證券依託運人之書面記載者，推定運送人依該書面記載爲運送（第3項）。準此，運送人有核對載貨證券內容之義務，未檢查或核對時，運送人應依據載貨證券之記載負責。是甲將散裝之小米一批交與乙海運公司所有A輪船運送，乙海運公司發給載貨證券時，並未清點貨物重量，僅依據甲所稱重量，即在載貨證券上記載據告重100噸，運送人乙海運公司應就100噸之記載負責。

二、自然耗損之範圍

因散裝穀物之運送，在裝載及卸載，進倉過程中，由於未有包裝之保

---

[28] 最高法院108年度台上大字第980號民事裁定。

[29] 最高法院104年度台上字第651號、106年度台上字第418號民事判決。

障，難免有所含雜物、灰塵、碎末散溢及顆粒偶然失落之自然損耗及磅差等足以導致重量不符之原因，依據國外運抵我國卸裝散裝穀物之統計資料，發生短卸平均比例約爲1%。倘承運短卸部分，未達1%，在此範圍內之短少，可認爲非運送人或其代理人、受僱人對於承運物之裝卸、搬移、堆存、保管、運送及看守應爲注意及處置有所欠缺，運送人就該範圍內短少之重量，不負賠償責任。而逾1%部分，係因可歸責於運送人之事由所致，其應負損害賠償責任。職是，A輪船到達目的港卸貨時，秤重爲98噸，發生短卸於1%內，運送人就該範圍內短少之重量，不負賠償責任。其逾1%即1噸部分，係因可歸責於運送人之事由所致，是託運人甲就該部分得請求運送人乙海運公司賠償。

三、甲板運送責任（94司法官）

（一）甲板運送之免責

原則上運送人或船長如將貨物裝載於甲板上，致生毀損或滅失時，應負賠償責任（海商法第73條本文）。例外情形如後：1.經託運人之同意並載明於運送契約；2.航運種類；3.商業習慣所許者（但書）[30]。因本件有經託運人甲之同意並載明於運送契約。準此，運送人乙海運公司將貨物裝載於甲板上，不必負海商法第73條之責任。

（二）運送人運送之注意及處置義務（108司津）

運送人對於承運貨物之裝載、卸載、搬移、堆存、保管、運送及看守，應爲必要之注意及處置（海商法第63條）。此爲運送人運送之注意及處置義務，該項義務不得依據運送契約或載貨證券條款予以免除。準此，A輪船於航行途中，因船長之過失未將貨物捆繫牢固，導致貨物發生毀損，其未盡裝載與運送之必要注意義務，託運人甲得請求運送人乙海運公司賠償之[31]。

---

[30]　最高法院106年度台上字第411號民事判決。

[31]　最高法院71年台上字第290號、93年度台上字第115號民事判決。

第二節 海上旅客運送契約

案例6

A輪船股份有限公司於船票上印製「本公司對於旅客及其所付託之行李，於運送途中所致之一切毀損、喪失，本公司均不負賠償責任」。某日甲搭乘A輪船公司之輪船至國外，因船長乙之過失發生火災，導致甲身體受傷。試問甲得否向A輪船公司請求損害賠償？理由為何？

壹、海上旅客運送契約之定義與種類

一、海上旅客運送契約之定義

所謂海上旅客運送契約（carriage of passenger），係指以船舶為運送工具之旅客運送契約。旅客運送契約之當事人為運送人及旅客，旅客兼具契約之主體及客體。旅客之運送，除海商法有特別規定外，準用海商法有關貨物運送及民法相關規定（海商法第5條、第79條）。

二、海上旅客運送契約之種類

海上旅客運送契約，大致可分「搭客運送」與「傭船運送」兩種類型。兩者均屬諾成契約，形式不拘，運送契約通常雖須購買車票或船票、機票，惟此僅為旅客運送契約之證明，故其為不要式契約。

貳、旅客運送人之權利與義務

一、運送人之權利

旅客運送人主要之權利，係向旅客收取運費或票價。再者，船長得依職權實行緊急處分迫令旅客離船者，此具有公法上之權力性質（海商法第85條）。

二、運送人之義務

（一）運送旅客至目的港之義務

運送人或船長應依船票所載，運送旅客至目的港。運送人或船長違反前開規定時，旅客得解除契約，倘有損害，並得請求賠償（海商法第83條）。船舶因不可抗力不能繼續航行時，運送人或船長應設法將旅客運送至目的港（海商法第88條）。倘旅客之目的港發生天災、戰亂、瘟疫，或其他特殊事故致船舶不能進港卸客者，運送人或船長得依旅客之意願，將其送至最近之港口或送返乘船港（海商法第89條）。

（二）供給膳宿之義務

對於旅客供膳者，其膳費應包括於票價之內（海商法第80條）。運送人或船長在航行中為船舶修繕時，應以同等級船舶完成其航程，旅客在候船期間應無償供給膳宿（海商法第90條）。

參、旅客之權利與義務

一、旅客之權利

旅客之權利有二：（一）解除契約權（right of denunciation）（海商法第83條第2項前段、第84條、第86條）；（二）請求賠償權（right to request compensation）（海商法第83條第2項後段）。

二、旅客之義務

（一）給付票價義務

旅客在船舶發航或航程中不依時登船，或船長依職權實行緊急處分迫令其離船者，乃應給付全部票價（海商法第85條）。旅客在航程中自願上陸時，仍負擔全部票價，其因疾病上陸或死亡時，僅按其已運送之航程負擔票價（海商法第87條）。

（二）聽從船長指示義務

旅客應遵守船長維持船舶秩序所爲指示，並於船舶抵達目的港（port of destination）後，應依船長之指示即行離船（海商法第91條）。

（三）投保意外險義務

旅客於實施意外保險（casualty insurance）之特定航線及地區，均應投保意外險，保險金額載入客票，視同契約，其保險費（insurance premium）包括於票價內，並以保險金額（insurance amount）爲損害賠償之最高額（海商法第81條第1項）。前開特定航線地區及保險金額，由交通部定之（第2項）。

肆、海上旅客運送契約之解除

一、法定解除

（一）不遵期發航

船舶不於預定之日發航者（voyage），旅客得解除契約（海商法第86條）。

（二）不得已事由

旅客於「發航前」因死亡、疾病或其他基於本身不得已之事由，不能或拒絕乘船者，運送人得請求票價十分之一（海商法第84條後段）。而旅客於「發航後」，因疾病上陸或死亡時，僅按其已運送之航程負擔票價（海商法第87條後段）。

二、任意解除

旅客於發航24小時前，得給付票價十分之二（海商法第84條前段）。旅客在航程中自願上陸時，不再登船者，視爲解除契約，其應負擔全部票價（海商法第87條前段）。

伍、案例解析──船舶失火之責任歸屬

一、免責事由之限制

運送人交與旅客之車票，有免除或限制運送人責任之記載者，除能證明旅客對於其責任之免除或限制明示同意外，不生效力（海商法第5條；民法第659條）。因運送人單方所訂定之減免責任約款，不得據以減免責任。A輪船公司雖於船票上印製，其對於旅客於運送途中所致之一切毀損、喪失，不負賠償責任。惟未經旅客甲明示同意，自不生效力[32]。

二、失火責任

海商法第69條第3款以失火為運送人之免責事由，係指非由於運送人或其履行輔助人之過失所引起之火災而言。是運送人未盡同法第63條之注意義務而引起之火災，不得主張免其責任[33]。準此，甲搭乘A輪船股份有限公司之輪船至國外，因船長乙之過失發生火災，導致甲身體受傷，甲自得向A輪船公司請求損害賠償。

第三節　船舶拖帶

案例7

> 　　A船與B船共同拖帶喪失航行能力之C船，因A船船長之操作過失，導致與D船碰撞。試問D船所有人因船舶碰撞所發生之損害，應由何人負責？依據為何？

---

[32] 林洲富，民法─案例式，五南圖書出版股份有限公司，2020年9月，8版1刷，頁315。

[33] 最高法院67年台上字第196號、68年台上字第196號、68年台上字第853號民事判決。

壹、船舶拖帶之定義

所謂船舶拖帶或拖船契約（contract of towage），係指當事人約定，一方以船舶於一定期間或地點，拖帶他方之船舶，而他方給付報酬之契約。

貳、船舶拖帶之責任

一、單一拖帶責任

拖船與被拖船不屬於同一所有人時，其損害賠償之責任，應由拖船所有人負擔。但契約另有訂定者，不在此限（海商法第92條）。換言之，因船舶拖帶行為造成第三人發生損害賠償時，原則上由拖船所有人負責。

二、共同或連接拖帶責任

共同或連接之拖船，因航行所生之損害，對被害人負連帶責任（joint and several liability）。但他拖船對於加害之拖船有求償權（right of claim）（海商法第93條）。例如，A船與B船共同拖帶C船，屬共同拖帶。倘A船同時拖帶B船與C船，則為連接拖帶。

參、案例解析——拖船之責任

共同或連接之拖船，因航行所生之損害，對被害人負連帶責任。但他拖船對於加害之拖船有求償權（海商法第93條）。準此，A船與B船共同拖帶C船，因A船船長之操作過失，導致與D船碰撞，D船所有人因船舶碰撞所發生之損害，得請求A船與B船之所有人負連帶賠償責任。而B船之所有人賠償後，得向加害之A船所有人求償。

習題

一、試說明載貨證券之定義與其功能。
　　提示：海商法第53條。

二、試說明甲板運送責任。
　　提示：海商法第63條、第73條。

第四章　海上企業風險

案例1

> 　　運送人甲所有A船價值新臺幣（下同）1,400萬元，其運送乙所有價值800萬元之貨物一批，因海上事故，導致船舶有200萬元之損害，A船船長為此丟棄乙所有之貨物200萬元，始行脫險。試問運送人與託運人間，應如何分擔共同海損？

壹、共同海損之定義及成立要件

一、共同海損之定義

　　所謂共同海損者（general average），係指在船舶航程期間，為求共同危險中全體財產之安全所為故意及合理處分，而直接造成之犧牲及發生之費用（海商法第110條）。

二、共同海損之要件

　　共同海損之要件如後：（一）須在船舶航程期間所發生之現實危險；（二）須為船舶與貨物之共同危險；（三）須為全體財產之安全所為故意及合理處分之行為；（四）須有直接造成犧牲或發生費用；（五）須船舶與貨物均有所保存。

貳、共同海損之債權、擔保及時效

一、共同海損債權之定義

所謂共同海損債權者，係指因共同海損處分而發生之損害（loss）或費用（expense），損害被害人與費用支付人得向利害關係人請求分擔之權利。

二、共同海損債權之種類

（一）船　舶

船舶價值通常高於其貨載，故船舶及其屬具、設備因處分所生之損害，為共同海損債權之重要部分。

（二）貨　載

原則上經投棄之貨載，應屬共同海損之債權。例外情形如後：1.未依航運習慣裝載之貨物經投棄者，不認為共同海損犧牲。但經撈救者，仍應分擔共同海損（海商法第116條）；2.無載貨證券，亦無船長收據之貨物，或未記載於目錄之設備屬具，經犧牲者，不認為共同海損。但經撈救者，仍應分擔共同海損（海商法第117條）；3.貨幣、有價證券或其他貴重物品者，經犧牲者，除已報明船長者外，不認為共同海損犧牲。但經撈救者，仍應分擔共同海損（海商法第118條）；4.船上所備糧食、武器、船員之衣物、薪津、郵件及無載貨證券之旅客行李、私人物品，均不分擔共同海損。前開物品如被犧牲，其損失應由各關係人分擔之（海商法第120條）。

（三）運　費

運費以貨載之毀損或滅失致減少或全無者為準，其亦屬共同海損之債權。但運送人因此減省之費用，應扣除之（海商法第113條第3款）。

（四）費　用

因船貨之共同安全所支出之費用，其為共同海損（海商法第114條）：1.為保存共同危險中全體財產所生之港埠、貨物處理、船員工資及船舶維護所必需之燃、物料費用；2.船舶發生共同海損後，為繼續共同航程所需之額

外費用；3.爲共同海損所墊付現金2%之報酬；4.自共同海損發生之日起至共同海損實際收付日止，應行收付金額所生之利息（第1項）。爲替代前項第1款、第2款共同海損費用所生之其他費用，視爲共同海損之費用。但替代費用不得超過原共同海損費用（第2項）。

三、共同海損債權之擔保

運送人或船長對於未清償分擔額之貨物所有人，得留置（lien）其貨物。但提供擔保者，不在此限（海商法第122條）。而船舶對於共同海損之分擔額亦有優先權（priority），此均屬共同海損債權之擔保（general average security）。

四、共同海損之時效

因共同海損所生之債權，自計算確定之日起，經過1年不行使而消滅，其屬於短期之消滅時效（extinctive prescription）規定（海商法第125條）。

參、共同海損之分擔

一、共同海損之範圍

共同海損以各被保存財產價值與共同海損總額之比例，由各利害關係人分擔之。因共同海損行爲所犧牲而獲共同海損補償之財產，自應參與分擔（海商法第111條）。

二、分擔額之計算

各被保存財產之「分擔價值」，應以航程終止地或放棄共同航程時地財產之實際淨值（net worth）爲準，依下列規定計算之（海商法第112條第1項）。而各類之實際淨值，均應另加計共同海損之補償額（compensation）（第2項）：

（一）船　舶

　　船舶以到達時地之價格爲準。倘船舶於航程中已修復者，應扣除在該航程中共同海損之犧牲額及其他非共同海損之損害額。但不得低於其實際所餘殘值（salvage value）（海商法第112條第1項第1款）。

（二）貨　物

　　貨物以送交最後受貨人之商業發票所載價格爲準，倘無商業發票者，以裝船時地之價值爲準，並包括應支付之運費及保險費在內（海商法第112條第1項第2款）。

（三）運　費

　　運費以到付運費之應收額，扣除非共同海損費用爲準（海商法第112條第1項第3款）。

三、共同海損犧牲之補償額計算

　　共同海損犧牲之「補償額」，應以各財產於航程終止時地或放棄共同航程時地之實際淨值爲準，依下列規定計算之（海商法第113條）：

（一）船　舶

　　船舶以實際必要之合理修繕或設備材料之更換費用爲準。未經修繕或更換者，以該損失所造成之合理貶值，但不能超過估計之修繕或更換費用（海商法第113條第1款）。

（二）貨　物

1.據實聲明

　　貨物以送交最後受貨人商業發票價格計算所受之損害爲準，倘無商業發票者，以裝船時地之價值爲準，並均包括應支付之運費及保險費在內。倘受損貨物經出售者，以出售淨值與前述所訂商業發票或裝船時地貨物淨值之差額爲準（海商法第113條第2款）。

2. 不實聲明

貨物之性質，其於託運時故意爲不實之聲明，經犧牲者，不認爲共同海損。但經保存者，應按其實在價值分擔之（海商法第119條第1項）。貨物之價值，而於託運時爲不實之聲明，使聲明價值與實在價值不同者，其共同海損犧牲之補償額以金額低者爲準，分擔價值以金額高者爲準（第2項）。

（三）運　費

運費以貨載之毀損或滅失致減少或全無者，作爲計算基準。但運送人因此減省之費用，應扣除之（海商法第113條第3款）。

四、共同海損之計算

（一）協議、仲裁或裁判

共同海損之計算，由全體關係人協議定之。協議不成時，得提付仲裁（arbital award）或請求法院裁判之（海商法第121條）。

（二）利害關係人之分擔額

共同海損以各被保存財產價值與共同海損總額之比例，由各利害關係人分擔之。因共同海損行爲所犧牲而獲共同海損補償之財產，亦應參與分擔（海商法第111條）。職是，各利害關係人（interested person）應分擔額如後：1.船舶所有人分擔額＝損害額×船價÷（船價＋貨價＋犧牲額）；2.貨物所有人分擔額＝損害額×貨價÷（船價＋貨價＋犧牲額）；3.被犧牲財物人分擔額＝損害額×犧牲額÷（船價＋貨價＋犧牲額）。

肆、共同海損之回復與委棄權

一、共同海損之回復

利害關係人於受分擔額後，復得其船舶或貨物之全部或一部者，應將其所受之分擔額返還於關係人。但得將其所受損害及復得之費用，加以扣除之（海商法第123條）。

二、共同海損之委棄權

船舶所有人對海商法第21條所負之責任，以本次航行之船舶價值、運費及其他附屬費爲限。準此，應負分擔義務之人，得委棄其存留物而免分擔海損之責，此爲共同海損之委棄權（海商法第124條）。

伍、案例解析——共同海損分擔額之計算

一、計算方式

各利害關係人依據各被保存財產價值與共同海損總額之比例，分擔共同海損。因共同海損行爲所犧牲而獲共同海損補償之財產，亦應參與分擔（海商法第111條）。準此，船舶所有人分擔額＝損害額×船價÷（船價＋貨價＋犧牲額）；貨物所有人分擔額＝損害額×貨價÷（船價＋貨價＋犧牲額）；被犧牲財物人分擔額＝損害額×犧牲額÷（船價＋貨價＋犧牲額）。

二、實際分擔額

（一）犧牲額、損害額、船價及貨價

本件運送人甲所有A船價值新臺幣（下同）1,400萬元，其運送乙所有價值800萬元之貨物一批，因海上事故，導致船舶有200萬元之損害，A船船長乃丟棄乙所有之貨物200萬元，此爲犧牲額；而船貨之總損害額爲400萬元（船舶損害200萬元＋貨物犧牲額200萬元）、到達時地之船價爲1,200萬元、送交最後受貨人之商業發票所載價格貨價爲600萬元。

（二）運送人與託運人之分擔額

渠等實際分擔額如後：1.船舶所有人甲分擔額＝400萬元×1,200萬元÷（1,200萬元＋600萬元＋200萬元）＝240萬元；2.貨物所有人乙分擔額＝400萬元×600萬元÷（1,200萬元＋600萬元＋200萬元）＝120萬元；3.被犧牲財物人乙分擔額＝400萬元×200萬元÷（1,200萬元＋600萬元＋200萬元）＝40萬元。職是，運送人甲就本件共同海損之分擔額爲240萬元，而託運人乙之分擔額爲160萬元。

第二節　船舶碰撞

案例2

甲所有美籍A遊艇，因乙過失操作其所有B快艇，導致於2020年1月1日於日月潭碰撞。試問甲於2022年1月2日基於侵權行為之法律關係，請求乙賠償其損害，是否有理由？

壹、船舶碰撞之定義

所謂船舶碰撞者（ship collision），係指二艘以上之船舶，在海上或水中互相接觸，導致一方或雙方發生損害而言。船舶範圍包括船舶法所稱之小船、軍事建制之艦艇、專用於公務之船舶及海商法第1條規定以外之其他船舶（海商法第3條）。

貳、船舶碰撞之損害賠償及時效

一、船舶碰撞之損害賠償

（一）一方之船舶過失

碰撞係因不可抗力而發生者，被害人不得請求損害賠償（海商法第95條）。碰撞係因於一船舶之過失所致者，由該船舶負損害賠償責任（海商法第96條）。

（二）共同之船舶過失

碰撞之各船舶有共同過失時，各依其過失程度之比例負其責任，不能判定其過失之輕重時，各方平均負其責任（海商法第97條第1項）。有過失之各船舶，對於因死亡或傷害所生之損害，應負連帶責任（第2項）。

二、船舶碰撞之時效

因碰撞所生之請求權，自碰撞日起算，經過2年不行使而消滅（海商法第99條）。該損害賠償請求權之消滅時效，為民法第197條第1項之特別規定，應優先適用之[1]。

參、船舶碰撞之處置

一、船舶碰撞之規範

我國關於船舶碰撞之事件，不論發生於何地、何時或船舶所屬國籍（flag state）為何，均適用海商法有關船舶碰撞之規定處理之（海商法第94條）。

二、扣押加害之船舶

船舶在中華民國領海內水港口河道內碰撞者，法院對於加害之船舶，得扣押之（海商法第100條第1項）。碰撞不在中華民國領海內水港口河道內，而被害者為中華民國船舶或國民，法院於加害之船舶進入中華民國領海後，得扣押之（第2項）。前開被扣押船舶（attachment of ship）得提供擔保（guarntee），請求放行（第3項）。擔保得由適當之銀行或保險人（insurer），出具書面保證代之（第4項）。

三、碰撞訴訟之管轄法院

關於碰撞之訴訟，得向下列其一之法院起訴（海商法第101條；民事訴訟法第15條第2項）：（一）被告之住所（domicile of defendant）或營業所所在地之法院；（二）碰撞發生地之法院；（三）被告船舶船籍港（port of registry）之法院；（四）船舶扣押地之法院；（五）當事人合意地（concensual jurisdiction）之法院。

---

[1] 民法第197條第1項規定：因侵權行為所生之損害賠償請求權，自請求權人知有損害及賠償義務人時起，2年間不行使而消滅。自有侵權行為時起，逾10年者亦同。

肆、案例解析——船舶碰撞之規範及處置

一、船舶碰撞之規範

　　我國關於船舶碰撞之事件，不論發生於何地、何時或船舶所屬國籍（flag state）為何，均適用海商法有關船舶碰撞之規定處理之（海商法第94條）。船舶範圍包括船舶法所稱之小船、軍事建制之艦艇、專用於公務之船舶及海商法第1條規定以外之其他船舶（海商法第3條）。準此，甲所有美籍A船舶與乙所有B快艇，兩船日月潭發生碰撞，自應適用我國海商法之規範。

二、船舶碰撞之損害賠償

　　碰撞係因於一船舶之過失所致者，由該船舶負損害賠償責任（海商法第96條）。因碰撞所生之請求權，自碰撞日起算，經過2年不行使而消滅（海商法第99條）。乙前於2020年1月1日，因過失操作其所有B快艇，導致碰撞甲所有A遊艇，造成A遊艇之損害，甲遲至於2022年1月2日始基於侵權行為之法律關係，請求乙賠償其損害，乙得以該損害賠償之請求，已罹於時效為事由，拒絕賠償。

第三節　救助及撈救

案例3

　　甲所有之船舶遭遇海難，甲發電報請求乙實施救助，當事人簽訂救助契約，約定甲應給付新臺幣（下同）100萬元之報酬與乙，不問救助之效果為何。經乙依約救助之結果，僅保存船舶殘值50萬元。試問甲主張船舶所有人之限制責任，僅願意給付50萬元與救助人乙，甲之主張是否有理由？

壹、救助及撈救之定義

一、救助之定義

所謂救助者（salvage），係指船舶或貨載尚未脫離船長或海員之占有，而由第三人加以協助，得以保存之。

二、撈救之定義

所謂撈救者，係指船舶或貨載已經脫離船長或海員之占有，行將沉沒或漂流，而由第三人加以協助，得以保存之（海商法第116條至第118條）。再者，救助及撈救，合稱海難救助（salvage of marine peril）。

貳、對人救助

一、船長之救助義務

（一）一般海難之救助

船長於不甚危害其船舶、海員、旅客之範圍內，對於淹沒或其他危難之人應盡力救助（海商法第102條）。

（二）船舶碰撞之救助

船舶碰撞後，各碰撞船舶之船長於不甚危害其船舶、海員或旅客之範圍內，對於他船舶船長、海員及旅客、應盡力救助（海商法第109條第1項）。各該船長，除有不可抗力之情形外，在未確知繼續救助為無益前，應停留於發生災難之處所（第2項）。各該船長，應於可能範圍內，將其船舶名稱及船籍港並開來及開往之處所，通知於他船舶（第3項）。

二、無報酬請求權

對於人命之救助，係履行道德之義務，原則上並無報酬請求權。例外情形，係於實行施救中救人者，對於船舶及財物救助報酬金，有參加分配之權（海商法第107條）。施救人與船舶間，或者施救人間之分配報酬之比例，

其救助報酬由當事人協議定之，協議不成時，得提付仲裁或請求法院裁判之（海商法第105條、第106條）。

參、對物救助

一、成立要件

（一）廣義海難救助

廣義海難救助，包括對人與對物之救助。詳言之，所謂海難救助，係指無救助契約存在，無法律上之義務，對於遭遇海難之人、船舶或船舶上財物，加以救援，使得脫險而言。倘危險已因時過境遷而不復存在，遇難之船舶或其上財物將不致續有損害發生，即無危險可得脫離，自不適用海商法有關海難救助之規定[2]。

（二）狹義海難救助

狹義海難救助僅指對物之救助而言，其屬無因管理之性質（management of affairs without mandate），當事人間無救助契約之關係。茲說明其成立要件如後：1.須船舶或貨物遭遇海難；2.須救助之標的為船舶或船舶上之所有財產；3.須有救助之效果者（海商法第103條第1項）；4.須未經以正當理由拒絕施救者（海商法第108條）。

二、救助效力

（一）報酬請求權

對於船舶或船舶上財物施以救助而有效果者，得按其效果請求相當之報酬（海商法第103條第1項）。施救人所施救之船舶或船舶上貨物，有損害環境之虞者，施救人得向船舶所有人請求與實際支出費用同額之報酬；其救助行為對於船舶或船舶上貨物所造成環境之損害，已有效防止或減輕者，得向船舶所有人請求與實際支出費用同額或不超過其費用一倍之報酬（第2項）。施救人同時有前二項報酬請求權者，前項報酬應自第1項可得請求之報酬中扣

---

[2]　最高法院92年度台上字第2478號民事判決。

除之（第3項）。施救人之報酬請求權，自救助完成日起2年間不行使而消滅（第4項）。屬於同一所有人之船舶救助，仍得請求報酬（第104條第1項）。拖船對於被拖船施以救助者，得請求報酬。但以非為履行該拖船契約者為限（第2項）。

（二）報酬之決定

施救人與船舶間，或者施救人間之分配報酬之比例，其救助報酬由當事人協議定之，協議不成時，得提付仲裁或請求法院裁判之（海商法第105條、第106條）。

肆、案例解析——救助契約之報酬請求權

船舶所有人對於沉船或落海之打撈移除所生之債務，原則上以本次航行之船舶價值、運費及其他附屬費為限，負有限責任（海商法第21條第1項第3款本文）。例外情形，係依契約（salvage contract）之報酬或給付，應負無限責任（但書）。準此，甲所有之船舶遭遇海難，甲與乙簽訂救助契約，約定甲應給付新臺幣（下同）100萬元之報酬與乙。不問救助之效果為何，經乙依約救助之結果，雖僅保存船舶殘值50萬元，甲應依約給付100萬元之救助報酬，不得主張船舶所有人之限制責任，僅願意給付50萬元與救助人乙。

習題

一、說明共同海損之定義與其成立要件。
　　提示：海商法第110條。
二、何謂救助與撈救，兩者有何差異？
　　提示：參照救助之定義與撈救之定義。

第五章　海上保險

> 　　B國籍之甲，其所有之輪船航行至A國某港口，因A國與B國交戰，該船舶遭A國視為敵國船艦扣押，期間已逾2個月，該船舶有向我國乙保險公司投保，其保險價額為新臺幣1,000萬元。試問甲得否依據該扣押事件，向乙公司請求給付保險金額？

壹、海上保險之定義

　　所謂海上保險者（marine insurance），係指保險人對於保險標的物，除契約另有規定外，因海上一切事變及災害所生之毀損滅失及費用，負賠償責任（海商法第129條）。關於海上保險，應優先適用海商法，無規定時，始適用保險法（insurance law）規定（海商法第126條）。

貳、海上保險之標的及保險價額

一、海上保險之標的

　　凡與海上航行有關而可能發生危險之財產權益，均得為海上保險之標的（insurance object）（海商法第127條第1項）。海上保險契約，得約定延展加保至陸上、內河、湖泊或內陸水道之危險（第2項）。海上保險之標的有：（一）船舶；（二）貨物；（三）運費；（四）應有利得。

二、保險價額

（一）船　舶

　　船舶之保險人（insurer）以保險人責任開始之船舶價格及保險費

（insurance premium），爲保險價額（insurance amount）（海商法第134條）。船舶保險之範圍（insurance coverage），不僅指船體而已，凡於航行上或營業上必需之一切設備及屬具，均視爲船舶之一部（海商法第7條）。保險期間除契約另有訂定外，關於船舶及其設備屬具，自船舶起錨或解纜之時，以迄目的港投錨或繫纜之時，爲其期間（海商法第128條前段）。

（二）貨　物

貨物之保險以裝載時、地之貨物價格、裝載費、稅捐、應付之運費及保險費，爲保險價額（海商法第135條）。關於貨物之保險期間（duration of insurance），自貨物離岸之時起，迄目的港起岸之時止（海商法第128條後段）。

（三）運　費

運費之保險，僅得以運送人如未經交付貨物即不得收取之運費爲之，並以被保險人應收取之運費及保險費爲保險價額（海商法第137條第1項）。前開保險，得包括船舶之租金（rental）及依運送契約可得之收益（collect profits）（第2項）。

（四）應有利得

所謂應有利得者，係指貨物平安運達目的地，其所得之利益而言。換言之，貨物到達時應有之佣金（commission）、費用或其他利得之保險以保險時之實際金額，爲保險價額（海商法第136條）。

參、海上保險之效力

一、要保人或被保險人之權義

（一）發生危險之通知義務

要保人或被保險人，應於知悉保險之危險（insurance perils）發生後，立即通知保險人（海商法第149條）。

（二）貨物受損之通知義務

要保人或被保險人，自接到貨物之日起，1個月內不將貨物所受損害通知保險人或其代理人（agent）時，視爲無損害（海商法第151條）。

（三）貨物裝船之通知義務

未確定裝運船舶之貨物保險，要保人或被保險人於知其已裝載於船舶時，應將該船舶之名稱、裝船日期、所裝貨物及其價值，立即通知於保險人。不爲通知者，保險人對未爲通知所生之損害，不負賠償責任（海商法第132條）。

（四）終止保險契約之權利

要保人或被保險人於保險人破產時，得終止契約，因保險人已喪失支付能力（海商法第133條）。

二、保險人之責任

（一）給付保險金額

保險人應於收到要保人或被保險人證明文件後30日內給付保險金額（insurance compensation）（海商法第150條第1項）。保險人對於前開證明文件如有疑義，而要保人或被保險人提供擔保時，仍應將保險金額全部給付（第2項）。前開情形，保險人之金額返還請求權，自給付後經過1年不行使而消滅（第3項）。

（二）減免損失費用之償還

保險事故（insurance accident）發生時，要保人或被保險人應採取必要行爲，以避免或減輕保險標的之損失，保險人對於要保人或被保險人，未履行此項義務而擴大之損失，不負賠償責任（海商法第130條第1項）。保險人對於要保人或被保險人，爲履行前開義務所生之費用，負償還之責，其償還數額與賠償金額合計雖超過保險標的價值，仍應償還之（第2項）。職是，採取避免或減輕保險標的損失之必要行爲，係屬要保人或被保險人之義務，而因該行爲所生之費用，保險人應負償還之責。該償還責任屬法定責任，其與保

險人之理賠責任無涉，不以保險人應負理賠責任為要件[1]。再者，保險人對於前開費用之償還，以保險金額為限。倘保險金額不及保險標的物之價值時，則以保險金額對於保險標的之價值比例定之（第3項）。

（三）免責之範圍

因要保人或被保險人或其代理人之故意（intentionally）或重大過失（gross negligently）所致之損失，保險人不負賠償責任（海商法第131條）。

肆、海上保險之委付（93律師）

一、委付之定義

所謂海上保險之委付（abandon），係指被保險人於發生本法第143條至第145條委付原因後，雖保險標的未實際全損，其得移轉保險標的物之一切權利於保險人，而請求支付該保險標的物全部保險金額之行為（海商法第142條）。

二、委付之原因

（一）船舶委付之原因

被保險船舶有下列各款情形之一時，得委付之：1.船舶被捕獲時；2.船舶不能為修繕或修繕費用超過保險價額時；3.船舶行蹤不明已逾2個月時；4.船舶被扣押已逾2個月仍未放行時（海商法第143條第1項）。前項第4款所稱扣押，不包含債權人聲請法院所為之查封（seal up）、假扣押及假處分（第2項）。

（二）貨物委付之原因

被保險貨物有下列各款情形之一時，得委付之（海商法第144條）：1.船舶因遭難，或其他事變不能航行已逾2個月而貨物尚未交付於受貨人、要保人或被保險人時；2.裝運貨物之船舶，行蹤不明，已逾2個月時；3.貨物因應由

---

[1]　最高法院103年度台上字第2425號民事判決。

保險人負保險責任之損害，其回復原狀及繼續或轉運至目的地費用總額合併超過到達目的地價值時。

（三）運費委付之原因

運費之委付，得於船舶或貨物之委付時為之（海商法第145條）。是運費之委付，不限於船舶行蹤不明達一定期間時，凡船舶或貨物達推定全損時均得為之。

三、委付不可分性與單純性

委付應就保險標的物之全部為之，此為委付不可分性。但保險單上僅有其中一種標的物發生委付原因時，得就該一種標的物為委付請求其保險金額（海商法第146條第1項）。委付不得附有條件，此稱委付單純性（第2項）。

四、委付之效力

（一）積極效力

委付經承諾或經判決為有效後，自發生委付原因之日起，保險標的物即視為保險人所有（海商法第147條第1項）[2]。委付未經承諾前，被保險人對於保險標的物之一切權利不受影響。保險人或被保險人對於保險標的物採取救助、保護或回復之各項措施，不視為已承諾或拋棄委付（第2項）。

（二）消極效力

委付之通知一經保險人明示承諾，當事人均不得撤銷（海商法第148條）。一經委付，保險人即有給付保險金額之義務。委付之權利，要保人或被保險人於知悉委付原因發生後，自得為委付之日起，經過2個月不行使而消滅，其採短期時效期間（海商法第152條）。

伍、案例解析——委付之效力

被保險船舶被扣押已逾2個月仍未放行時，所有人得委付之（海商法第

---

[2] 最高法院55年度台上字第69號民事判決。

143條第1項第4款）。將船舶所有權移轉於保險人，而請求支付該保險標的物全部保險金額之行為（海商法第142條）。B國籍之甲，其所有之輪船航行至A國某港口，因A國與B國交戰，該船舶遭A國視為敵國船艦扣押，期間已逾2個月，該船舶有向乙保險公司投保，其保險價額為新臺幣（下同）1,000萬元，甲得通知乙保險公司有委付之原因，經乙保險公司明示承諾後，甲得請求給付保險金額1,000萬元。

習 題

一、海上保險標的之範圍為何？
　　提示：海商法第134條至第137條。

二、何謂海上保險之委付？其原因與效力為何？
　　提示：海商法第142條至第148條。

參考文獻

王文宇、林國全、王志誠、許忠信、汪信君,商事法,元照出版有限公司, 2004年6月。

王通顯、阮祺祥、吳錦墀、游鉦添著,實用商事法,華立圖書股份有限公司,2004年9月,4版1刷。

林洲富,民法—案例式,五南圖書出版股份有限公司,2020年9月,8版1刷。

林洲富,實用非訟事件法,五南圖書出版股份有限公司,2023年5月,14版1刷。

林洲富,實用強制執行法精義,五南圖書出版股份有限公司,2023年2月,17版1刷。

梁宇賢,票據法實例解說,三民書局股份有限公司,1992年2月,增訂4版。

曾淑瑜,公司法實例研習,三民書局股份有限公司,2004年1月,初版2刷。

潘秀菊、劉承愚、蔡淑娟、陳龍昇,商事法—公司、票據法,元照出版有限公司,2004年10月,初版2刷。

賴源河,實用商事法精義,五南圖書出版股份有限公司,2015年9月,12版1刷。

民事法律專題研究2,司法院第3期司法業務研究會,1983年5月2日。

非訟事件法令暨法律問題研究彙編2,司法院第一廳,1991年6月。

索引

國家圖書館出版品預行編目資料

商事法實例解析／林洲富著.--十四版.--臺北
　市：五南圖書出版股份有限公司, 2024.04
　面；　公分
　ISBN 978-626-393-259-3 (平裝)

　1.CST: 商事法 2.CST: 判例解釋例

587　　　　　　　　　　　113004685

1S87

商事法實例解析

作　　　者 — 林洲富(134.2)

發 行 人 — 楊榮川

總 經 理 — 楊士清

總 編 輯 — 楊秀麗

副總編輯 — 劉靜芬

責任編輯 — 林佳瑩

封面設計 — 封怡彤

出 版 者 — 五南圖書出版股份有限公司

地　　　址：106台北市大安區和平東路二段339號4樓

電　　　話：(02)2705-5066　　傳　　　真：(02)2706-6100

網　　　址：https://www.wunan.com.tw

電子郵件：wunan@wunan.com.tw

劃撥帳號：01068953

戶　　　名：五南圖書出版股份有限公司

法律顧問　林勝安律師

出版日期　2005年11月　初　版一刷
　　　　　2023年 1 月十三版一刷（共二刷）
　　　　　2024年 4 月十四版一刷

定　　　價　新臺幣580元

經典永恆・名著常在

五十週年的獻禮——經典名著文庫

五南，五十年了，半個世紀，人生旅程的一大半，走過來了。

思索著，邁向百年的未來歷程，能為知識界、文化學術界作些什麼？

在速食文化的生態下，有什麼值得讓人雋永品味的？

歷代經典・當今名著，經過時間的洗禮，千錘百鍊，流傳至今，光芒耀人；

不僅使我們能領悟前人的智慧，同時也增深加廣我們思考的深度與視野。

我們決心投入巨資，有計畫的系統梳選，成立「經典名著文庫」，

希望收入古今中外思想性的、充滿睿智與獨見的經典、名著。

這是一項理想性的、永續性的巨大出版工程。

不在意讀者的眾寡，只考慮它的學術價值，力求完整展現先哲思想的軌跡；

為知識界開啟一片智慧之窗，營造一座百花綻放的世界文明公園，

任君遨遊、取菁吸蜜、嘉惠學子！